文化研究

主编 于云汉

中国海洋大学出版社
·青岛·

图书在版编目(CIP)数据

海盐文化研究．第2辑／于云汉主编．—青岛：中国海洋大学出版社，2015.11（2016.10重印）

ISBN 978-7-5670-1022-2

Ⅰ．①海…　Ⅱ．①于…　Ⅲ．①盐业史—研究—中国　Ⅳ．①F426.82

中国版本图书馆CIP数据核字(2015)第243799号

出版发行　中国海洋大学出版社
社　　址　青岛市香港东路23号　　邮政编码　266071
出 版 人　杨立敏
网　　址　http://www.ouc-press.com
电子信箱　flyleap@gmail.com
订购电话　0532-82032573（传真）
责任编辑　张跃飞　　电　　话　0532-85901092
印　　制　日照报业印刷有限公司
版　　次　2015年12月第1版
印　　次　2016年10月第2次印刷
成品尺寸　180 mm × 255 mm
印　　张　16.5
字　　数　290千
印　　数　1 001—2 100
定　　价　36.00元

学术顾问

黄俶成　中国盐业史专业委员会主任、扬州大学教授

安作璋　山东师范大学教授、博士生导师

曲金良　中国海洋大学教授、博士生导师，海洋文化研究所所长

张士闪　山东大学教授、博士生导师，民俗学研究所所长

曾凡英　中国盐业史专业委员会副主任、四川理工学院教授

谢俊美　华东师范大学教授、博士生导师

张利民　天津社会科学院历史研究所研究员

吉成名　湘潭大学教授

程龙刚　《盐业史研究》执行主编、研究员

致读者

王守伦

（潍坊学院 院长）

盐为百味之祖、五味之首。对于人类的生活与生存而言，迄今为止在人类所认识和利用的所有调味品中，没有任何一种是比盐更为重要的。故《尚书》称："若作和羹，尔惟盐梅。"

国人所用之盐，沿海多为海盐，西北多为池盐，西南则多是井盐。海盐，即古代文献中之"散盐"，并有"散盐煮水为之，出于东海"之说。夙沙氏是古史中比较认可的最早发明"煮海为盐"的人。明朝人汪砢玉，世代以盐为业，官至山东盐运使判官。他在《古今鹾略》中记载："古史，黄帝时夙沙氏号滨老，煮海为盐，利民用。"在有关夙沙氏的传说中，其活动区域是比较肯定的，大致在山东境内的环渤海湾一带，即所谓"夙沙卫在齐地。齐居滨海，故多鱼盐之利"。山东沿海地区自古即是海盐生产中心，先秦及秦汉文献资料中多有"青州贡盐"、"北海之盐"、"渠展之盐"、"东莱鱼盐"之类的记载。从区域特征分析，山东三面环海，海岸线占全国的六分之一，蜿蜒曲折，港湾众多，尤其是渤海南部海滩平坦广阔，非常适合盐业生产。更为重要的是，这里有取之不尽的制盐原料——海水和储量丰富的地下卤水，因而山东沿海一带是古代也是目前中国最为重要的海盐产地。

位于山东半岛中部的潍坊，古称北海，先秦时期为齐国腹地，西汉景帝年间，在此地设置"北海郡"，下辖 26 县。明初洪武年间，改北海为"潍县"，新中国成立后始称"潍坊"。她北濒渤海，南靠沂蒙，莱州湾宛如月牙般镶嵌在其北部。漫长的海岸线东起胶莱河河口，西至淄河河口，绵延 113 千米，滩涂广阔，渔盐资源异常丰富，自古以来就是重要的产盐区，被称为"潟卤"之地，"多文采布帛鱼盐"之利。现代考古资料证明，环渤海湾南岸的古潍坊属地，早在夏代就开始设置盐官。一些专家就此认为，生活在渤海湾畔的夙沙氏部落，"大概在商、周之际，就已在当地推广和普及煮盐技术”[①]。到春秋战国时，即有“齐有渠展之盐，燕有辽东之煮”的说法。被视为齐国海盐生产中心的“渠展”，即位于今潍坊市所辖寿光羊口一带。当地百姓基于齐国“因其俗，简其礼，通商工之业，便鱼盐之利”[②]的务实政策，因地制宜，大力发展海盐生产，史称“北海之众……聚庸而煮盐”[③]。他们将海盐“循河、济之流，南输梁、赵、宋、卫、濮阳”，且“通东莱之盐，而官出之”，以获得高额利润，使经济得到巨大发展。

在以自然经济为主体的古代社会，“盐”应该说是最具商品性的产品，因为它不是各农户所能生产的却又是任何人每日都不可或缺的。潍坊之地乃齐文化的腹地，交通便利、工商业发达且富渔盐之利。这诸多有利条件不仅使各地客商云集潍坊，而且将潍坊文化塑造出其他地域文化所不具备的开放性特征，潍坊人由此具有了其他地域所不具备的开放意识和经营理念。潍坊人的开放意识，借助其渔盐之利和“半岛走廊”的区位优势而扩大为经济文化优势，因而明清时期有了“南苏州，北潍县”的说法。

因受海盐生产的发展和渔盐文化的熏染，潍坊学院长期注重海盐文化的研究，并于2011年成功申批成为山东省“十二五”高等学校科研创新平台之一——海盐文化研究基地。为进一步推动海盐文化研究，展示海盐文化研究的最新成果，在省内外专家学者的关心和支持下，山东海盐文化研究基地决定主编并出版专业性学术专辑《海盐文化研究》。本专辑将以广博的视角和创新的思维，以学术创新、学以致用为宗旨，力求向世人展现海盐文化的独特魅力。

学术创新，是专业学术研究赖以生存的根基。创新是一个民族进步的灵魂，创新也是学术发展的本质要求。学术的发展，从根本上说是对未知的探求，因而学术创新既包含学术观点创新、研究方法创新，又包含学科体系创新。海盐生产历史悠久，对人类生活影响深远，其研究范围包括生产技术、典章制度、盐业民俗、海盐运销，甚而与海盐生产相关联的区域经济、政治变革、科技进步、文化教育、城市发展、旅游开发等方面的学术论文与译作。对此，本专辑一并欢迎。

学以致用，是学术研究和学术创新的目的。宋代大儒朱熹曾言“为学之实，固在践履。苟徒知而不行，诚与不学无异”，意思是说，学习的目的在于实践，如果只是明白道理而不去做，那么学与不学就没有什么区别了。因而，一切学习都不是为学而学，学术研究和学术创新的目的全在于应用，即所谓“知之而不行，虽敦必

① 郭正忠主编:《中国盐业史(古代编)》,北京:人民出版社,1999年,第22页。

②《史记》卷32《齐太公世家》。

③《管子》卷23《轻重甲》。

困”。海盐的作用表现在方方面面。从大处说，盐贯穿人类历史，为争夺盐利而出现的军事战争、经济冲突、制度变革、民俗变迁层出不穷；从小处讲，盐渗透到人类生活的各个角落，深刻影响着每个人的日常生活。通过对盐业资料的发掘和掌握、生产现象的判断和分析、发展规律的认识和把握，进而深入探索将之应用于实践的途径与方式，这是本专辑所追求的。

学术创新是艰辛的，学以致用是严谨的。我们倡导学术创新，但反对天马行空、随意臆测；我们倡导学以致用，但反对空想浮躁、脱离实际。

我们将秉承学术创新、学以致用的宗旨，科学定位，把握导向；我们将微言笃行、求真务实，不断提高专辑的质量；我们将力争拓展新视野，展示新成果，点评新进展，努力把海盐文化研究推向一个新的更高的水平。

FOREWORD | 序

海盐文化的探索与弘扬

黄俶成

（中国商业史学会盐业史专业委员会主任、扬州大学教授）

生命的起源，离不开水；人类的发展，离不开盐。神农时代的夙沙氏，首向大海取盐，惠及华夏大地，使先民的体力和智力得到飞跃发展，社会也向前跨进一大步。中国人将他奉为盐宗之首，立庙祀奉，从此产生海盐文化，并绵绵发展5 000余年。

夙沙氏也是全人类文明史上最早有姓名记载的取盐者。至商周时期，胶鬲贩运海盐，使内地八方皆得海盐之利。作为第一位盐商，则被列为盐宗第二。

至春秋时期，管仲开东莱以兴渔盐之利，尊王攘夷，成为五霸之首。孔子云："微管仲，吾其被发左衽矣！"由此可见开发海盐对中华文明的发展具有何等重要意义。潍坊人民又将管仲奉为盐神，从而夙沙、胶鬲、管仲成为盐之三宗。

当代学人，挖掘海盐文化，弘扬优秀传统，义不容辞，责无旁贷。数十年来，海内外同人为开发海盐文化作了不懈努力。

早在改革开放之初，习仲勋、任仲夷主攻广东，胡宏、胡平主攻福建，走在全国改革最前列，除旧布新，对改革盐业亦多有建树。后来胡平调任商业部部长，对盐业历史及延续至今的专卖制度进行了系统思考。1998年，时任中共中央委员、全国政协常委、国务院特区办主任的中国商业史学会会长胡平先生在聊城主持召开全国运河商业文化研讨会，在最早提出运河申遗的同时，还提出对海盐运输的研究。2004年，在武夷山召开的中国商业史学会换届会上，吴慧、胡平、孔祥毅三任老会长提名黄俶成担任副会长，委托他着手筹组盐业史专业委员会。2006年10月，在扬州和东台召开国际盐文化研讨会，中国（含港台地区）、美国、泰国三国100余名学者参加。会上，胡平正式聘任黄俶成为盐业史专业委员会筹备委员会主任，东台市市长王光文为常务副主任兼秘书长，江太新、曾凡英等知名学者为副主任，并颁发聘书。专家们考察了盐商、盐官、盐民遗迹和黄海滩涂盐场。会上，中国商业史学会候任会长王茹芹，中国经济史学会会长兼中国商业史学会副会长董志凯，中国社科院资深研究员江太新，中国社科院当代中国研究所所长武力，中国商会史学会会长宋美云，卢森堡欧亚大学大学校长、环中国海学会名誉会长龚鹏程，美国俄亥俄州赖特大学教授袁清等专家发表演讲，提出一系列新颖的学术见解，并对黄海盐场的旅游开发提出规划。从此，对在全国范围内的盐文化研究打开新的局面。

2008年，国务院国有资产管理监督委员会和国家民政部正式批准建立盐业史专业委员会。该委员会借国际海盐文化节举办之际，在盐城宣布成立。时任全国政协副主席李金华和外交部、文化部、中国盐业总公司多位领导与会，参加揭牌。成立次日举行“海盐与人类”学术研讨会，孔祥毅、王茹芹、晏仲华、黄俶成、张忍顺、周兴、高国藩、王光文等多位专家作学术演讲。其中，中国商业史学会第三任会长孔祥毅教授对晋商经营海盐及其转型作了精辟论述，南京师范大学海洋与滩涂研究所所长张忍顺教授对海盐资源作了详尽考证，中国民俗文学学会副会长高国藩教授对海盐民俗文化作了梳理。如是，海盐文化的弘扬掀起新的高潮。

2008年5月，在第六次国际儒商大会上，胡平和黄俶成分别就海洋文化和盐商儒化问题作了演讲。6月，世界佛光总会会长星云大师、副会长吴伯雄先生（以中国国民党主席身份兼）邀黄俶成作“运河与盐商”的演讲。尔后，为纪念胡宏百年诞辰，胡平先生撰文缅怀，习仲勋夫人、97岁的老革命家齐心同志题词：“后辈楷模。”前辈的殷殷嘱托，激励后昆奋力作为。

2011年，全国盐文化遗产开发保护研讨会在扬州召开。会议有国家四大部委支持，遗产保护的权威参加，收到论文60余篇，《盐业史研究》杂志刊发专刊，多家媒介予以报道。罗哲文先生领衔签署《盐文化遗产保护开发扬州宣言》，并请联合国教科文组织专家阮仪三先生转呈联合国。此次会议所论涉及井盐、池盐，但仍以海盐为主。从而，中国盐文化研究达到新的高峰。

2013年11月在潍坊召开的海盐文化及盐业史学术研讨会，可以说是当代学人弘扬海盐文化的一个重要节点。有40余位专家与会，提供了25篇论文。我有幸应邀与会，同许多老朋友叙旧，又结识了许多新朋友。老朋友如程龙刚先生、吉成名先生的论文对四川、湖南的盐产地作了新的探索，曾凡英先生从盐文化论及学科建设。新朋友如马金华教授、于民教授的论文从政府宏观角度论述盐史,又放眼西方从英国的盐产地分布与自然环境考量盐价波动;艾群、谢俊美、张利民、纪丽真、陆玉芹、李强、王明德、于云洪等专家的论文,对天津、山东、两淮等地的盐文化的深度挖掘,令我大开眼界。潍坊学院山东省海盐文化研究基地对此有较全面的综述,此不赘述。

此前我组织各类盐文化研讨活动,在山东省只请到鲁东大学周兴先生一人。此番在潍坊结识到这么多致力于海盐文化研究的朋友,看到潍坊地方政府和教育界对弘扬海盐文化的支持,感到由衷高兴。

潍坊是我国海盐文化的重要发祥地之一,至今仍保存着丰富多彩的海盐文化形态。考古学已证明莱州湾南岸乃古代重要海盐生产基地,古潍县乃“东莱首邑”,举足轻重。据《尚书·禹贡》和《史记·夏本纪》,青州(今山东东部、北部)生产的海盐作为贡品献呈中央。从此,海盐这种特殊的地产物品就成为国家赋税征收中的一个必不可少的列项。“天下之赋,盐利居半。”管仲而后,汉代恢复海盐专营,唐代刘晏改革盐运制度,宋代王安石推行新法,以及历代盐业民俗,都给我们留下宝贵的海盐文化遗产。我的乡先贤郑板桥在潍县留下的许多作品,就描绘了盛世之下潍县盐商、盐民的生活场景,当代潍坊学人对之挖掘弘扬义不容辞。我高兴地看到,潍坊学院从2003年成立的“潍坊学院海盐文化研究中心”,到2011年建立“山东省海盐文化研究基地”,2013年举办研讨会议,以专辑汇集研究成果,做了大量卓有成效的工作,亦可见已在构建研究海盐文化的长效机制。潍坊同人对海盐文化的弘扬,其功至伟,但还有许多事可做。

在这本专辑中,一些论文对海盐文化的内涵、外延做了有益的探讨。其实,概括起来,海盐文化应分为物质的和非物质的两个方面。作为研究对象,当以非物质的意识形态为主。山东沿海这两方面的文化底蕴都非常丰富。

物质形态的文化乃属广义文化。就物质形态而言,海盐文化又可分为生产和生活两个层面。我欣喜地看到,莱州湾的晒场、煎灶与自贡的自流井、大贡井和山西的河东盐场一样,历几千年仍在运行不息,造福人类;盐民的住所、环境及交通设施、游乐设施仍有迹可循。

就非物质形态而言,海盐文化又可分为技术和观念两个层面。技术沉淀下来也是一种文化。其晒、煎、采、加工等制盐技术和食品、生活、生产等用盐技术,实际都已积淀为文化。观念层面的海盐文化,更是厚重多彩。在盐官方面,形成盐政管理文化,如税收、规划等。在盐商方面,形成盐业经营文化,如经营观念、经营业态、致富之道、报效社会等。在盐工方面,形成海盐民俗文化,如盐神崇拜、煎盐仪轨、盐场门道等。还有盐民的审美取向、文艺创作等，都是海盐文化的组成部分。

从以上分析，我们可以看到，海盐文化是多重性、多层次的，我们在开发、保护、利用海盐文化时也就应运用多学科知识，从多角度考量。潍坊学院山东省海盐文化研究基地以于云汉教授为学术带头人，确立了盐业民俗研究、区域盐业文化与旅游开发研究、中西盐业史比较研究三个学术研究方向，是很切合山东实际并具有鲜明的地方特色与学科优势的。这个基地同位于西部井盐大市自贡的四川理工学院中国盐文化研究中心东西呼应，彼此竞美。这两处再加上山西省社科院和运城河东盐文化研究会，鼎足而三，互补互映，为发掘海盐、井盐、池盐文化发挥了巨大作用，但都仍具有很大拓展空间。

古人称盐为“国之大宝”。看似单一的白色晶体氯化钠成分，今人已根据其形状、性状和微量元素的含量，将盐的家族分为10 000多个品种。如今，人们食品中盐的比重在降低，食盐占盐总产量的比重在不断降低（目前为16%），但食盐不可一日缺少且品质有待提升。食盐而外，用盐向各生活领域、生产领域拓展，产量绝对值不断上升。生活上，洗涤、沐浴、除菌用盐日益增多。生产上，盐已作为五大基本工业原料之一，占总盐耗量的60%以上，有的发达国家占总盐耗量的90%以上。目前，中国的盐产量居世界第二位，海盐产量居世界第一位。国家宏观调控，GDP总量控8抑7，而制盐工业仍以平均每年13.31%的增长速度迅猛发展，新的盐文化形态不断生成。

《周礼·盐人》称：“盐人掌盐之政令，以共百事之盐。”《说文解字》云：“盐，卤也，天生曰卤，人生曰盐。从卤，监声。”可见，自然形成的称为卤，如乾隆年间海水沿白浪河倒灌，史称郑板桥领导潍县人民抗卤灾而不称抗“盐灾”；经过人力加工而成的才称之为“盐”。既经过人力加工，从盐的产生开始，盐文化就伴随而来。《周礼》论述盐文化发端，《盐铁论》集汉代盐文化之大成，各时期各地方的盐法志皆有丰富的盐文化记载。1912年张謇组织盐政讨论会，会员达数千人。百年以来，盐文化研究成果蔚为壮观。然而时代要求我们，要用更宽阔的视野、更深沉的眼光和与时俱进的精神、多学科交融的方法，审视和拓展盐文化的研究，告慰先人，服务当今，启迪来者。

CONTENTS | 目　录

盐业考古与盐业产地

莱州湾南岸地区发现的蒙元时期盐业遗存及相关问题 / 燕生东　赵守祥 ………… 2
论江苏海盐产地变迁 / 吉成名 ………… 18

盐业与社会

宋代两淮盐业与区域社会变迁探析 / 宋冬霞 ………… 42
泰州盐税文化形态及影响 / 陈志峰　张　露 ………… 49

盐业史研究

北京盐务学校研究(1920—1935) / 张登德　柴德强 ………… 68
论乾隆朝的两淮恤灶政策 / 吴春香　陆玉芹 ………… 83
北洋政府时期长芦盐区"体制内私盐"述评 / 毕昱文 ………… 95
试析明朝中央政府盐政治理的历史经验与借鉴 / 孙树芳 ………… 107
抗战时期山东盐业的曲折发展 / 宋志东 ………… 124
清朝两浙地区食盐掣验问题 / 王　珍 ………… 137

海盐文化与旅游开发

中国盐业民间歌谣研究 / 张银河　张孜辰 ………… 146
川盐古道文化遗产现状与保护研究 / 邓　军 ………… 183
夙沙氏"煮海为盐"的开创意义 / 王明德 ………… 195

盐神信仰的表现形式及深层原因
——主要基于海盐盐区的考察／王俊芳 …… 205
盐业神祇谱系与盐神信仰／于云洪　王明德 …… 212
加强地域文化研究，开发旅游文化资源
——以全国优秀旅游城市江苏盐城市为例／于海根 …… 222
潍坊海盐文化旅游开发的对策思路／刘　勇 …… 231

研究述评

“海盐文化与盐业史研究学术研讨会”述评／于　民　于云汉 …… 238

稿　约 …… 247

盐业考古与盐业产地

莱州湾南岸地区发现的蒙元时期盐业遗存及相关问题

燕生东　赵守祥[①]

（山东师范大学齐鲁文化研究院、寿光市文化研究院）

一、引言

莱州湾，西起广饶县支脉河口（一说今黄河口），东至莱州市虎头崖，海岸线全长120多千米，是山东省最大的海湾。莱州湾南岸地带主要包括了莱州、平度、昌邑、潍坊寒亭区、寿光、广饶6个县、市、区的西北和北部平原。各级文物部门对莱州湾滨海平原上的盐业遗存进行了长达10多年的系统田野考古勘查工作，发现了龙山时期、殷墟时期至西周早期、东周时期、汉魏及元明时期的上千处盐业遗存，并在配合基本建设工程和教学实习中大规模发掘了多处盐业遗址。

考古发现和研究表明，殷墟时期至西周早期、东周时期以及元明时期为莱州湾沿岸地区的3个盐业生产高峰期。笔者曾运用聚落形态考古研究的理念和方法对主要包含莱州湾南岸在内的渤海南岸地区殷墟至西周早期盐业生产情况进行了系统研究，详细分析了这个时期盐业聚落群的年代、分布特点、制盐工艺流程以及所反映的盐业生产组织、生产规模、生产性质，提出了殷墟时期渤海南岸地区（包含莱州湾南岸）属于商王朝的盐业生产中心这一观点。[②]笔者还介绍过莱州湾沿岸地区的东周时期盐业遗址群分布、规模、堆积特点、年代、出土制盐用具及其所反映的

① 作者简介：燕生东，山东师范大学齐鲁文化研究院教授、博士；赵守祥，寿光市文化研究院院长。

② 燕生东：《商周时期渤海南岸地区的盐业》，北京：文物出版社，2013年。

制盐工艺流程和生产性质，探讨了该地区盐业遗存资料与相关文献所记载的齐国盐业生产情况的关系；[①] 并从盐业考古新发现探讨了《管子·轻重》诸篇的形成年代及所涉及的盐政和盐业生产情况 [②]。

在莱州湾南岸地区发现了蒙元时期盐场官署、盐业遗址群，清理出地下卤水坑井、过滤沟、沉淀坑、盐灶以及盐工居住的房址等遗迹，还发现了一些碑刻和铜印材料，现作一简单介绍，并对相关问题进行初步讨论。

二、考古所见蒙元时期盐业遗存

（一）考古调查发现情况

莱州湾南岸地区发现的蒙元时期盐业遗存数量比较多，如图 1 所示，其分布区域与龙山时期、殷墟时期、周代制盐遗址（群）位置基本重合，距今海岸线多在 20～30 千米之间。

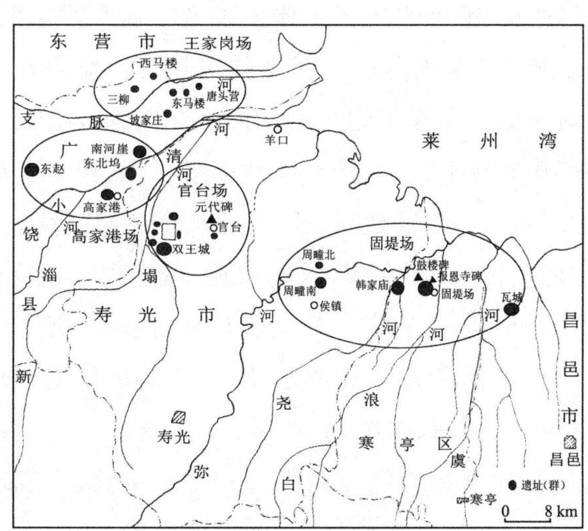

图 1　莱州湾南岸地区发现的蒙元时期盐业遗址（群）分布示意图

广饶县境内的支脉河两侧东马楼、坡家庄、西马楼、三柳、唐头营等村周围目前已发现了 10 多处蒙元时期遗址（图 1），在坡家庄、东马楼遗址所见遗物主要有建筑用材石质柱础（图 2）、砖瓦，生活器皿白瓷和黑瓷碎片，还见成堆的文蛤、青蛤等生活垃圾层。唐头营为高于周围 1 米左右的台地遗址，面积约 5 000 平方米，遗物

① 燕生东、田永德、赵金等：《渤海南岸地区发现的东周时期盐业遗存》，《中国国家博物馆馆刊》2011 年第 9 期。

② 燕生东：《从盐业考古新发现看〈管子·轻重〉篇》，北京大学中国考古学研究中心、北京大学震旦文明研究中心编：《古代文明》（第 9 卷），北京：文物出版社，2014 年，第 7–25 页。

主要是建筑用材如砖瓦、石块等，还有黑瓷、白瓷以及青花瓷片。据村民介绍，20世纪中期，唐头营还保存着一组高大的古建筑群，这里曾是元明清时期管理盐业的场所。

图2　广饶县坡家庄发现的蒙元时期柱础

广饶县东北坞村西南50万平方米范围内发现了这个时期的盐业遗存，地表上可以见到数量较多的砖瓦、青瓷、白瓷、黑瓷及陶瓮、盆、盘等碎片。该遗址南距高家港村约5 000米。南河崖也发现了这个时期的盐业遗存。高港村内台地近长方形，边长约500米，面积20多万平方米，堆积厚达3米以上，包含了唐、宋、元、明、清时期堆积，有灰坑、窖穴、房屋、寺院建筑，出土了宋元时期铜钱、瓷器（如罐、瓶、钵、碗、盏、盂）以及石雕莲花佛座、灰陶板瓦、滴水瓦、琉璃顶脊建筑构件。该遗址内还出土了元代“宣差提领所委差”官印。据文献记载，高港一带曾为宋元明清时期管理盐业的衙署所在地。高港村东500米处，发现了冶炼铸造遗址，面积超过10万平方米，地表散见红烧土、炭渣、铁矿渣、生铁块、冶炼烧结的琉璃渣与冶炼锻造有关的遗物，还见砖、板瓦建筑构件以及白瓷片等生活用具，还发现了泥塑陶佛造像等宗教遗物。①该遗址应为铸造煮盐铁盘、铁锅的场所。

寿光市双王城一带30多平方千米内已发现了9处遗址，如图1所示。011号、021号遗址规模较大。前者面积达20万平方米，后者超过100万平方米，文化堆积厚达1米以上，地表上发现了成片成堆的砖瓦碎块，还发现了房屋和墓葬等遗迹。其余7处遗址，每处规模不大，面积仅数千平方米，且地表暴露出来的遗物较少，多为黑瓷片、白瓷片、陶缸、陶瓮及碎铁块。SL9号和SL36号遗址暴露出比较规整的坑沟遗迹，内堆满呈水平层理的白色淤沙土或黏土。在07号遗址发现南部取土坑沟底发现地下卤水坑井5口，如图3所示。此外，07号、014号、SS8号遗址进行过

---

① 孙敬明:《高港访古记》，氏著《潍水集》，济南：齐鲁书社，2014年。

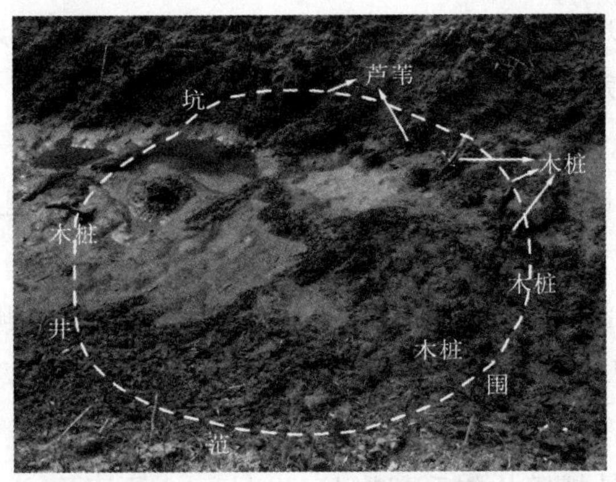

图 3　寿光市双王城 07 号遗址南部暴露出的盐井

大规模发掘，发现了盐井、过滤沟、盐灶等遗迹，显示这类遗址为当时的煮盐遗存。双王城蒙元时期盐业遗址群东距官台村约 4 000 米，应与官台场有关系。

潍坊市滨海经济开发区大家洼办事处周疃村西、南等多处规模较大的盐业遗存。其中，周疃村西遗址在地表以下 2 米，发现 5 处的烧土和草木灰堆积，陶片、瓷片等遗物比较少见，可能与煮盐遗存有关系。周疃南遗址面积超过 50 万平方米，遗址东部有较多的砖瓦，南部发现了白瓷、黑瓷片以及陶缸、瓮，还有青蛤、文蛤、兽骨等生活垃圾。

潍坊市滨海经济开发区韩家庙子村发现 5 处遗址，位于韩家庙子村西部和北部。西部 28 号遗址面积较大，在 30 万平方米以上，地表散布着较多的黑、白瓷片及陶缸、瓮片。北部的 4 号遗址为高出地面约 1 米的土台子，发现较多的建筑材料如砖、瓦及琉璃构件。011 号遗址，面积约 5 000 平方米，中部分布着成堆的碎铁块、炭渣、烧土块，如图 4 所示。村民曾称这里为“铁牛”。该遗址应是铸造和修理煮盐工具铁盘和锅的场所。

图 4　潍坊市滨海经济开发区韩家庙子 011 号遗址出土的铁块及煤渣

潍坊滨海经济开发区固堤场西南和西北部也发现多处蒙元时期盐业遗址，但多被当代盐田和厂房所覆盖。

昌邑县东利渔、瓦城一带也发现过蒙元时期遗址。瓦城一带取土坑断崖上还发现保存较好的墓地，墓葬内木制葬具保存得非常好，可能是这个时期的盐工墓葬。

上述遗址地表普遍见有白瓷、黑瓷、青花瓷片以及陶瓮、陶缸、陶罐、青砖、板瓦、筒瓦等，部分还见铁锅碎片等遗物，个别遗址还见到青瓷、青白瓷。从遗物时代而言，主要是元代，多数延续到明代中晚期。

这时期盐业遗址规模从数千到数万、数十万、上百万平方米不等，所见遗物和遗存也存在着差异。看来，这些聚落存在着功能性区别。结合考古发掘材料，可以看出，有些为制盐场所，有些为盐工（灶户）居住的村落，有些为盐工墓地；如高港村村东、韩家庙子011号遗址为铸造和修补煮盐工具铁锅、铁盘的地方，官台、固堤场等则是管理盐务的官衙场所。

（二）考古发掘所见盐业遗存

2008—2010年文物部门对寿光市双王城编号07、014A、014B、SS8号遗址进行了大规模考古发掘，清理面积超过上万平方米。发现了丰富的元明时期制盐遗存，如盐井、盐灶、卤水沟、过滤坑、储硝坑、半地穴式房屋、长方形、圆形坑等。

地下卤水坑井，在SS8号遗址发现1口，如图5所示，在07号遗址发现南部和北部取土坑沟底发现1口。井口平面呈圆形，直径4～5米；距井口约1.5米以下直径变小，直径在3米左右；坑井深在4米以上。井口两米以下，井壁周围置插木桩，再将编好的束状芦苇绳圈填入木桩四周，围成井圈，坑井底部还铺垫芦苇。这样，便于渗集卤水和防止井壁塌陷、流沙淤塞。木桩长1～2米，直径10厘米以内，一端插入井底。井圈保存高度约2米，由于木棍和芦苇常年浸泡在卤水里，多崭新如故。坑井内因常年积水，还形成紫黑色淤泥和灰绿色淤沙堆积。

图5　寿光市双王城07号遗址发现的蒙元时期的地下卤水坑井

与地下卤水坑井相连的卤水沟呈直条和长条弧状，如图 6 所示，直壁，斜平底，一端向另一端倾斜，沟宽在 0.50～1.0 米，深 0.40～0.80 米，长者达 30 米以上。沟底部一端向另一端倾斜。沟内下部堆积着灰白色淤沙和淤泥层。看来，这些卤水沟也发挥着沉淀泥沙的功能。在 07 号遗址发现 2 条，清理长度在 20 米以上，西南一东北向，由西南向东北倾斜，沟北侧为一组盐灶群，如图 7 所示。014A 号遗址发现两条较长的卤水沟，每条长 30 米以上，西北一东南向，整体由北向南倾斜。沟底等距离分布着十几个长方形小坑，坑长 0.80 米、宽 0.50 米、深 0.60 米，坑与坑之间距离在 1.5 米以上，如图 8 和图 9 所示。坑内堆积着由北向南倾斜的灰白色淤沙。看来，卤水在沟内流动时，淤泥、淤沙会沉淀到小坑，这样，卤水就会得到净化。这类坑应为沉淀坑。

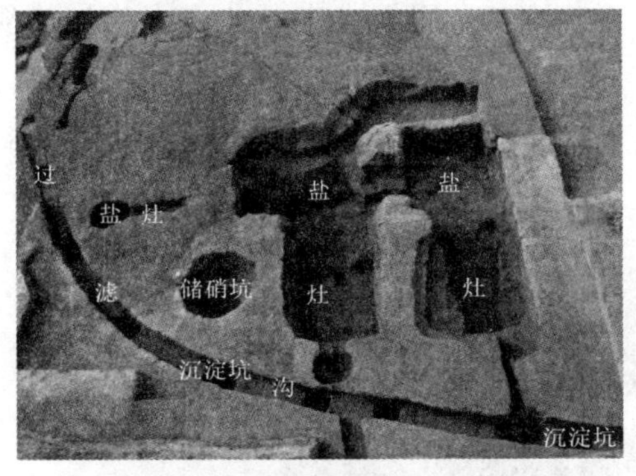

图 6　寿光市双王城 014 号遗址发现的卤水过滤沟及盐灶等遗迹

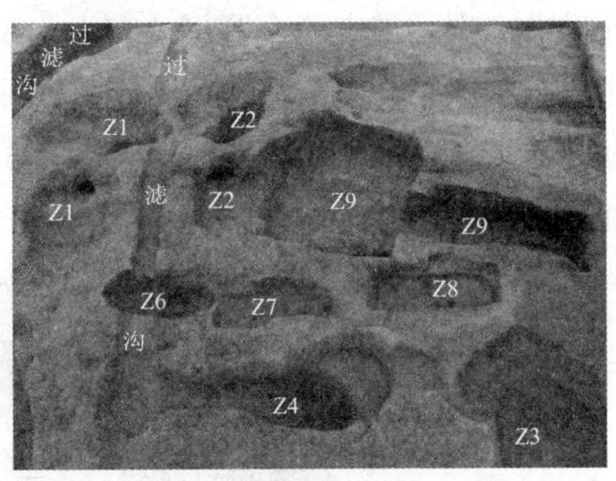

图 7　寿光市双王城 07 号遗址发现的成片盐灶遗存

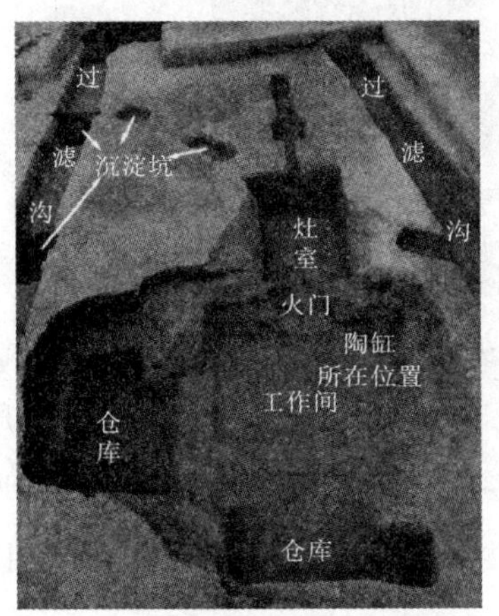

图 8　寿光市双王城 014A 号遗址 Z3 及两侧的卤水过滤沟

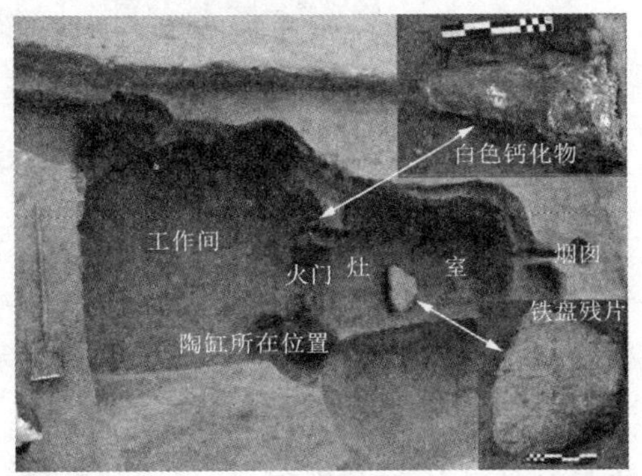

图 9　寿光市双王城 014A 号遗址 Z5 及残存的铁盘、白色钙化物

盐灶(图 7～图 10)均为地穴式，即在地面下挖成工作间、灶室、烟道等。盐灶多位于过滤沟的两侧。根据规模而言，盐灶有大小之分。面积大者，多南北向，总

长在 5～10 米，个别长度超过 10 米，一般由工作间、火门、灶室、烟道组成，工作间平面多呈正方形，边长约 2.5 米，深 1.5 米左右，一侧还有上下的台阶。工作间内左右两侧多为置放柴草（仓可能作为仓库）和草灰处，靠近灶室的右侧角落有一浅坑（图 8、图 9、图 10），上面置放和固定存放卤水的大缸（瓮），SS8 遗址在一座盐灶工作间内就发现了一件完整的陶缸（瓮）。面积小者，盐灶长度在 3 米以内，仅有灶室和工作间。灶室，就平面形状而言，可分长方形和圆形两类。灶室面积较大者，长（或直径）1.5～2 米、宽 1 米、深 0.8～1 米；灶室面积较小者，长（或直径）在 1 米以内、宽 0.3 米左右。联通工作间和灶室的火门，多烧制坚硬，有些在火门口两侧置放筒瓦或砖，灶室周壁被烧成砖红色、暗红色，有的灶室内还有铁盘残片，如图 9 所示。烟道呈长条形，长者达数米。烟道由灶室一端向外倾斜，便于烧火和火焰流动。个别烟道上还有圆形或方形小型灶室，可能是用烟火来预热卤水或加热淡水供人们饮用。工作间比灶室、烟道略深，大型盐灶的工作间深度在 1.5 米左右。就灶室形状和有关遗存而言，当时的煮盐工具应是长方形铁盘和圆形铁锅（盘）。在 014A 遗址发现的盐灶还多两座并列为一组，如图 6 所示。

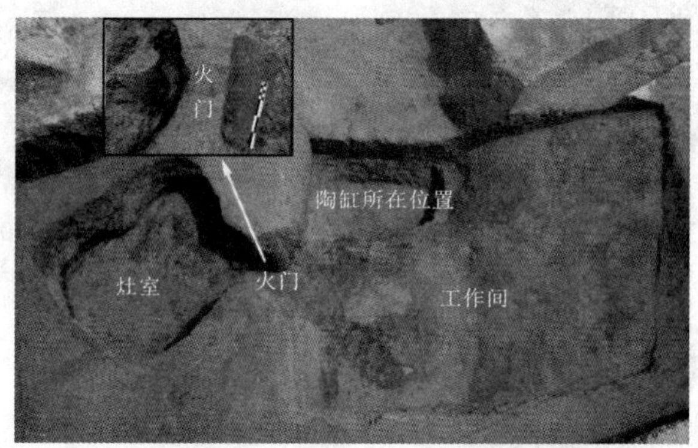

图 10　寿光市双王城 07 号遗址 Z10

07 号遗址在 30 多平方米内密集分布着 8 座盐灶 [①]，如图 7 所示。

大型盐灶内工作间和灶室内堆积塞满了草灰，草灰的纹理较为清晰，应没有被扰动过。从堆积断面看，工作间内也未见清理和搬运草灰现象。多数灶室周壁烧制松软，看不出多次和长时间受火痕迹。看来多数盐灶在使用时间比较短，连续煮完几锅盐后就废弃。此外，草灰均废弃在盐灶内，没有被利用的现象，其他区域内也未见到特殊的积灰堆积，这样就排除了当时用灰取卤、淋卤的可能。

① 部分材料见山东省文物考古研究所、北京大学中国考古学研究中心、寿光市文化局：《山东寿光市双王城盐业遗址 2008 年的发掘》，《考古》2010 年第 3 期。

在盐灶一侧还发现两座规整的坑，直径在1米以内。014A号遗址那个坑周壁挂着白色钙化物，07号遗址发现一个坑（图11），内堆满白色钙化物。在014A号遗址Z5火门口还发现一条管状钙化物，如图9所示。这些白色钙状物重量较轻，内为蜂窝状空隙。煮盐过程中会析出硝碱和碳酸钙类，估计白色钙状物内的蜂窝状空隙是由硝碱溶解后所形成。硝碱在古代是软化兽皮和制造纸张的重要材料。这两个坑可能专门用来收集和储放硝碱。

此外，在发掘区还发现数座半地穴式房址和生活用灶，深在半米左右，室内还保存活动面、烧火间、灶以及与灶火道相连接的火炕。生活用灶规模较小，由于较长时间频繁使用，灶室周壁烧制的坚硬程度明显高于烟灶室，颜色多呈砖红色。居住区域周围（包括整个制盐场所）所见生活垃圾较少，估计盐工在盐场居住和生活时间不太长。

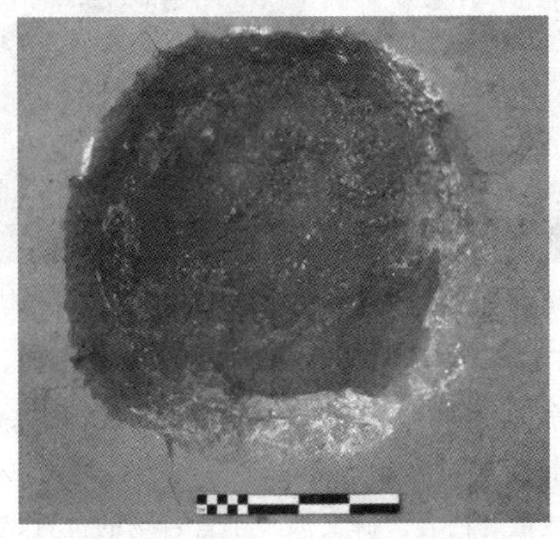

图11　寿光市双王城07号遗址发现的储放硝碱的圆坑

（三）制盐工艺流程推测

根据目前考古调查发现和发掘的遗迹，结合当地气候、地下水位变化情况，莱州湾南岸地区蒙元时期及明代中晚期，该地区的制盐流程可推测为：春季夏初（夏季雨水到来之前），盐工们掘挖坑井、过滤坑、沉淀坑，然后从卤水坑井提出浓度较高的卤水，倒入过滤沟，水在沟内的流动过程中淤土淤沙就会沉淀于长方形小坑内，卤水得到了净化。在地表下挖成工作间、灶室、烟道等，把制好的卤水存放在灶室旁的大缸（瓮）内，在长方形铁盘或圆形铁锅（盘）内注入卤水，点火熬煮，在熬煮过程中，撇刮漂浮在上面的硝碱，放入坑内或其他器皿中单独保存，以做他用。不断向铁盘或锅内添加卤水，待锅盘内满盐后，就停火，把盐挖（倒）出。根据灶面的大小判断，大盘（锅）每次可出盐上百斤，而小锅盘每次出盐二三十斤。

三、莱州湾南岸发现的碑刻、铜印材料

寿光市官台村东南发现了1处遗址，地表散布着大量砖瓦等碎片。村北60米荒地内还发现两座元代残碑，均为青石制。一座仅剩碑座，碑身被埋入地下。另一座保存较好，碑帽（图12）、身、底座（图13）虽已分离，但相隔较近。据村民介绍，这两座碑原位于官台村中的一座古建筑院内，20世纪六七十年代村民整修房屋时，石碑被推倒、运出。碑帽前、后分别镂雕两龙，正面刻着篆体“创修公廨之记”铭文。碑帽高1.30米、宽1米；碑身高2.06米、宽1.08米、厚0.28米；碑座为一巨大的赑屃，长2.35米、宽1.30米、高0.83米。整个碑，总高在4.10米左右，总重达8.5吨以上。

图12 寿光市官台村发现的元代碑帽

图13 寿光市官台村发现的元代碑座

碑的正文字数在1 500字以上。碑中部被后人不断触摸、擦刮以及雨水浸蚀，字迹漫漶不清外，其余部分保存较好，据此可了解到碑文的大体内容。碑文为“忠勇校尉、山东东路都转运使司官台场盐司令武秀”修建官台公廨（署衙）的缘起和过程，以及修建厅室数量等内容。碑文涉及了官台场的位置、管辖范围、历史沿革、年产量等重要的历史材料。据碑文载，元世祖至元（1264—1294）初就在官台设管勾治理盐场，丁未年（1274年）始在盐场设司令、司丞等官；官台场管辖范围“东涉于弥（河），西被于淄（河），南接斟灌（今寿光东部），东北距海”；该地斥卤丰富，有利于煮盐，“其地广斥，乃利国煮盐之地也”（《说文解字》云：“卤，碱地。东方谓之斥，西方谓之卤”；郑玄注：“斥谓地碱卤”）；官台场生产定额最初为27 000引，后增加了22 000引的派额。

碑背铭文为“协赞题名”，详细记录的是参与修建公廨（署衙）本司（可能指乐盐司）、寿光县衙主要官吏、周围盐场单位官吏人名以及周围乡、社、里运送建筑用材、食物数量及具体操办人等内容。立碑人中提及了司令、司承、称尹（官）、司吏、委雇煎奏差等盐官，“协赞题名”，还提及了王家岗场、高家港场、固堤场司令俟、司承、司吏、知房、攒运提领等盐官名，乡社里有社官、三老车甲头、社首头、祗应头等

名称。尤其值得注意的是，修建官台衙署和建造这座碑，内陆地区的夹河、北邵、景明、王高、崔家、回河、临泽、南邵、南北河、宋家、垒村、北楼、北邢姚等 20 余个村社也提供了人力、物力。碑文提及碑所立时间为元英宗至治三年(1323 年)[①]。

民国《潍县志稿》卷 41《金石志·石类》所提及的“固堤场创建鼓楼记”，该碑文记载：原碑位于固堤场庄西北角，立于元顺帝至正三年(1343 年)，详述了创建鼓楼的来龙去脉，提及固堤盐场创自元世祖至元十六年。元文宗至顺元年(1130 年)，承事郎千乘周希哲任固堤场司令，“政修德洽，民情大和，于是始谋创建鼓楼以严更禁，乃栖公帑，庶官民俱便”，后世感其恩，立碑为纪。

碑文中提及这里“斥衍而草繁”，有利于煮盐。还提及煮盐方式——煎熬，“以督民煎熬”，提及元“始变榷法，官为督卖”“外设转运司，总其利柄，而内统于地官，分置鹾场，棋错海滨，以督民煎熬，司其出纳”，还批评了当时的盐政。碑文除提及五任固堤场司令、六任固堤场司承人名外，还提及了山东省都转运使司、山东省东路都转运使司以及固堤场司令属官司吏、称官、攒运提领人名和数量。由此可以看出当时盐场官僚机构、人员组成和数量，资料非常珍贵。

民国《潍县志稿》卷 41《金石志·石类》所提及的“元报恩寺碑”，碑文中这样记载：“大元国山东东路都转运盐使司固堤场创建报恩寺记”，碑立于元顺帝至正十三年，碑在县北乡固堤场报恩寺内。碑文提及固堤场位置及设官情况“东距昌邑，西瞰斟鄩(今寿光东部)”“北连沧海”“设置一司，授官七品”。所建报恩寺包含了大雄宝殿、僧堂、义勇武安王关羽神庙、火德星君火神(灶神)庙，反映了盐场上的宗教文化。本文还提及两任固堤场司令、司承、称官，还提及了盐场的应头目。[②]

广饶高港村出土一方蒙元时期铜印(现藏东营市档案馆)。印体呈正方形，边长 5.2 厘米；碑状钮，高约 3.5 米；总重量约 400 克；印面铸九叠篆文，3 行 12 字“宣差提领所委差荒字号之印”。印背面一侧刻款文为“癸卯二月日造”，后边款文为“委差官印”。据推断为元代官印，铸制于元成宗大德七年(1303 年)。[③]该印是中央差遣到地方督办政务的官吏所佩用之印。据《元史·选举志三·铨选下》载：“凡宣使、奏差、委差、巡盐官出身：中书省宣使，至元九年，曾受宣命补充者，九十月考满正七品”，高港一带是唐宋元明清时期盐场官署之地，出土的官印应是中央催办盐务之差官佩用之印。

---

① 碑文内容由寿光市地方历史文化研究会会长赵守祥提供，部分内容是笔者在查看碑文后的理解。

② 资料参见潍坊学院历史文化与旅游学院编：《滨海(潍坊)盐业文化资源调查》。

③ 孙敬明：《山东广饶出土元代宣差提领所委差官印小考》，氏著《潍水记》。

四、盐场设置、盐官构成与历史文献记录的关系

寿光市官台元代碑刻中提及莱州湾沿岸有官台场、王家岗场、高家港场、固堤场。据《元史·食货志三·盐法》记载，山东都转运司“所隶之场，凡一十有九”。据《大元圣政国朝典章》载，山东盐运司下设三处分司，滨盐司、乐盐司、胶莱（萧）司，共20场（《元史》则为19场），其中，乐盐司五处，“从五品，官勾正九，官台场、高家港、新镇、王家岗、固堤场”①。

《明史》等文献记载，山东都转运盐使司下设胶莱和滨乐分司，维持着元代19个盐场建制的基本格局，仍保留着官台场、王家岗场、高家港场、固堤场等名称。清初年仍然维持山东19场旧制，后来屡加裁并。②

广饶县、寿光市、潍坊市滨海经济开发区仍使用“官台”“王家岗”“高家港”“固堤场”作为村镇名。就从空间位置而言，广饶支脉河两侧盐业遗存应与王家岗盐场有关，东北坞盐场属于高家港盐场的一部分，寿光官台周围及双王城盐业作坊群隶属于官台盐场，而西距固堤场17千米的周疃盐场群，西距固堤场6千米的韩家庙子盐场群及固堤场周围的盐场，可能为固堤场所控制（图1）。有学者认为，这些盐场中，官台场管辖范围最大（下文盐产量也可为证），周疃、韩家庙子一带的制盐作坊属于官台场的管辖范围。③

以上说明，文献记录与考古发现是基本一致的。

中央委派地方监督盐业的“宣差提领所委差”和“委雇煎奏差”；山东省设山东省都转运使司、山东省东路都转运使司，盐场内有司令、司承以及属官司吏、称官（尹）、攒运提领司令、应头目、知房等。这些与文献记录完全一致。

此外，根据官台元代碑所载，官台场每年生产定额最初是27 000引，后又增加了22 000引（每引400斤），总量为49 000引。据《元史·食货志三·盐法》记载，山东沿海产盐总额最初为71 988引，后来增至147 487、165 487、271 742引，最多时达31万引。元代，仅官台场年产量占全省1/6～1/3，曾是山东省19（20）处盐场内产量最高的。

---

① 《大元圣政国朝典章》（上）吏部卷之三《官制三》“盐务官”条，北京：中国广播电视出版社，1998年影印元刻本。

② 郭正忠主编：《中国盐业史（古代编）》，北京：人民出版社，1997年；纪丽真：《明清山东盐业研究》，济南：齐鲁书社，2009年。

③ 王赛时：《宋金元时山东盐业的生产与开发》，《盐业史研究》2005年第4期。

五、制盐工艺方面与文献记录的比较

制盐工艺问题主要涉及制盐原料以及如何获取原料、如何制卤(即提高卤水盐度)、如何成盐等。元明时期的文献资料表明,中国东部沿海地区制盐工艺流程问题无论原料来源、卤水的获取,还是制卤、成盐过程都是比较复杂的。

现存第一部关于海盐生产的专门著作是元代陈椿编纂的《熬波图》。该书作者曾在松江华亭县下砂场任职,对当时制盐活动比较熟悉,因而能对当地人所著的《熬波图》进行修订、补充。全书原有图52幅,现存47幅,每图附有文字说明和诗歌题咏,详细描绘了当时制盐工艺具体流程。根据《熬波图》文字和线图,元代浙江一带食盐制作的原料是海水,其具体工作程序主要包含了开辟摊场、引纳海潮、晒灰取卤、淋灰制卤、煎炼成盐等。[①]

开辟摊场。就是在滨海一带平地上修摊建场(古时取卤、制卤的场所往往被称为摊场)。经过牛犁翻耕、敲泥拾草、削土取平、铺垫踏压等反复加工,让摊场如镜面光净、平坦。摊场周围及中间修挖水渠沟,供引海水用。摊场修好后,还要修挖方形的灰淋坑(灰坞),灰坞旁掘出圆形储卤坑,二者相通,储卤坑比灰淋坑位置要低、要深,便于承接淋出的卤水。这两类坑周壁都用土块筑垒,底部需经反复踩压加工以防渗漏。

引纳海潮。盐工修建港口堤坝和月河,就海开河,引潮入港,储存海水。再用车戽接运至摊场,把海水引入摊场沟渠。

晒灰取卤。在摊场均匀铺上草灰(或土灰),撒泼上海水,让草灰汲取海水盐分,晒干草灰,后再撒泼入海水(或淋出的卤水),再晒干,这样反复多次,灰中的盐分会逐步增加。

淋灰制卤。把晒好的灰土扫聚起来,挑入灰淋坑中,“用脚踏坚实”。再往其上浇海水,灰淋下面便有卤水通过管道流往旁边的圆形储卤坑内(图14)。这种晒灰取卤法、淋灰制卤法盛行于浙西各盐场。此外,《熬波图》中还介绍了削(刮)土取卤、淋土制卤之法,削(刮)土就是把海水浸漫的海滩地上经过日晒以后含盐分较多的表层咸土,刮聚在一起,放入淋坑内,然后用海水浇淋,也能得到盐度很大的卤水。

---

① 郭正忠主编:《中国盐业史(古代编)》;陈椿:《熬波图》,台北:台湾商务印书馆,1986年影印本。

图 14　元陈椿《熬波图》所载“担灰入淋”图

煎炼成盐。把在摊场上取得高浓度卤水集中运至煮盐处储存。在地面垒砌盐灶，拼凑铁盘面（每面用生铁一二万斤，直径数米或十几米），架盘上灶，将卤水注入盘中，用柴薪煮煎（图 15）。水蒸发盐正在结晶中将“欲成未结胡涂湿盐”捞出，置于铺有竹篾的撩床（木架）上，“沥去卤水，乃成干盐”；或“待样上有卤干，已结成盐”，然后捞出。盐灶下面的草灰还要及时扒出，运至摊场，用来取卤、制卤。

图 15　元陈椿《熬波图》所载“上卤煎盐”图

明末汪砢玉《古今鹾略》引用沿海各地盐业志内的制盐工艺流程①，大体不出上面各书的内容范围。该书卷 1《生息》引《山东盐志》直接记载了山东沿海各地的制盐工艺流程，制盐原料有海水、碱盐土、上泛的盐霜等。获取卤水的方式有摊灰取卤：“余二百斤，诘旦仍出坑，灰滩晒亭场间。至申，俟盐花浸入灰内，仍实灰于

① （明）汪砢玉《古今鹾略》卷 1《生息》，《续修四库全书》本，上海：上海古籍出版社，2002 年，第 11、12 页。

坑以取卤。"草灰汲取的盐花出自撒泼的海水还是地下咸水上泛，文中没有详细说明。文中还介绍了刮土取卤法，所引《长芦运司志》说那里的制盐原料就为摊场上的黑色碱土。此外，海丰（今无棣）一带则利用大口河汊引海水晒盐。

所引《山东盐志》记载了用盘煮煎成盐的详细过程，并提及了盘的形状与大小。"每岁春夏间，天气晴明，取池卤注盘中，煎之。盘四角榰为一，织苇拦盘上，周涂以蜃泥。自子至亥，为之一伏火。凡六干，烧盐六盘，盘百斤，凡六百斤，为大引盐一，余二百斤。"盘有四角，说明盘是方形，每盘每次出盐百斤，与考古发现相同。但在四角旁立木柱织苇兰盘，涂以蜃泥防漏，在考古现场并发现相关遗迹。

明末宋应星著《天工开物》作咸篇也详细记录了海水煮盐的主要工艺流程。[①]文中介绍了多种制盐原料，如海水、地下咸水上泛的盐茅、海潮水晒后的盐霜、海草等，但都是直接或间接利用了海水，还提高海草这种制盐原料。取卤方式也多样。"凡海水自具咸质，海滨地高者名潮墩，下者名草荡，地皆产盐。同一海卤传神，而取法则异"。滨海高地潮墩和地势低洼处（草荡）都出产食盐。相应的取卤法有两种：一法为布灰种盐（图 16）："高堰地潮波不没者地可种盐。种户各有区画经界，不相侵越。度诘朝无雨，则今日广布稻麦藁灰及芦茅灰寸许于地上，压使平匀。明晨露气冲腾，则其下盐茅勃发，日中晴霁，灰、盐一并扫起淋煎。"沿海滩涂地高处海潮波一般到不了的地方（潮墩），白天气候干燥时晚上就出现返潮现象即咸水会

---

① 参见潘吉星编著:《天工开物校注及研究》，成都:巴蜀书社，1989 年。原文如下:

海水盐:凡海水自具咸质，海滨地高者名潮墩，下者名草荡，地皆产盐。同一海卤传神，而取法则异。

一法:高堰地潮波不没者地可种盐。种户各有区画经界，不相侵越。度诘朝无雨，则今日广布稻麦藁灰及芦茅灰寸许于地上，压使平匀。明晨露气冲腾，则其下盐茅（霜）勃发，日中晴霁，灰、盐一并扫起淋煎。

一法:潮波浅被地，不用灰压，候潮一过，明日天晴，半日晒出盐霜，疾趋扫起煎炼。

一法:逼海潮深地，先掘深坑，横架竹木，上铺席苇，又铺沙于苇席上。俟潮灭顶冲过，卤气由沙渗下坑中，撤去沙、苇，以灯烛之，卤气冲灯即灭，取卤水煎炼。总之功在晴霁，若淫雨连旬，则谓之盐荒。

又淮场地面有日晒自然生霜如马牙者，谓之大晒盐。不由煎炼，扫起即食。

海水顺风飘来断草，勾取煎炼名"蓬盐"。

凡淋煎法，掘坑二个，一浅一深。浅者尺许，以竹木架于芦席于上，将扫来盐料（不论有灰无灰淋法皆同），铺于席上，四周隆起，作一堤垱形，中以海水灌淋，渗下浅坑中。深者深七八尺，受浅坑所淋之汁，然后入锅煎炼。凡煎盐锅，古谓之牢盆。亦有两种制度，其盆周阔数丈，径亦丈许。用铁者，以铁打成叶片，铁钉栓合，其底平如盂，其四周高尺二寸，其合缝处一以卤汁结塞，永无隙漏。其下列灶燃薪，多者十二三眼，少者七八眼，共煎此盘。

上泛(即文中"盐茅勃发"),盐工用草灰吸取盐茅获取原料,这一过程称之为"种盐",很形象。这与《熬波图》所记载的在摊场铺撒草灰,上泼洒海水,让草灰吸卤,提高盐分略有不同。另一法是刮扫盐霜:"潮波浅被地(即草荡处),候潮一过,明日天晴,半日晒出盐霜,疾趋扫起煎炼"。文中说扫取盐霜直接煎炼成盐。第三种方法是在海潮经过地掘坑,过滤潮水,获得高浓度卤水(而在海潮经过地上掘坑过滤潮水,能获得高浓度卤水,此法难以理解)。第四种办法是引海水日晒。第五种方法是勾取海水飘来的断草。

图 16 《天工开物》(陶本)所载"布灰种盐、淋灰取卤"图

煮盐的锅盘也与《熬波图》文中记录完全相同,"凡煎盐锅,古谓之牢盆","其盆周阔数丈,径亦丈许。用铁者,以铁打成叶片,铁钉栓合,其底平如盂,其四周高尺二寸,其合缝处以卤汁结塞,永无隙漏。其下列灶燃薪,多者十二三眼,少者七八眼,共煎此盘"。文中也提及南海地区编竹为锅盘煮盐。

总之,就文献记录而言,元代(包括明代)沿海地区制盐原料有海水、滞留在滩涂地上的潮水、潮滩上晒出的盐霜、沿海平原上盐碱土及地下卤(咸)水上泛出的盐茅,有些为海边滩涂地上晒出的盐霜,个别地方还有海草(断草)。取卤方式,有的在草灰上泼洒海水或者草灰吸取滞留在潮滩之海水(即草灰取卤),有的刮取沿海平原上盐碱土(即刮土取卤),有的捞取海草。制卤方式(即提高卤水浓度)用海水反复浇淋草灰土和盐碱土灰(土),有的直接经风吹日晒来提高卤水的浓度(盐度）。成盐方式有煎煮、日晒［海水或淋灰（土）出的卤水］，煎煮盐用的铁盘或锅，圆形和方形，口径有大有小。盐灶均平地垒砌，灶室大者火眼口有若干个，多者十余个。

莱州湾南岸地区制盐工艺流程明显异于文献记录材料，如原料是浓度较高的地下卤水，盐工提出卤水后经过卤水沟、方坑、过滤坑沉淀、净化，储存在陶缸、瓮内，再放入铁盘、锅内熬煮（没有发现所谓的摊场和淋卤坑），煮盐工具普遍不太大，有圆形和方形，其中方形居多。盐灶为地穴式，即在地面下挖筑而成。盐灶工作间堆满草灰（草灰没有使用过痕迹，也就不存在着草灰取卤、淋灰制卤方式）等等。

六、余论

蒙元时期，莱州湾南岸地区考古发现的蒙元时期地下卤水坑井、过滤沟、沉淀坑、盐灶以及盐工居住的房屋等实物资料，碑文文字材料所提及的盐场设置、盐官构成、名称与数量以及盐场宗教文化设施，极大丰富了我们对该历史时期莱州湾南岸地区盐业生产和盐业文化的认识。莱州湾南岸的考古发现与文献记载的官设盐场名称、盐场位置、分布范围、盐官及属官名称、年产量、锅盘大小等与文献记录基本一致。但当时的制盐工艺流程比较特殊（考古资料表明，商周、汉魏时期与元明时期也不一致），无论是制盐原料来源、取卤和制卤方式还是成盐过程，与已有的文献记录都有区别。

关于东部沿海地区制盐工艺流程，文献记录的材料非常多，也比较详细。但古代文献记录多是某地某时的情况，并且古代官方修订的盐业志多延续前人的记录甚至采纳一些传说材料，所以，有些材料并不真实。学者的研究需要辩证地分析并以考古发现材料为准。目前，有些学者在研究莱州湾南岸、黄河三角洲古代制盐工艺时，往往没有考虑到地域和时代差别。既然蒙元时期（也包括明清代[①]），莱州湾沿岸制盐工艺流程与全国不同，那么用元明清时期文献记录的某种盐业生产方式如草灰取卤、淋灰制卤等来对应（复原）先秦时期制莱州湾沿岸地区盐工艺流程，显然有削足适履之嫌。

① 如康熙《寿光县志》卷11《盐法考》中，编者就注意到了这一点记载的寿光北部制盐不同于其他地区，同样是晒盐，这里用的是地下卤水，盐池中沉淀池、蒸发池、结晶池完备。原文："而昔之盐皆以火成，故赋海者言'熬波出素'也。然在今日寿邑之盐则日暴者多，而火煎者少。海滨之民，疏土为畦，阡陌纵横，形如田垄。量坎于水其中，风之日之，而盐成矣。"

论江苏海盐产地变迁

吉成名①
（湘潭大学历史系）

江苏省濒临黄海，海岸线长达953.9千米，滩涂广布，是我国海盐生产的重要基地。历史时期，江苏海盐产地发生了很大的变化。其中，有些产地现在仍然生产海盐，有些产地却不再生产海盐了。研究江苏海盐产地变迁，为当前盐业生产提供借鉴，对于经济建设具有重要意义。本文对此探讨。

一、先秦时期

吴国是周朝的诸侯国，是商朝末年由关中地区迁徙而来，并由太伯建立的，主要活动地区是今天江苏南部、浙江北部以及上海市。

《史记》卷129《货殖列传》曰："夫吴自阖庐、春申、王濞三人招致天下之喜游子弟，东有海盐之饶，章山之铜，三江、五湖之利，亦江东一都会也。"这里所说的"阖庐"是指春秋晚期吴国国君阖闾，"春申"是指战国时期楚国的公子春申君黄歇，"王濞"是指西汉文景时期的吴王刘濞。阖闾在位时间是前514年至前496年。战国初年，吴国为越国所灭；后来，楚国又灭了越国。所以，东周时期吴地统治者多次更换，先是吴国，而后是越国，最后是楚国。从"东有海盐之饶"一语可以看出，东周时期吴国的海盐生产是比较繁荣的。

吴国的海盐生产在什么地方呢？史籍缺乏记载。笔者认为，很可能就在今浙江海盐县及其附近地区。据《汉书》卷28上《地理志上》记载：秦国灭楚国后，在这里

---

① 基金项目：中国盐文化研究中心项目（YWHY14-06）；国家社会科学基金项目（02CZS006）
作者简介：吉成名，历史学博士，湘潭大学历史系教授，中国盐文化研究中心特约研究员。

设置了海盐县，隶属于会稽郡。根据县名推测，当时这里海盐生产较为发达，并且由来已久。后来这里历代都有海盐生产。今江苏境内当时是否有海盐生产呢？由于缺乏相关资料，目前我们还很难做出结论，暂且存疑，留待以后进一步研究。

二、秦汉时期

秦汉时期，今江苏省境内有海盐产地 2 处。

（一）东海郡朐县

《汉书》卷 28 上《地理志上》载东海郡朐县（治所在今江苏连云港市海州镇锦屏山侧）曰："秦始皇立石海上以为东门阙。有铁官。"此处"有铁官"当为"有盐铁官"之误。为什么这样说呢？桓宽《盐铁论·通有》提到"朐卤之盐"，即指东海郡朐县所产之盐。1993 年 2 月，考古工作者在江苏省连云港市东海县温泉镇尹湾村 6 号墓出土了 24 支木牍。其中，2 号木牍为《东海郡属县乡吏员定簿》，详细记载了东海郡太守、都尉、县、侯国、邑和盐铁官总数以及长吏俸禄。有关盐官材料如下：

伊卢盐官吏员卅人长一人，秩三百石；丞一人，秩二百石；令史一人；官啬夫二人；佐廿五人；凡卅人。

北蒲盐官吏员廿六人：丞一人，秩二百石；令史一人；官啬夫二人；佐廿二人。凡廿六人。

郁州盐官吏员廿六人：丞一人，秩二百石；令史一人；官啬夫一人；佐廿三人。凡廿六人。

伊卢，今灌云县伊卢乡；北蒲，今灌云县板浦镇；郁州，今连云港市云台山。此三处都在朐县境内，且均为海盐产地，所以设有盐官。2 号木牍还载有东海郡下邳、朐县铁官。[①] 从这些材料来看，《汉书》卷 28 上《地理志上》所载东海郡朐县"有铁官"确为"有盐铁官"之误。

（二）临淮郡盐渎县

《汉书》卷 28 上《地理志上》所载临淮郡盐渎县（治所在今江苏盐城市）"有铁官"，未言有盐官。但是，1962 年，考古工作者在盐城北门外发掘了麻瓦坟汉代遗址。1963 年，又在三羊墩发现了汉墓群。从出土文物来看，这些汉墓都是西汉晚期盐铁官、大盐商及其眷属的墓葬。[②] 根据这些材料可知，《汉书·地理志》所载临

① 连云港市博物馆：《尹湾汉墓简牍释文选》，《文物》1996 年第 8 期。
② 刘洪石：《汉代东海郡朐县的海盐生产和管理机构》，《盐业史研究》2002 年第 1 期。

淮郡盐渎县"有铁官"当为"有盐铁官"之误。《汉书》卷28上《地理志上》载临淮郡系元狩六年(前117年)设置。据此推测,盐渎县可能置于此时。该县取名为"盐渎",很可能与盛产海盐有关。

三、魏晋南北朝时期

魏晋南北朝时期,今江苏省境内有海盐产地3处。

(一)东海郡郁洲

《南齐书》卷14《州郡志上》曰:"青州,宋泰始(465—471)初淮北没虏,六年,始治郁州上。郁州在海中,周回数百里,岛出白鹿,土有田畴鱼盐之利。"由此可见,郁洲岛(今江苏连云港市云台山一带)为海盐产地。《南史》卷70《王洪范传》亦曰:"先是青州资鱼盐之货。"上述两条材料所说的"青州"都是指南朝刘宋泰始年间侨置于郁洲的青州。郁洲岛属东海郡管辖。

(二)山阳郡盐城县

《太平寰宇记》卷124《淮南道二·楚州·盐城县》"海水"条引阮昇之《南兖州记》曰:"(海水)上有南兖州盐亭一百二十三所。县人以渔盐为业,略不耕种,擅利巨海,能致饶沃。公私商运,充实,四远舳舻往来,恒以千计。此吴王所以富国强兵而抗汉室也。"从中可以看出,盐城县(治所即今江苏盐城市)的海盐生产自西汉以来一直是相当繁荣的。阮昇之,南朝人。《南兖州记》为南朝时期的作品。

(三)晋陵郡南沙县

《宋书》卷35《州郡志一》曰:"(晋陵郡)南沙令,本吴县司盐都尉署。吴时名沙中。吴平后,立暨阳县,割属之。晋成帝咸康七年(341年),罢盐署,立以为南沙县。"从该县曾经设有司盐都尉推测,南沙县(治所在今常熟市北五十里)可能是海盐产地。

四、隋代

隋朝时期,今江苏省境内至少有海盐产地1处——江都郡盐城县。

《元和郡县图志阙卷逸文》卷2《淮南道》"盐城县"条曰:"盐城县,本汉盐渎县,属临海(淮)郡。州长百六十里,在海中。州上有盐亭百二十三所,每岁煮盐四十五万石。"《太平寰宇记》卷124《淮南道二·楚州·盐城监》曰:"盐城监,古之盐亭也,历代海岸煎盐之所。元管九场。伪唐(南唐)以为盐监。周显德三年平江淮之后,因之不改焉。"如前所述,盐城县(治所即今江苏盐城市)自西汉以来就一直是重要的海盐产地。魏晋南北朝时期是如此，唐代也是如此，隋代这里的海盐生产也不会停止。

五、唐代

唐朝时期，今江苏省境内有海盐产地4处。

（一）河南道2处

1. 海州怀仁县

《元和郡县图志》卷11《河南道七·海州》"怀仁县"条曰："赣榆故城，一名盐仓城，在（怀仁）县东北三十里。"怀仁县濒临大海，赣榆故城之所以又被称为"盐仓城"，很可能与海盐生产有关。刘长卿《宿怀仁县南湖，寄东海荀处士》曰："寒塘起孤雁，夜色分盐田。"[①] 这条材料提到了怀仁县的盐田，可以进一步说明怀仁县（治所在今江苏赣榆县城头乡）为海盐产地。[②]

2. 泗州涟水县

高适《涟上题樊氏水亭》曰："煮盐沧海曲，种稻长淮边。"[③] 这里所说的"涟"当指泗州涟水县的涟水。涟水流入黄海，滨海地区可以从事海盐生产。据此推测，涟水县（治所即今江苏涟水县）为海盐产地。

（二）淮南道2处

1. 扬州海陵县

《新唐书》卷41《地理志五》载，扬州海陵县（治所即今江苏泰州市）有盐官。《元和郡县图志阙卷逸文》卷2《楚州》"海陵县"条曰："盐监，煮盐六十万石，而楚州盐城，浙西嘉兴、临平两监所出次焉。计每岁天下盐利，当租赋三分之一。"从中可以看出，海陵监是唐代后期海盐盐额（朝廷规定的生产任务）最高的盐监。据此推测，海陵监海盐产量居全国盐监之最。

2. 楚州盐城县

《新唐书》卷41《地理五》载，楚州盐城县（治所即今江苏盐城市），"本故汉盐渎县地。……有盐亭百二十三，有监。"前引《元和郡县图志阙卷逸文》卷2《淮南

---

①《全唐诗》卷149《刘长卿三》。

② 有人认为盐仓城建在东海县与怀仁县之间，从而断定东海、怀仁二县产盐（郭正忠主编：《中国盐业史（古代编）》，第82–86页）。这种说法欠妥。《元和郡县图志》卷11《河南道七》载盐仓城位于怀仁县东北三十里，而东海县在郁洲岛，可见，盐仓城并非建在东海县与怀仁县之间。所以，不能据此认为东海产盐。

③《全唐诗》卷212《高适二》。

道》"盐城县"条曰:"盐城县,本汉盐渎县,属临海(淮)郡。州长百六十里,在海中。州上有盐亭百二十三所,每岁煮盐四十五万石。"《资治通鉴》卷254,唐僖宗中和二年四月胡三省注曰:"盐城,汉盐渎县地,久无城邑,唐武德七年置盐城县,有盐亭一百二十三,有监,属楚州。"盐亭,从事海盐生产的基层单位。从以上两条材料可以看出,唐代盐城县有一个狭长的海岛,岛上有123所盐亭,设有盐监,盐额相当于海陵监的四分之三。

前引《太平寰宇记》卷124《淮南道二·楚州·盐城监》曰:"盐城监,古之盐亭也,历代海岸煎盐之所。元管九场。伪唐以为盐监。周显德三年平江淮之后,因之不改焉。盐场九所,在(盐城)县南北五十里至三十里,俱临海岸:五祐,紫庄,南八游,北八游,丁溪,竹子,新兴,七惠,四海。"这里所载的9个盐场是北宋早期盐城监的盐场。《太平寰宇记》所说"元管九场"当指唐代盐城监所管的盐场数,北宋早期九场很可能与唐代九场基本一致。该书又说"盐城监,古之盐亭也,历代海岸煎盐之所",阮昇之《南兖州记》载南朝时期盐城县有盐亭一百二十三所,可见,唐代盐城监九个盐场是由南朝一百二十三所盐亭发展而来的。

六、五代十国

五代十国时期,今江苏省至少有海盐产地3处。

1. 楚州盐城县

前引《太平寰宇记》卷124《淮南道二·盐城监》曰:"盐城监,古之盐亭也,历代海岸煎盐之所。元管九场。伪唐以为盐监。周显德三年平江淮之后因之不改焉。"盐城监(今江苏盐城市南)是唐宋时期重要的海盐产地,即使在战乱频仍的五代时期仍然保持自唐以来的生产规模,从事海盐生产的盐场并没有减少。

2. 泰州海陵、如皋二县

五代时期,海陵监的海盐生产也是比较繁荣的。《太平寰宇记》卷130《淮南道八·海陵监》曰:"海陵监,煮盐之务也。唐(开元元年)置海陵县,为监于海陵县。[1]伪唐于海陵县置泰州以辖其监。皇朝开宝七年(974年),移监于如皋县,置从盐场之近便也。"从中可以看出,海陵、如皋二县均有盐场,由海陵监管辖。

《资治通鉴》卷294,后周世宗显德五年五月曰:"刘承遇之还自金陵也,唐主使陈觉白帝(后周世宗),以江南无卤田,愿得海陵监南属以赡军。帝曰:'海陵在江

---

① 王文楚点校本《校勘记》认为当作"伪唐升元元年"。按:海陵监乃唐代后期设置,泰州为南唐设置,所以,这句话应为:"唐置海陵县,为监于海陵县。""开元元年"四字非衍即误,故以括号标出。下同。

北，难以交居，当别有处分。’至是，诏岁支盐三十万斛以给江南，所俘获江南士卒，稍稍归之。”[①]南唐想得到海陵监，以便筹措军费，后周没有答应，但是每年给南唐提供30万斛食盐。据此推测，当时海陵监每年食盐产量当在30万斛以上。《新五代史》卷69《南平世家·高保融》曰：“初，(高)季兴之镇，梁以五千为牙兵，衣食皆给于梁。至明宗时，岁给以盐万三千石，后不复给。及世宗平淮，故命泰州给之。”海陵监属泰州管辖，这里所说的“命泰州给之”当指由海陵监拨付。海陵监每年不仅要给南唐无偿提供30万斛盐，而且要拨给南平13 000石盐，由此可见，当时海陵监每年食盐产量远在30万斛以上。

《十国春秋》卷16《南唐二·元宗本纪》曰：“至是淮甸盐场皆入于周，遂不支盐，而输米如初，以为定式。”这里说的“淮甸盐场”指盐城监、海陵监所辖淮河流域盐场，并非仅指某一个盐场。

七、宋代

宋代淮南东路海盐生产有楚州、海州、泰州、通州和涟水军。

《宋史》卷182《食货志下四》曰：“其在淮南曰楚州盐城监，岁鬻四十一万七千余石，通州利丰监四十八万九千余石，泰州海陵监如皋仓小海场六十五万六千余石……海州板浦、惠泽、洛要三场岁鬻四十七万七千余石，涟水军海口场十一万五千余石……天圣(1023—1032)中，通、楚州场各七，泰州场八，海州场二，涟水军场一，岁煮视旧减六十九万七千五百四十余石，以给本路及江南东西、荆湖南北四路。旧并给两浙路，天圣七年始罢。”这段话概括了天圣七年以前淮南东路的海盐生产情况，探讨淮南东路各州军海盐产地情况时，往往要引用其中的材料。

(一)楚州盐城县

北宋初年，盐城县曾经设有盐城监。前引《太平寰宇记》卷124《淮南道二·盐城监》曰：“盐城监，古之盐亭也，历代海岸煎盐之所。元管九场，伪唐以为盐监。周显德三年平江淮之后，因之不改焉。盐场九所，在县南北五十里至三十里，俱临海岸：五祐，紫庄，南八游，北八游，丁溪，竹子，新兴，七惠，四海。”《元丰九域志》卷5《淮南路·东路》和《宋史》卷88《地理志四》都说盐城监有9个盐场，这只能是大中祥符二年(1009年)以前的情况。为什么这样说呢？《宋会要辑稿·方

① 《十国春秋》卷16《南唐二·元宗本纪》曰：“帝(李璟)遣閤门承旨刘承遇上表，称唐国主，尽献江北郡县之未陷者，鄂州汉阳、汉川二县在江北，亦割献焉，岁输土贡数十万；而乞海陵盐监南属，不许，后岁给赡军盐三十万石。”这里所载的汉川县，《新唐书·地理志》作“汊川县”，误。据《元和郡县图志》卷27《江南道三·鄂陆观察·沔州》，沔州有汉阳、汊川二县。

域》6之20曰："盐城县，伪唐于泰州盐城县置鬻盐监。太平兴国二年，隶楚州。大中祥符二年，废为仓。"可见，大中祥符二年以后，盐城县只有盐仓，盐城监不再存在。

随后，盐城县的盐场数也发生了变化。天圣年间（1023—1032），盐场数为7个。[①]南宋绍兴二十七年（1157年），盐城盐场只有新兴（今江苏盐城市新兴镇）、五祐（今江苏盐城市五佑镇）两个催煎场[②]。

为什么盐城县盐场数会发生这样大的变化呢？笔者认为有两个原因：其一，是盐场隶属关系变化所造成的，丁溪场（今江苏大丰市大中镇西南）、紫庄场（即刘庄场，今江苏大丰市刘庄镇）、南八游场（今江苏大丰市草堰镇）、北八游场（今江苏大丰市白驹镇）离盐城县城较远，后来这些盐场改隶海陵县了（后文在论述南宋时期海陵县盐场时将涉及丁溪、刘庄二场）；[③]其二，竹子、七惠、四海3场（今地名暂时无法考证）后来不再见于史籍，很可能不再产盐。

（二）海州朐山、怀仁2县

据前引《宋史》卷182《食货志下四》记载，海州有板浦、惠泽、洛要3个盐场。《文献通考》卷15《征榷考二》也有同样的记载。其中，洛要场位于怀仁县洛要镇（今江苏连云港市赣榆区沙河镇城子村），板浦（今江苏连云港市海州区板浦镇北太平埝一带）、惠泽（今江苏灌南县张店镇）2场位于朐山县。[④]

关于这3个盐场的设置，沈括《梦溪笔谈·补笔谈》卷下记载：

孙伯纯史馆知海州日，发运司议置洛要、板浦、惠泽三盐场，孙以为非便。发运

---

① 见前引《宋史》卷182《食货志下四》，场名不详。

② （清）徐松辑：《宋会要辑稿·食货》23之16、26之40。（宋）王应麟：《玉海》卷181《绍兴盐额》载：南宋绍兴三十二年（1162年）楚州盐场数为3，未载场名。楚州盐场数即盐城盐场数。不过，从现有材料来看，绍兴二十七年以后盐城县只有新兴、五祐2场。《玉海》所言"楚州三"可能有误，"三"与"二"很可能因形近而误。

③ （宋）余靖：《楚州盐城南场公署壁记》曰："景祐（1034—1038）初，太史吴公遵路漕淮南粟兼制置使公事（吴）中甫奏言：'楚之盐城，造盐之场七，皆售县仓。亭灶棋列，相去且百里，掌出纳者以仓为主，而不出郛郭。故私煮盗贩，散漫不能禁。请分南五场，傅海七十里，命一官督察之。俾火伏可见，私煮可禁。'天子是其议，可其奏。"[（宋）余靖：《武溪集》卷6《记》]从这条材料来看，景祐初年盐城县所辖7个盐场中的南5场已经另外设官管理，可能就是从这个时候开始，南5场逐步改隶海陵县了。

④ 江苏省连云港市地方志编纂委员会编：《连云港市志》，北京：方志出版社，2000年，第18、229页；江苏省地方志编纂委员会：《江苏省志·盐业志》，南京：江苏科学技术出版社，1997年，第35页。

使亲行郡，决欲为之，孙抗论排沮甚坚。百姓遮孙，自言置场为便……至孙罢，郡卒置三场。

这里所说的发运使是指张纶。《续资治通鉴长编》卷106，仁宗天圣六年八月甲戌曰："淮南江浙荆湖制置发运使、文思使、昭州刺史张纶知秦州。纶天禧（1017—1021）末为发运副使，时盐课积亏者十年，纶乃奏除通、泰、楚三州盐户宿负，官助其器用，盐入优与之直，由是岁增课数十万。复置盐场于杭、秀、海三州，岁入课又三百五十万。居三岁，增上供米八十万。在江、淮逾六年，为民兴利除害甚众。"此处"秦州"当为"泰州"之误。这段话论述了张纶在江淮地区任发运使期间的政绩。根据上述材料推断，板浦、惠泽、洛要3个盐场最初的设置时间是在天禧末年至天圣六年之间，至于具体哪一年，已经很难确定了。有人将这3个盐场的设置时间定为天圣元年①，如果没有更确切的材料，这种说法并不妥当。

《宋史》卷182《食货志下四》曰："天圣中……海州场二。"这里说海州只有两个盐场，可能是"二"与"三"因形近而误。

南宋时期，海州多次陷入金国和李全父子之手。景定二年（1261年），李璮降宋，南宋政府在这里设置了西海州。现存史籍对于南宋时期海州盐业生产情况缺乏记载。

（三）泰州海陵、如皋二县

《太平寰宇记》卷130《淮南道八·海陵监》曰："海陵监，煮盐之务也。唐（开元元年）置海陵县，为监于海陵县。伪唐于海陵县置泰州以辖其监。皇朝开宝七年（974年），移监于如皋县，置从盐场之近便也。监境：东西一百九十里，南北三百一十里。四至：东至通州静海县界海岸，西至泰州兴化县界，南至泰兴县界并江岸，北至楚州盐城界。户：皇朝管煎盐亭户七百一十八，丁一千二百二十。管盐场八：南四场，北四场。"从这个记载来看，宋初海陵监辖有八个盐场。对于这些盐场的场名，史籍缺载。海陵监虽然不久也废除了②，海陵县的海盐生产却没有停止。

在宋室南渡过程中，泰州的海盐生产遭到了很大的破坏，许多盐场被废弃，亭户大量逃亡。朝奉郎、通判泰州马尚到泰州上任以后，立即采取措施，招抚百姓，

---

① 江苏省地方志编纂委员会：《江苏省志·盐业志》，第41–42页；江苏省连云港市地方志编纂委员会编：《连云港市志》，第229页、657页。

② （清）徐松辑：《宋会要辑稿·方域》6之20曰："海陵监，伪唐于泰州海陵县置鬻盐监。开宝七年，移治于如皋。后废。"

恢复生产。[①]绍兴二十八年（1158年）八月九日，淮东提盐吴巘在给南宋朝廷汇报工作时列举泰州盐场如下：角斜场（今江苏海安县旧场乡）[②]，栟茶场（今江苏如东县栟茶镇）[③]，虎墩场（今江苏东台市富安镇），古窑场（今江苏海安县海安镇），掘港东陈场（今江苏如东县掘港镇），丰利东、西场（今江苏如东县丰利镇），马塘场（今江苏如东县马塘镇），丁溪场（今江苏大丰市草堰镇），梁家垛场（今江苏东台市梁垛镇），何家垛场（今江苏东台市梁垛镇），小淘场（今江苏东台市东台镇），刘庄场[④]。其中，何家垛场、小淘场、古窑场、刘庄场和马塘场是南宋绍兴十八年前后创建的[⑤]。其余七场大致为北宋末年遗留下来的。丰利东、西场很可能是由丰利场析置的，掘港东陈场则是由掘港、东陈二场合并而来的。

《宋会要辑稿·食货》23之15载有绍兴三十二年泰州盐额，其中谈到角斜催煎场、栟茶催煎场、虎墩古窑催煎场由海安买纳场管辖，掘港催煎场、丰利催煎场、马塘催煎场由如皋买纳场管辖，丁溪刘庄催煎场、梁家垛何家垛小淘催煎场由西溪买纳场管辖。据《元丰九域志》卷5《淮南路》记载，海陵县有海安、西溪二镇。根据这些材料推测，掘港、丰利、马塘三场在如皋县境内，其余九场都在海陵县境内。

前引《宋史·食货志》提到泰州海陵监如皋仓小海场（今江苏大丰县小海镇）的海盐产量。这条材料说明，小海场是北宋前期和中期泰州海陵监一处的重要的海盐产地。[⑥]北宋后期和南宋时期小海场的情况怎样？史籍缺载。

（四）通州静海、海门二县

《太平寰宇记》卷130《淮南道八·通州·静海》曰："静海县，三乡。随州置，

---

① （宋）李心传：《建炎以来系年要录》卷43，绍兴元年三月壬子。

② 原文作"角科场"，戴裔煊：《宋代钞盐制度研究》（北京：中华书局，1981年）据嘉靖《两淮盐法志》改正。因形近而误。

③ 原文作"拼桑场"，戴裔煊《宋代钞盐制度研究》据嘉靖《两淮盐法志》改正。因形近而误。

④ （清）徐松辑：《宋会要辑稿·食货》26之39。

⑤ 据（清）徐松辑：《宋会要辑稿·食货》26之32"绍兴十八年闰八月一日"条和"十月二十五日"条记载，淮南东路提举常平茶盐司就新设古窑场、小淘场和马塘场的命名问题征求朝廷意见。据此推断，这3个盐场都是这个时候设置的。联系上文所引该书"绍兴二十八年八月九日"那条材料，可知何家垛场和刘庄场也是在此前后设置的（刘庄场可能是在紫庄场旧地重建的）。据该书"绍兴十八年闰八月一日"条记载，古窑场位于泰州海安镇，小淘场位于泰州西溪镇。据该书"绍兴十八年十月二十五日"条记载，马塘场位于泰州如皋县。

⑥ 北宋早期是指太祖、太宗和真宗在位时期，中期是指仁宗、英宗和神宗在位时期，晚期是指哲宗、徽宗和钦宗在位时期，这是史学界的习惯做法。

管盐场八。"《太平寰宇记》卷130《淮南道八·利丰监》曰："利丰监，古之煎盐之所也，国朝（宋朝）升为监。在通州城南三里。管八场。四至：东至大海一百八十里。西至泰州界陈堕港四十五里。南至大江口一十里。北至通州三里。管八场：西亭，利丰，永兴，丰利，石港，利和，金沙，余庆。户：管亭户一千三百四十二，计一千六百九十四丁。每丁岁煎盐九十石，岁收一十五万八百五石。"这是北宋初年的情况。不久，利丰监也废除了[①]。这里又出现一个丰利场，这个丰利场与如皋县丰利场是有区别的。

前引《宋史》卷182《食货志下四》谈到天圣年间通州有7个盐场。光绪《通州直隶州志》卷4曰："太宗太平兴国中，置利丰监于通州，辖盐场七：西亭，永兴，吕四，石港，利和，金沙，余庆。"这条材料所载的盐场数正好与《宋史》卷182《食货志下四》相吻合，但是没有注明出处，不知有何依据。将其与《太平寰宇记》对照来看，没有丰利、利丰二场，却有吕四场，可见，吕四场是新创建的盐场。西亭场位于今江苏南通市西亭镇。石港场位于今江苏南通市石港镇。金沙场位于今江苏通州市金沙镇。余庆场位于今江苏通州市余西乡。吕四场位于今江苏启东市吕四港镇。利丰、永兴、丰利、利和四场今地名暂时无法考证。

南宋时期，通州盐场又发生了变化。绍兴二十八年八月九日淮东提盐吴巘的奏章里谈到通州盐场时仅仅举出了以下5场：西亭丰利场、金沙场、余庆场、石港永兴兴利场、吕四港场。[②]显然，这是归并的结果。从场名来判断，西亭丰利场由西亭、丰利两场合并而成，这两个盐场是相邻的。石港永兴兴利场由石港、永兴、兴利三场合并而成，这3个盐场很可能是相邻的。兴利场今地名不详。《玉海》卷181在谈到绍兴三十二年盐额时所列举的通州盐场数为六，比绍兴二十八年多了一个盐场，未载场名。

《宋会要辑稿·食货》23之15载有绍兴三十二年通州盐额，其中谈到西亭丰利催煎场、石港兴利永兴催煎场、金沙催煎场、余庆催煎场由通州在城买纳场管辖，吕四催煎场由海门买纳场管辖。据此推测，吕四场在海门县境内，其余都在静海县境内。

以上所举都是通州的重要盐场。此外，宋代通州还有一些地方从事海盐生产。

北宋时期，犯死罪获免者一般发配至登州沙门岛和通州诸海岛服劳役。其中，

---

① （清）徐松辑：《宋会要辑稿·方域》6之20曰："利丰监，伪唐鬻盐之所，在通州城南。太平兴国八年，移治州西南琅山。后废。"《宋史》卷182《食货志下四》和《文献通考》15《征榷考二·盐铁矾》作"丰利监"。戴裔煊《宋代钞盐制度研究》认为此系倒写而误，此论甚是。

② （清）徐松辑：《宋会要辑稿·食货》26之39。

通州供犯人服劳役的海岛有两个：崇明岛，东北洲。以上两个海岛都在海门县境内。[①] 史称："通州岛中凡两处，豪强难制者隶崇明镇，懦弱者隶东北洲，两处悉官煮盐。是岁（太平兴国五年——引者），始令配役者分隶盐亭役使之。"[②] 这就是说，官府驱使犯人在这两个海岛从事海盐生产。可见，崇明岛和东北洲这两个海岛都是海盐产地。

当时崇明岛有东、西二沙，崇明镇置于西沙。"宋天圣三年，续涨一沙，与东沙接，民多徙居之，而姚、刘二姓为盛，因名姚刘沙。建中靖国初，又涌一沙于西北，相距五十余里。以三次叠涨，因名三沙，亦谓之崇明沙……嘉定中，始置天赐场于姚刘沙。"[③] 据康熙《崇明县志》记载，嘉定十五年（1222），改韩侂胄废庄为天赐场。[④]《宋史》卷40《宁宗纪四》曰："（嘉定十七年）八月乙亥，罢通州天赐盐场。"从这些材料可以看出，天赐盐场（今崇明县大新镇响啊村）的存在时间只有两年。

东北洲又称"东布洲""东洲"，位于今江苏启东市吕四港镇附近。《舆地纪胜》卷41《淮南东路·通州》载东布洲曰："元是海屿沙岛之地，古来涨起，号为'东洲'。忽布机流至沙上，因名'布洲'。既成平陆，民户亦繁。"从中可以看出，东布洲本为沙洲，后来并入大陆，这是海岸线东移所致。[⑤]《舆地纪胜》成书于南宋晚期，东布洲并入大陆可能是在南宋时期。

王辟之《渑水燕谈录》卷7曰："夏文庄公竦，初侍其父监通州狼山盐场，《渡口诗》曰……时年十七，后之题诗，无出其右。"夏文庄公竦，即夏竦，死后谥为文庄公，北宋仁宗时期人。从这条材料看，这时通州还有一个狼山盐场，亦从事海盐生产。狼山位于长江北岸、静海县境内，东距崇明岛不远。胡三省曰："今通州静海县南五里有狼山，山外即大江。绝江南渡，舟行八十里抵苏州界；自江顺流出大海。"[⑥] 狼山盐场（今江苏南通市狼山镇）尚未见于其他史籍，可能存在时间不长。

（五）涟水军涟水县

前引《宋史》卷182《食货志下四》提到涟水军海口场的海盐产量。这条材料

---

① （宋）王存：《元丰九域志》卷5《淮南东路·通州》曰："海门。州东二百一十五里。三乡。崇明一镇。"东北洲位于大海之中，当在海门县境内。

② （宋）李焘：《续资治通鉴长编》卷21，太平兴国五年十二月。

③ （清）顾祖禹：《读史方舆纪要》卷24《苏州府·太仓州》。

④ 康熙《崇明县志》卷4《赋役》。

⑤ 宋代淮南东路海州、涟水军、楚州、泰州海岸线变化不大，东移速度较为缓慢，通州海岸线变化较大。元代以后，特别是明清时期，两淮地区海岸线变化很大，东移速度较快。

⑥《资治通鉴》卷270，后梁均王贞明五年四月，胡三省注。

说明海口场是北宋时期一处重要的海盐产地。从这条材料所反映的行政隶属关系来看，海口场就在涟水县境内，其具体位置未见记载。当时这里的海岸线大致位于今江苏涟水县石湖镇一带，据此推测海口场就在这里。南宋时期海口场的情况怎样？史籍缺载。不过，有材料表明，南宋时期涟水军仍有海盐生产。绍兴三年三月二十二日，提举淮南东路茶盐司言："管下通泰州、涟水军诸煎盐场，旧来亭户本司不住招诱归业。其亭户昨缘累遭兵火，其中不无被虏胁从、因而作过之人，今来累该赦宥，诸处官司尚据陈论追究，使亭户不能安居，妨废盐作。"① 从中可以看出，绍兴三年涟水军仍然有盐场从事海盐生产。

南宋时期，涟水军的归属多次发生变化。绍兴十一年(1141)十一月，宋、金两国订立盟约，规定双方东以淮水(今淮河)为界。② 这样，海州和涟水军属于金国。后来又被李全、李璮父子占领。李璮归宋以后，南宋政府于景定三年(1262)将涟水军升为安东州。③

归纳起来，宋代淮南东路海盐产地有5州(军)8县，已知盐场38个，另有1处产盐。其中，南宋时期出现的盐场有6个。

八、金代

南宋与金对峙，淮河以北地区被金国占领。金国在今江苏省境内的淮河以北地有海盐产地三处。

(一)海州赣榆县

临洪场(今江苏东海县临洪村)位于海州赣榆县。《金史》卷25《地理志中》载："赣榆本怀仁，大定七年更。镇二：荻水，临洪。"可见，临洪为赣榆之一镇。

(二)海州东海、涟水两县

独木场位于海州东海县。

板浦场(今江苏灌云县板浦镇)位于海州涟水县。

综上所述，今江苏省境内唐代海盐产地有怀仁、涟水、海陵、盐城4县，五代十国时期有盐城、海陵、如皋3县；宋金时期，除上述各县继续生产海盐外，又增加了朐山、东海、静海、海门4县。

---

① (清)徐松辑：《宋会要辑稿补编》，陈智超整理，北京：全国图书馆文献微缩复制中心，第781页。

② 《宋史》卷29《高宗纪六》。

③ 《宋史》卷45《理宗纪五》。

九、元代

元代，两淮都转运盐使司管理两淮地区的海盐生产，治所设在扬州（今江苏扬州市）。

《元史》卷91《百官志七》载两淮都转运盐使司辖盐场29个：吕四场、余东场、余中场、余西场、西亭场、金沙场、石港场、掘港场、丰利场、马塘场、栟茶场、角斜场、富安场、安丰场、梁垛场、东台场、河（何）垛场、丁奚（溪）场、小海场、草堰场、白驹场、刘庄场、五祐场、新兴场、庙湾场、莞渎场、板浦场、临洪场、徐渎浦场。《元典章》卷9《吏部三》载两淮盐运司曰："各场盐司三十一处：马塘，掘港，西亭，余东，余中，余西，金沙，石港，江口西，丰利，白驹，东台，梁垛，小海，草堰，刘庄，小陶（淘），角斜，富安，河（何）垛，栟茶，丁溪，板浦，天赐，临洪，五祐，新兴，筦（莞）渎，徐渎浦，白砚，庙湾。"并且在"庙湾"二字后面注曰："今并。"其中，江口西、白砚、天赐、庙湾4场为《元史》卷91《百官志七》所无，缺吕四、安丰两场，场数比《元史》卷91《百官志七》所载多出2个。从"今并"一语可以看出，《元典章》成书时庙湾场已经并入其他盐场。有些盐场消失了，如洛要场、惠泽场。这是由于南宋绍熙五年（1194年），黄河夺淮入海，导致泥沙剧增，滩涂扩展，海岸线东移，距离大海较远的洛要、惠泽二场无法继续从事海盐生产，被迫废弃。

仅从场名来看，以上所列盐场有下列12场未见于宋代和金代：余东场、余中场、余西场、富安场、安丰场、草堰场、白驹场、庙湾场、莞渎场、徐渎浦场、江口西场、白砚场。南宋时期的余庆场、虎墩场、古窑场、狼山场等未见于元代。不过，富安场很可能就是宋代的虎墩场，因为二者都在今江苏东台市富安镇。余西场很可能就是宋代的余庆场，因为二者都在今江苏通州市余西乡。草堰场（今江苏大丰市草堰镇）、白驹场（今江苏大丰市白驹镇）可能是由宋代南、北八游2场演变而来的。余东场（今江苏海门市余东镇）、余中场（今江苏海门市余东镇西）、安丰场（今江苏东台市安丰镇）、莞渎场（今江苏灌云县莞渎）、徐渎浦场（今江苏连云港市东北）、江口西场（今地不详）、白砚场（今地不详）可能是新建盐场。

从盐场总数来看，元代两淮地区盐场比南宋和金代有所增加。

十、明代

关于明代两淮盐区海盐产地，《寰宇通志》《明一统志》《明史・地理志》《明史・食货志》《明会典》《明实录》《两淮盐法志》等史籍均有记载，但是差别很大。

《寰宇通志》卷20《淮安府》曰："盐城监，在盐城县南，即古盐亭，历代俱为煎盐之所，南唐改为监，国朝置盐课司，所辖场有九所，俱在县南、北海岸。”明代两淮盐场数绝非9个，这个记载明显有误。该书把南唐时期盐城监的盐场数当成了明代两淮盐区的盐场数。

《明一统志》卷13《淮安府》仅载土产有盐。

《明史》卷40《地理志一》载淮安府盐城县有盐场，海州“北有于公、白沟等浦，皆产盐”①。高邮州兴化县东北有盐场，松江府华亭、上海二县有盐场，又载有余中场、金沙场。

《明史》卷80《食货志四》曰:“两淮所辖分司三，曰泰州，曰淮安，曰通州；批验所二，曰仪真，曰淮安；盐场三十，各盐课司一。”这种说法太简单，没有讲两淮盐区各盐场场名以及盐场数从明初至明末的变化。

《明太祖实录》卷19丙午年二月己巳条:“置两淮都转运盐使司，设运使、同知、判官、经历、知事、照磨，并置所属富安、何垛、丁溪、草堰、小海、角斜、栟茶、安丰、梁垛、东台、白驹、刘庄、伍祐、新兴、庙湾、西亭、右(石)港、余西、余中、金沙、丰利、马塘、板浦、掘港、吕四、临洪、徐渎、余东、莞渎二十九场盐课司。”丙午为1366年。这是明朝建立之前的情况。

《明会典》卷32载泰州分司所辖盐场有富安场、拼(栟)茶场、安丰场、角斜场、梁垛场、东台场、何垛场、小海场、草偃(堰)场(正德二年归并泰州小海场于此)、丁溪场，淮安分司所辖盐场有白驹场(正德二年改属泰州分司)、刘庄场、庙湾场、板浦场、伍祐场、徐渎浦场、新兴场、莞渎场、临洪场(正德二年分为二场，具体情况不详)、兴庄团场，通州分司所辖盐场有吕四场、余东场、余中场、余西场、金沙场、西亭场、石港场、马塘场、掘港场、丰利场、天赐场(成化十八年开设②，以莞渎场原额盐课派拨三分之二煎办)。这条材料讲清了明代两淮盐区盐场变化的基本情况。该书又载两淮都转运盐使司为洪武初年设置，此说法有误，当从前引《明太祖实录》所载。

史起蛰、张榘撰嘉靖《两淮盐法志》是一部明代两淮盐区的盐业专志。该书卷3《地里》对于当时两淮盐区盐场情况记载较详。这里以表列出(表1)。

---

① 《读史方舆纪要》卷22《南直四·海州》“于公浦”条曰:“于公浦，州北十里，产盐，以汉于公为名。自此而北，有白沟等十余浦，皆通湖汐，居民以煎盐为业。”同卷“板浦镇”条曰:“临洪镇，在州北十里，有临洪盐场。”可见，于公、白沟等浦属于临洪盐场辖地。于公浦位于今江苏东海县黄川镇。

② 这句话系《明会典》原文。《明宪宗实录》卷91“成化七年五月丙子”条曰:“增设两淮天赐场盐课司，置大使、副使各一员。时巡抚淮扬等处都御史陈濂等奏天赐沟有古灶迹三处，地广水咸，宜设场煎盐，故有是命。”据此可知，天赐场初设时间为成化七年(1471)五月。

表 1　明代两淮盐区 30 场基本情况

分司	盐场	草荡	田	灶（座）	盘铁	镦（口）	亭场（面）	卤池（口）
泰州分司	东台	3 214 顷	483 顷 3 分	84＋46	116 角 －41 角 9 分 1 厘	0	624－64	810－250
	梁垛	2 268 顷	80 顷 91 亩	92＋123	120 角 4 分 ＋40 角 3 厘	228	987＋342	379 ＋1 273
	安丰	3 032 顷 80 亩	1 611 顷 81 亩 3 分	146＋50	105 角 ＋112 角 5 分	416	750＋100	830＋75
	富安	8 127 顷	55 顷 78 亩	82＋48	65 角 4 分 ＋22 角 3 分	403	1 502 ＋1 614	684＋101
	角斜	433 顷 24 亩 3 分	109 顷 90 亩 4 分	25－2	28 角 7 分		205－124	125－44
	栟茶	3 223 顷 51 亩	61 顷 23 亩	82	80 角 5 分		166＋403	324＋336
	何垛	1 890 顷	308 顷 90 亩 7 分	61＋13	66 角 7 分 －23 角 2 分	53	323	366
	丁溪	3 095 顷	50 顷 34 亩 4 分	90＋20	116 角 7 分、 －44 角 8 分	227	582－462	550
	草堰	2 213 顷 90 亩 4 分	13 顷 29 亩 2 分	40	65 角 8 分	160	120＋360	110＋770
	小海	1 836 顷 82 亩	16 顷 82 亩	20	31 角 5 分	74	55	83
通州分司	石港	1 060 顷 87 亩 5 分	32 顷 62 亩 5 分	64－34	41 角 1 分 1 厘 ＋3 角 1 分	99	903－102	184＋615
	西亭	408 顷 80 亩	59 顷 96 亩 5 分	44－26	37 角 9 分 －6 角 6 分 7 厘 5 毫	0	518－267	122＋61
	金沙	1 093 顷 33 亩 2 分	92 顷 26 亩 9 分	61－7	59 角 6 分	432	812	415＋403
	余西	738 顷	149 顷 9 亩 8 分	31－12	32 角	441	357＋180	251＋286
	余中	588 顷 83 亩	235 顷 71 亩	36－29	78 角 2 厘 －72 角 2 厘	72	530－198	172＋160
	余东	1 316 顷 57 亩 3 分	不详	63＋802	157 角	130	950－85	126＋729
	吕四	2 839 顷 20 亩	38 顷 71 亩 4 分	620	0	127	60	90
	掘港	10 053 顷 30 亩	1 254 顷 39 亩 6 分	59＋21	114－24 角 5 分	52	210＋670	178＋702
	马塘	1 121 顷 23 亩	517 顷 65 亩 9 分	32＋4	37 角		567－310	567－310
	丰利	10 088 顷	122 顷 69 亩 3 分	30	43 角＋14 角 6 分 5 厘 7 毫 9 丝	113	180＋130	90＋220

续表

分司	盐场	草荡	田	灶（座）	盘铁	锹（口）	亭场（面）	卤池（口）
淮安分司	白驹	1 458 顷 75 亩	125 顷 18 亩 9 分	30	71 角 – 14 角 5 分	11	808	169 – 49
	刘庄	3 554 顷	648 顷 78 亩 2 分	35 + 15	104 角 2 耳 – 16 角 2 耳	59	600 – 18	175
	伍祐	3 343 顷	493 顷 37 亩 7 分	32 – 2	88 角 – 28 角	0	523	135
	新兴	1 110 顷	227 顷 79 亩 1 分	30 – 14	11 角 – 6 角	10	274	264
	庙湾	824 顷	251 顷 13 亩 3 分	11	64 角 – 59 角	11	824	11
	莞渎	2 100 顷	428 顷 1 分	20 – 4	64 角 3 分 – 22 角	0	1 692、–1 335	846、–717
	板浦	631 顷 62 亩	1 327 顷 67 亩 8 分	48	76 角 – 28 角 6 分 5 厘	0	3 612	2 610
	临洪	2 990 顷 52 亩	127 顷 67 亩 9 分	1 600、–715	80 角	0	1 800	2 806 – 1 936
	兴庄团	310 顷 67 亩 5 分	7 顷 62 亩 8 分	23	缺载	0	缺载	643
	徐渎浦	281 顷 88 亩	152 顷 101 亩 1 分	50	209 角 – 36 角 5 分	0	1 300	523 + 331

说明：表中“+”表示增加，“–”表示减少，“0”表示没有。该书对于亭场、卤池、灶、盘铁和锹的变化情况记载较详。凡是用“–”表示的地方，该书都只有原额和现额，减少部分是根据这两个数字推算出来的。

据该书统计，嘉靖年间两淮盐区共有盐灶 3 960 座、盘铁 1 926 角 2 分 5 厘、锹 3 118 口、亭场 21 668 面、卤池 16 909 口。

该书还记载了各场四至、面积，现整理如下。

东台场　东滨海，西北连何垛，南接梁垛，广百五十三里，袤十七里。分司公署所在。

梁垛场　东际海，北连东台，南接安丰，西界平家坟，广百里，袤十里。

安丰场　东滨海，西界海陵于庄，南接富安，北连梁垛，广七十五里，袤十四里。

富安场　东北滨海，西北连安丰，东接栟茶，南界海安，广二十三里，袤五十二里。

角斜场　东北滨海，西南接栟茶，广十里，袤二十二里。

栟茶场　北阻海，东连丰利黄沙洋，西南界于如皋，广六十里，袤四十里。

何垛场　东滨海，南接东台，北连丁溪，西抵西溪镇，广一百二十里，袤十里。

丁溪场　东临海，南接何垛，北连小海，西界兴化，广百十三里，袤十三里。

草堰场　东际海，西界兴化，北连白驹，南并小海壤地，与小海错列，广八十里，袤十九里。

小海场　东临海，西界兴化，南接丁溪，北即草堰，广八十里，袤若干里。

石港场　东极海，西带运河，南接西亭，北连马塘，广七十里，袤三十五里。分司公署所在。

西亭场　东际海，西界通州，南接金沙，西北连石港，广、袤若干里。

金沙场　北临海，西接西亭，东连余西，南抵海门新治，广三十里，袤十六里。

余西场　北薄海，南抵利和镇，西接金沙，东连余中，广三十里，袤二十里。

余中场　北滨海，南界通州，西接余西，东连余东，广二十八里，袤十一里。

余东场　北滨海，南界通川(州)，西接余中，东连吕四，广七里，袤四十二里。

吕四场　南尽于江，东北薄于海，西接余东，广二十二里，袤五十里。

掘港场　西连马塘，东、南、北三面阻海，广五十二里，袤三十里。

马塘场　东南阻海，北连丰利，西带汉河，广三十五里，袤三十里。

丰利场　北滨海，南接马塘，东抵掘港，西连栟茶，广三十里，袤三十三里。

白驹场　东北界于刘庄，东南界于草堰，西抵兴化海沟河，广二十四里，袤三十里。

刘庄场　东北阻海，北连伍祐，南连白驹，西界盐城，广若干里，袤四十里。

伍祐场　东迫海，南接刘庄，西北界于盐城，广若干里，袤四十五里。

新兴场　东薄海，西据杜家冈，南界盐城，北连庙湾，广、袤若干里。

庙湾场　东北际海，西控淮，南抵盐城，东南连于新兴，广四十里，袤九十里。

莞渎场　东薄海，西抵大湖，南带遏蛮河，北拒芦石山，广、袤若干里。

板浦场　东北滨海，南带祝项河，西控涟河，广九十里，袤三十里。

临洪场　东薄海，西据马蹄山，北界赣榆，南抵新坝，广、袤若干里。

兴庄团场　东临海，西界赣榆，南接临洪，北据分水岭，广、袤若干里。①

徐渎浦场　位于驹山东北、临洪东南、海关渡口之北，四面阻海，围、广若干里。

成化四年(1468年)，都御史高明奏准搭配盐场均派引盐，以富安、安丰、梁垛、东台、何垛五场配莞渎场，丁溪、草堰、小海、白驹、刘庄、伍祐6场配临洪场，新兴、

① 嘉靖《两淮盐法志》卷3《地理》注曰："即天赐场，旧在海州惠泽乡，今迁赣榆城东，更名兴庄团。"

角斜、栟茶、丰利、马塘、石港、西亭7场配徐渎浦场，金沙、余西、余中、掘港、吕四5场配板浦场，余东场配庙湾场。弘治十七年(1504)，都御史王璟奏准：改天赐、庙湾两场为正场，搭配板浦场，丰利、梁垛、余东3场以莞渎、临洪、徐渎、板浦兼搭。正德七年(1512)，御史朱冠奏准将30场分为上、中、下三等，以便搭配均派引盐。以富安、安丰、梁垛、东台、何垛、草堰、角斜、栟茶、丰利、石港、金沙、余西、吕四为上场，马塘、天赐、西亭、新兴、余东、余中、庙湾、掘港、伍祐、刘庄、白驹、小海、丁溪为中场，莞渎、临洪、板浦、徐渎浦为下场。[①] 嘉靖年间(1522—1566)，改兴庄团场(即天赐场)为下场。兴庄团场(天赐场)在今江苏连云港市赣榆区东北。

十一、清代

清代两淮盐区各场均在今江苏省境内。

清初，两淮各场沿袭明代，有30个盐场。康熙十七年(1678)，徐渎场并入板浦场。[②] 康熙五十六年以后，云台山逐渐与陆地连接起来。由于渐渐远离大海，淮北盐场原有的盐滩变为农田，新建的盐滩均随海岸线向东推移。[③] 雍正五年(1727年)，临洪、兴庄二场合并为临兴场。雍正十年，盐政高斌奏曰："马塘、余中、白驹、莞渎'皆非产盐之区，所征折价无几，灶户亦少，均可裁汰，归附近场员管理。'"乾隆元年(1736年)，马塘场并入石港场，余中场并入余西场，白驹场并入草堰场，莞渎场并入板浦场。由于分司治所变更，为了便于就近管理，淮安分司所辖刘庄、伍祐、新兴、庙湾4场改属泰州分司管辖，泰州分司所辖栟茶、角斜二场改属通州分司管辖。次年，从板浦场分出新场，名为中正场，以原莞渎场并入。后来，淮安分司又改为海州分司。乾隆三十三年，将产盐较少的西亭、小海二场裁并，西亭场并入金沙场，小海场并入丁溪场。[④]

光绪三十三年(1907年)，由于海岸线东移，淮南卤淡产薄，而淮北滩涂不断淤现，经两江总督兼盐政大臣端方奏准，在淮北海州丰乐镇(今灌云县洋桥镇)铺滩晒盐，接济淮南销售。从1908年至1914年，滩商(盐商)兴办了大阜、大德、公济、大有晋、大源、庆日新、裕通七个公司，铺滩1 160份。[⑤]1912年，正式成立了济南场。

① 据万历《明会典》卷32《户部十九》、(明)朱廷立:《盐政志》卷4《制度下》等有关记载整理。

② 盐务署编:《清盐法志》卷100《两淮一·场产门一·场区》。

③ 唐仁粤主编:《中国盐业史(地方编)》,北京:人民出版社,1997年,第278页。

④ 盐务署:《清盐法志》卷100《两淮一·场产门一·场区》。

⑤ 江苏省地方志编纂委员会:《江苏省志·盐业志》,南京:江苏科学技术出版社,1997年,第32页,第45页。

光绪《重修两淮盐法志》卷16至卷18《图说门》载有场署位置和场界，现整理如下。

石港场　通州境内。场界：东极海，西界通州民地，南界金沙，北界丰利，东北界掘港。

金沙场　通州境内。场界：东界余西，西南界通州民地，北界石港。

吕四场　通州境内。场界：东、北至海，南与海门厅为界，西与余东场为界。

余西场　通州境内。西界金沙，东界余东，东南与海门厅为界，北则本系大海，近年沙涨成坦，东北距海遂有五六十里。

余东场　通州境内。东界吕四，西界余西，南界通州民地，北则大海。

丰利场　如皋县境内。东界掘港，西界栟茶，南界石港，北则范公堤。

掘港场　如皋县境内。"旧志称其西连马塘，余皆环大海。今其南海沙涨成坦，直与石、金等处荡地相接，惟东、北二面极海，范堤绕其三面，一万四千三百七十余丈。"

角斜场　东台县境内。东、西与栟茶场为界，南至平家河，北至富安场。

栟茶场　东台境内。场界：东至丰利，西至富安，南至洪零沟，北则大海。

以上为通州分司所辖。

东台场　东台县境内。场界：南至梁垛场，西至何垛场，东至大海。

何垛场　东台县境内。场界：东至大海，西至西溪，南至东台，北至丁溪。

伍祐场　盐城县境内。场界：东至大海，西至盐城县界沟，南至刘庄，北至盐城县城。

安丰场　东台县境内。场界：东至大海，西至东台，南至富安，北至梁垛。

庙湾场　阜宁县境内。场界：东至大海，西至谢家桥，南至新兴，北至贺家沟。

富安场　东台县境内。场界：东至李家堡，南至杨家庄，西至安丰场，北至大海。

梁垛场　东台县境内。场界：东至大海，西连民地，南至安丰场，北至东台场。

草堰场　东台、兴化两县境内。场界：东至大海，西至串场河，南至丁溪，北至刘庄。

刘庄场　东台、兴化两县之交。场界：东至斗龙港，西至围止河，南至白驹，北至伍祐。

丁溪场　东台县境内。场界：东至大海，西至兴化县界，南至河[何]垛，北至草堰。

新兴场　盐城县境内。场界：东至大海，西至盐城民田，南至天妃闸，北至庙湾场。

以上为泰州分司所辖。

板浦场　海州境内。场界:东至中正场,西至海州城,北至大海,南至祝项河。

中正场　海州境内。场界:东至大海,西至板浦场,南至安东,北至云台山。

临兴场　海州境内。场界:东至大海,西至赣榆民地,南至海州城,北与山东日照为界。

以上为海州分司所辖。

两淮盐区盐场分布于赣榆县、海州、阜宁县、盐城县、东台县、如皋县、通州、海门厅境内。各场草荡、沙荡及其变化情况见下表(表2)。

表2　清代两淮各场草荡、沙荡面积

场名	草荡		沙荡	
	原额草荡	增减情况[①]	原额沙荡	增减情况
丰利	1 415 顷 98 亩 1 分	−47 顷 19 亩 9 分 3 厘 6 毫 6 丝 6 忽	44 顷 88 亩	−1 顷 49 亩 6 分
掘港	1 535 顷 60 亩 7 分 7 厘 9 毫		111 顷 22 亩	
石港	1 060 顷 87 亩 5 分		33 顷 6 亩	+575 顷 33 亩 3 分 7 厘
马塘[②]	523 顷 6 亩 6 分 2 厘		3 顷 40 亩	+172 顷 45 亩 6 厘
金沙	1 093 顷 33 亩 2 分		67 顷 50 亩	+247 顷 69 亩 4 分 8 厘
西亭	408 顷 80 亩		3 顷 82 亩	+472 顷 34 亩 5 分 8 毫 3 丝
吕四	1 316 顷 57 亩 2 分	+977 顷 84 亩 5 分 8 厘 1 毫 2 丝 5 忽		
余西	836 顷 70 亩 3 分 2 厘 8 毫 9 丝 6 忽		30 顷 61 亩	+714 顷 99 亩 3 分 7 厘 1 毫 6 丝 6 忽
余中	164 顷 91 亩	+427 顷 52 亩 1 分 9 厘 9 毫		+266 顷 22 亩 1 分 1 厘
余东	1 237 顷 51 亩 6 分 5 厘 6 毫	+21 顷 74 亩 5 分 6 厘 2 毫 9 丝 3 忽		+272 顷 42 亩 8 分 2 厘 6 毫 6 丝
角斜	551 顷 10 亩 9 分			
栟茶	2 133 顷 31 亩 3 分			
富安	3 786 顷 8 亩 5 分 5 厘		281 顷 19 亩 9 厘 7 毫 5 丝	+280 顷 70 亩 9 分 3 厘
安丰	2 820 顷 50 亩 1 厘 7 毫 2 丝 2 忽		171 顷 86 亩 2 分 3 毫 8 丝	+437 顷 28 亩 9 分 6 厘

续表

场名	草荡		沙荡	
	原额草荡	增减情况①	原额沙荡	增减情况
梁垛	1 914 顷 42 亩 9 分 2 厘		47 顷 20 亩 7 分 2 厘	+6 顷 84 亩 8 厘
东台	2 334 顷 35 亩 9 分 9 厘 5 毫		82 顷 16 亩 7 厘 5 毫	+90 顷 10 亩 4 分 7 毫 5 丝
何垛	2 102 顷 12 亩 2 分 7 厘 3 毫 6 丝		463 顷 75 亩 7 分 5 厘 1 毫 6 丝 8 忽	+444 顷 38 亩 1 分 3 厘 1 毫 3 丝
丁溪	2 877 顷 96 亩 3 分 7 厘 8 毫 4 丝 1 忽		368 顷 80 亩 1 分 8 厘 9 毫 5 丝	+342 顷 12 亩 9 分 4 毫 1 丝 6 忽
小海	1 769 顷 52 亩 2 分 9 厘 1 毫 6 忽		373 顷 78 亩 3 分 2 厘 5 毫	+1 208 顷 62 亩 7 分 1 厘
草堰	2 191 顷 94 亩 3 分 8 毫 3 丝 6 忽		151 顷 83 亩 8 分 5 厘 8 毫	+1 868 顷 29 亩 6 厘 7 丝 8 忽
白驹	1 219 顷 76 亩 8 分 5 厘 5 毫		11 顷 33 亩 7 分	
刘庄	2 292 顷 87 亩 5 分		589 顷 34 亩 7 分	+236 顷 26 亩 8 分 6 厘
伍祐	2 343 顷	+322 顷	81 顷 25 亩 5 分	3 137 顷 11 亩 4 分 3 厘 9 毫 4 丝 8 忽
新兴	1 455 顷 74 亩	+135 顷	40 顷 68 亩 5 分	+7 950 顷 85 亩 6 厘 6 毫 5 丝 9 忽
庙湾	1 742 顷 65 亩		278 顷 41 亩 4 分 6 厘	+2 465 顷 23 亩 2 分 4 厘 3 毫 3 丝
天赐	82 顷 81 亩 3 分 4 厘 5 毫 2 丝 9 忽	+549 顷 24 亩 4 分 7 厘 4 毫 2 丝 7 忽		+12 顷 15 亩 9 分 6 厘 8 毫 5 丝 9 忽
板浦		−277 顷 84 亩 8 分		−164 顷 6 亩 2 分
中正				−138 顷 33 亩 1 分
莞渎	3 057 顷 87 亩 6 厘		536 顷 19 亩 6 分 6 厘 9 毫 2 忽	+4 520 顷 83 亩 6 分 6 厘 7 毫③
临兴	471 顷 56 亩 4 分 4 厘④	+530 顷 71 亩 2 分 2 厘 4 毫 6 丝 4 忽	10 顷 55 亩	

资料来源:《盐法通志》卷 27,《场产三》。

说明:① 增加以"+"号表示,减少以"−"号表示,均为累计。仓基所占面积没有计入。② 马塘场已并入石港场,西亭场已并入金沙场,余中场已并入余西场,小海场已并入丁溪场,白驹场已并入草堰场,天赐场已并入庙湾场,莞渎场已并入中正场,但各场草荡、沙荡仍单独列出。③ 此系新丈量出来的荡地。莞渎场原额草荡、沙荡均于康熙七年(1668)由于黄河决堤被水淹没,后来陆续有所恢复,表中不便列出,只好略去。④ 临兴场原额草荡由于明末灶丁逃亡而荒芜,已改为招民佃种。

十二、民国时期

民国初期，淮南废灶兴垦，建立了76个盐垦公司，盐场陆续裁并。1912年，丰利、掘港两场合并，取名为“丰掘场”；栟茶、角斜两场合并，取名为“栟角场”；余东、余西两场合并，取名为“余中场”；东台、何垛两场合并，取名为“东何场”；富安、梁垛、安丰3场合并，取名为“安梁场”；刘庄场并入草堰场；裁撤石港、金沙两场。

1924年，淮北盐区共有盐滩3 113份。其中，板浦场698份、青口场475份、大新圩130份、中正场650份、济南场1 160份。垣商881家。

1931年，淮南盐区11场裁并为6场。吕四场并入余中场，栟茶场并入丰掘场，东何场并入安梁场，丁溪场并入草堰场，庙湾场并入新兴场，伍祐场仍然存在。

1933年，山东地区的涛雒、董家滩、廒头、安东卫等盐场并入临兴场，取名为“涛青场”。由于场署设在青口，所以又称“青口场”。

1934年，两淮盐区共有10个盐场。其中，淮北盐区4场：涛青场（青口场）位于东海、赣榆、日照三县境内，中正场、板浦场、济南场位于灌云县境内；淮南盐区6场：新兴场位于阜宁县境内，伍祐场位于盐城县境内，草堰场位于东台、兴化两县境内，安梁场位于东台县境内，丰掘场位于如皋县境内，余中场位于南通县境内。抗战前夕，两淮盐区仍然是10个盐场。其中，板浦、涛青、中正、济南四场面积较大、产量较高。

1938年，日本侵略军从南通天生港登陆，开始侵占淮南盐区；从陈家港、燕尾港登陆，开始侵占淮北盐区。1939年5月，汪伪政府在新浦成立伪海州盐务管理局，后来又成立了伪淮海区盐务管理局。

1940年，新四军在南通、如皋、启东、海州地区成立江苏省四区游击指挥部盐务处，下设余中、丰掘两个盐场分署。1941年，抗日民主根据地军民武装接管了国民政府两淮盐务局（驻东台），将淮南余丰、栟富、东何、草堰四个盐场公署和丰利、苴镇、北坎、余中、吕四5个放盐处划归苏中行政公署财务委员会领导。同年，苏中行政公署采用民办公助的办法，在阜宁县东三区铺设新滩，生产海盐。1942年，成立了盐阜区盐务管理局。1943年，八路军建立鲁南根据地，成立山东省青口盐务署，并且在赣榆县柘汪开铺盐田。这年底，柘汪便有盐田1 000余亩。1945年，赣榆县有盐田5.3万余亩。其中，柘汪有盐田万余亩。

1945年底，淮南盐区有盐灶18 000余座，煎煮小籽盐；有盐板约2 000块，制卤蒸晒，生产中籽盐。共有灶民3 500余人。从1945年8月至1948年11月，国民政府仅仅在淮北盐区占有板浦、中正二场以及济南场一部分。抗日民主政府占有两淮盐区85%的盐田面积，即除管辖济南场一部分和青口场外，还掌管了淮南盐区14个盐场以及盐阜盐区的43个公司。[①]

1948年11月，两淮盐区全境解放。从此，江苏海盐生产翻开了新的一页。

总之，历史时期江苏海盐产地发生了很大的变化。从秦汉时期一直到清代，江苏海盐产地主要分布于淮河以南地区。民国时期，淮北地区成为江苏海盐产地的主要分布地区。江苏海盐产地的分布和变迁与海岸线变化、黄河改道等自然地理因素有着非常密切的关系。

---

① 江苏省地方志编纂委员会：《江苏省志·盐业志》，第34-36页。

盐业与社会

宋代两淮盐业与区域社会变迁探析

宋冬霞[①]

（盐城师范学院公共管理学院）

两淮盐业与区域社会变迁乃关乎社会史、经济史、地方史的重要课题，但学界虽则日渐重视对这一论题的研究，但目前尚停留在比较明确的专题性研究层面，尤其侧重对清代和盐商的探研：如吴海波的《乾隆年间两淮盐商的资本积累与流向》认为，两淮盐商的资本流向呈现多元特征；[②]萧国亮的《清代两淮盐商的奢侈性消费及其积极影响》，探讨了两淮盐商奢侈性消费形态对盐业生产及扬州商业发展的影响；[③]宋良曦的《清代中国盐商的社会定位》，对清代盐商的社会作用等进行了具体全面的分析；[④]朱宗宙的《徽商与扬州》认为，徽州盐商对扬州的政治、经济、文化、社会风尚均产生过全面、深刻的影响；[⑤]王瑜、朱正海的《盐商与扬州》，主要论证了两淮盐商与清代扬州兴衰之间的关系。[⑥]另如凌申的《滩涂盐业开发与江苏沿海城镇的演变》、于海根的《论海盐文化在重塑新盐城形象中的地位》、郝宏桂的《略论两淮盐业生产对江苏沿海区域发展的历史影响》、孙炳元的《海盐文化与盐

① 作者简介：宋冬霞，女，盐城师范学院社会学院教授。

② 吴海波：《乾隆年间两淮盐商的资本积累与流向》，《四川理工学院学报》（社会科学版）2006年第3期。

③ 萧国亮：《清代两淮盐商的奢侈性消费及其积极影响》，《历史研究》，1982年第4期。

④ 宋良曦：《清代中国盐商的社会定位》，《盐业史研究》1998年第4期。

⑤ 朱宗宙：《徽商与扬州》，《扬州师院学报》（社会科学版）1991年第2期。

⑥ 王瑜、朱正海主编：《盐商与扬州》，南京：江苏古籍出版社，2001年。

城》等，分别从不同层面阐释了两淮盐业与区域社会的关系。① 但对宋代两淮盐业与区域社会变迁的相关研究成果不多，仅在有关研究中有所涉及，如林日举的《宋代盐业弊政及其引发的地方性暴乱》、穆朝庆的《宋代官营盐业生产中的盐户简论》、柴静的《宋代两淮地区商业论略》。② 显然，已有研究缺乏系统性、全面性和深入性，这必然影响到对宋代两淮区域文化特色的梳理。

自古以来，盐作为最稳定、最重要的专卖商品，是关系到国计民生的重要物资，是构成国家财政收入的主要来源，在国家财政收入中没有任何一种商品能与之相提并论，与铁被并誉为“双雄”。它又是观察社会问题的视角，正如汤象龙所述：“一部中国经济史如果没有盐业的内容，就将是残缺不全的。”宋代海盐生产遍布淮东及沿海地区，尤其南宋，因疆域变迁，财政收入对盐利的倚重程度急剧提升。为此，朝廷采取各种措施，千方百计扩大官营海盐生产规模；同时，也调整政策，鼓励与扶持民营盐亭户的发展。两淮盐业的发展，给区域社会变迁带来巨大的影响。按照社会学关于社会变迁的理论，本文从经济、人口、文化等视角揭示宋代两淮因盐业而致的区域社会变迁，敬请方家指正。

一、两淮盐业与经济变迁

社会经济的变化与发展是社会变迁的主要内容之一，给整个社会变迁以决定性的影响。

（1）“财赋之源”——财政收入比重的巨大变化：特殊、有利、滨海的自然环境，使得盐业成为两淮主要的经济形式，也是历代封建王朝重要的财政来源，宋代淮盐收入占到全国财政货币年收入的 48.8%，南宋时更高达 70%。

（2）淮盐产业优势使两淮区域的经济地位迅速提升，大城小镇皆因淮盐而闻名，加速了都市化、城镇化的发展进程。淮东滩涂较多，盐业十分发达，通、泰、楚、海等州及涟水军都是重要的海盐产区。淮盐的传统支柱产业优势，促进了区域经济地位的提升。随着盐业的发展、人口的增加、商业的繁荣和手工业的发展，沿海的场、灶之地自然发展为盐业城镇。

---

① 凌申：《滩涂盐业开发与江苏沿海城镇的演变》，《盐业史研究》2002 年第 2 期；凌申：《滩涂盐业开发与江苏沿海城镇的演变》，《江苏地方志》2004 年增刊；郝宏桂：《略论两淮盐业生产对江苏沿海区域发展的历史影响》，《盐城师范学院学报》（人文社会科学版）2012 年第 5 期；孙炳元：《海盐文化与盐城》，《盐城师范学院学报》（人文社会科学版）2005 第 2 期。

② 林日举：《宋代盐业弊政及其引发的地方性暴乱》，《史学集刊》2003 年第 2 期；穆朝庆：《宋代官营盐业生产中的盐户简论》，《中原文化研究》2014 年第 2 期；柴静：《宋代两淮地区商业论略》，《安庆师范学院学报》（社会科学版）2000 年第 1 期。

两淮盐产是政府仰仗的财源，而淮盐运销必经过运河和长江，这就带动了沿运河、长江诸市商业贸易的发达。南宋以后，随着黄河夺淮入海带来泥沙的不断淤积，滩涂增长使得海岸线不断东移，它带动了盐场团灶逐步东移，推动了范公堤以东小城镇的不断形成发展。两淮地区除早期的城镇以外，自北向南分布着青口、板浦、北沙、庙湾、新兴、伍祐、刘庄、白驹、草堰、丁溪、西溪、安丰、富安、栟茶、丰利、掘港、石港、西亭、金沙、吕四等盐业聚落小镇。有学者指出，两淮地区的这些城镇、道路、河流都与海盐的生产、运输、销售有关。

因此说，淮盐不但成就了盐城、淮安等名城重镇，而且使海州、板浦等亦因浸透着浓浓的咸香而著名。

（3）淮盐生产带动了水利等基础设施的建设，使得盐业农业双获利。如北宋天圣（1023—1032）初年，鉴于风潮泛滥“毁坏亭灶”的状况，时为盐税官的范仲淹在唐代常丰堰的基础上，筑成捍海堰，“农子盐课，皆受其利”，保证了淮盐生产的良性循环和良性运行。水利是农业的命脉，大大小小的水利工程的修建，不仅有利于盐业的发展，而且为农业的发展提供了保障。

二、两淮盐业与人口变迁

人口是社会变迁的基本前提，人口状况是社会生存和发展的必要基础。人口状况主要指人口数量、质量、构成、分布及流动，人口状况与整个社会发展比例失调，会给社会的发展速度和水平带来直接影响。

（1）移民向淮盐产区的流动，为淮盐生产储备了充分的劳动力资源。两淮作为产盐重镇，吸引大量移民流动到淮盐产区。在农业化时代，社会要发展，必须有足够的劳力，才能满足生产的需求。外来移民正好填补了人口空缺的空白，为盐业发展提供了充足的劳动力。

（2）官宦等流入盐区，既引起区域人口结构的变化，又提升了区域文化品位。历史上的淮盐，以其地位的显赫，吸引了众多的社会名流纷沓而至，如睿智果敢的“西溪三贤”晏殊、吕夷简、范仲淹等。“人口在空间上的流动，实质上就是他们所负载的文化在空间上的流动。所以说，移民运动在本质上是一种文化的迁移。”这些贤达之人以开阔的胸襟和视野为中国的文明史绘出了重彩浓墨的诗篇，形成一种独特的文化现象。

三、两淮盐业与文化变迁

文化变迁主要是指文化内容或结构的变化。它是分析社会变迁内容的一种综合角度。

（1）文化遗址（遗迹）。两淮地区悠久的海盐生产历史创造了丰富多彩的海盐文化……两淮盐业生产的场所、基础设施和城市发展的文化遗存充分说明了这一点。这些文化遗存包括生产场地、工具、运输码头、器具、盐政管理官署建筑、碑刻和盐民日常生活场所等等……其中，盐城市内登记在册的海盐文化物质遗存有860多处（件）。属于直接生产、运销方面的代表性遗址有宋代范公堤遗址、串场河；属于盐政管理官署遗址有宋西溪盐仓监遗址、宋元明清历代古淮南13个盐场遗址；与重要历史事件和著名人物相关的有宋范公祠遗址。此外，涉及海盐文化的古墓葬有50余处，如盐城市区发现的唐宋时期墓葬等。境内现存大量的塔、民居、桥、堰、闸等成为海盐文化又一独特的风景线。①海盐文化的物质遗存在扬州、淮安、连云港、南通等地都有大量的发现，为继承、发掘、保护和发展具有当地特色的地域文化奠定了雄厚的物质基础。有学者指出："勤劳淳朴的盐民，在创造丰富的物质文明的同时，还创造出了多彩的盐民文化，形成了独特的民俗，丰富了黄海之滨的滩涂文明。"②

（2）淮盐与文学。淮盐产区独特的风光不仅让历代诗人留下了许多脍炙人口的美丽诗篇，创作了许多关于盐民生活、盐工煎盐、盐船运盐、盐商屯盐的诗歌，真实反映了淮盐产区的社会状况，如柳永的《煮盐歌》、王安石的《白狼观海》、文天祥的《卖鱼湾》等，更滋养、滋生了大批"咸"味十足的淮盐文学巨著，如施耐庵的《水浒传》等，其中的许多人物如王伦、宋江、吴用、林冲等在白驹场盐民起义军中也可以寻觅到原型。

（3）盐官现象及对当地文化教育、社会风气的影响。为加强对淮盐生产的管理，盐官应运而生。盐业经营明显的官商性质决定了盐官总体上带有养尊处优、缺乏进取、安富享荣、疏于建树等诸多消极取向，但也不乏积极向上的"人杰"。宋代的三任"西溪盐仓监"吕夷简、晏殊、范仲淹离开西溪后，均官居宰相，一时传为佳话。而且他们在担任盐官期间，造福一方，惠及后人。如晏殊建立书院，此举不仅在西溪，即便是远及泰、扬都是首创之举，对推动当地教育及文化的传扬、民众素质的提升做出了巨大贡献，故而西溪又有"晏溪"之谓。教育是社会变迁的动因，主要体现在教育培养人，传递新的意识形态，进而推动科技发展、经济振兴、文化繁荣与政治革新等方面。这些高素质、高学养的盐官，对区域社会风尚、文化风格的形

① 于海根：《论海盐文化在重塑盐城形象中的地位》，《江苏地方志》2004年增刊，第69–71页。

② 孙炳元：《海盐文化与盐城》，《盐城师范学院学报》（人文社会科学版）2005年第2期，第125–129页。

成无疑有积极的引领作用。尤其是范仲淹“先天下之忧而忧，后天下之乐而乐”的忧乐观及情怀引领区域文化风格的形成。

（4）地名文化。沿海的历史是一部淮盐文化的发展史，即便是流传至今的两淮地名，也无不打上唐宋淮盐生产的深刻烙印。地名文化信息作为淮盐文化印迹的延续，体现了淮盐对区域变迁的影响。如以灶为地名源于北宋开宝七年（974年）盐灶的设置，后来灶名便成了地名。阜宁庙湾源于南宋嘉定年间于（1208—1224）射阳河轭湾处建真武大帝庙。“串场河”乃因范公堤、复堆河串通境内13个盐场而得名。启东三甲、海门头甲等源于宋代在淮南盐区实行的保甲制度。南通城区的利丰坊源于宋代为利丰监驻地。

（5）制盐技术的进步。宋代制盐技术的进步主要表现在验卤技术上的突破、运用皂角加速食盐结晶以及大型铁盘的发明等三大成就。除此以外，自古淮盐生产一直使用煎煮的制造技术，但在宋代实现了淮盐制盐工艺的一大突破，从此煎、晒二法兼用。

四、两淮盐业与社会运行

盐利的巨大诱惑，使得政府对淮盐的产运销愈加重视，设置机构进行管理；而政府对淮盐的垄断使得私盐愈发成为古代社会的严重问题。到宋代，违禁贩制发展到一个空前阶段，给两淮区域社会的正常运行造成巨大的负面影响。

（1）管理机构的设置。淮盐的产销，“两淮盐独当天下之半”的重要地位，客观上需要规范化管理，于是催生了盐业管理机构的设立。为了加强对两淮盐业生产、销售的有效管理，宋政府在南通、盐城、淮安、连云港皆设有场、监、总辖、甲头等机构和官员以管理盐务，催督盐课，督办盐运。同时创设了诸如灶甲制、煎团制、火伏法等管理制度。而这些制度和机构的创行又为盐业的相对规范运行提供了必要保障。宋代对盐政更是屡次更易，官府直接干预盐业生产的规模又远过于唐。因此，不仅确保了盐税占到中央政府财政收入的半数以上，而且是产盐路、州（监）、县地方财政收入的主要构成成分。

（2）社会局部失范，盐民被迫起而反抗。两淮地区的盐民是海盐的直接生产者，是国家榷盐收入的重要提供者。但事实上，封建统治者为了尽可能多的榨取盐利，往往置盐民的生死于不顾，所谓“天下细民之苦，莫亭户为剧”[①]道出了他们的艰辛。“自春至冬，晨夕不住”“人面如灰汗如血，终朝彻夜不得歇”是盐民生产生

① （宋）黄震：《黄氏日抄》，文渊阁四库全书本，台北：台湾商务印书馆，1986年。

活的真实写照。盐民与官府、官吏、盐商均存在矛盾和对立。

官府对商人的批发盐价是其征购亭户正盐价的8倍，从差价的角度便可略知官府占有亭户所创造的剩余劳动价值的程度。另外，官府支付给亭户的课盐与浮盐价钱统称为本钱，明令按时支付，实则经常拖延，个别盐场乃至积欠数年，还有官吏的百般盘剥、上户的侵渔。最终，亭户赖以为生的纳盐收入所剩无几，其生存境遇可想而知，参与盐走私或逃亡异域，都是不得已而为之。换言之，盐业带来社会的繁荣，但也出现两极分化等严重的社会问题，当压榨、掠夺超乎盐民承受力和忍耐力时，便酿成区域性社会动乱，如北宋明道二年(1033年)，因为"亭户输盐，应得本钱或无以给"，故淮南通、泰等地亭户"起为盗贼"[①]；南宋开禧二年(1209年)，淮东楚州人卞整、胡海组织领导盐城亭户起义[②]。

(3) 私盐的泛滥及其危害。政府的专卖政策和盐利的巨大诱惑，导致与官争利的私盐成为中国古代严重的社会问题。到宋代，违禁贩制发展到一个空前阶段，并以东南淮盐产区为最，给两淮区域社会造成巨大的负面影响。私盐屡禁不止，一方面使得国家的财税收入严重流失；另一方面又导致一系列无法忽视的社会问题，并使得已有的社会问题更加严峻，如官员寡廉鲜耻，将商场交易规则带入官场，腐败现象终难禁绝；私贩的团伙化和武装化，又必然诱发社会的不稳定因素。

(4) 迫使政府采取措施。宋政府一方面被动地严惩私盐犯和起义盐民，但同时也遵循自然规律，采取积极措施如逐渐放宽专营、动用官钱抑制私贩等以期缓解社会矛盾。

五、盐业专卖制度对区域经济发展的影响(代结语)

(1) 淮盐未能使两淮率先富裕的原因。淮盐生产历史悠久，规模庞大，但其暴利却长期为官府和特权商人所垄断，而未能在地方基础设施、盐业生产方式革新和盐民生活改善上发挥积极作用。同时，直接从事盐业生产的盐丁、盐民由于严格的身份限制，他们无法分享到盐业的任何利益，他们的劳动没有得到应有的尊重，成了当然的被牺牲者，不利于地方市场的发育与成长。另外，两淮盐区位于当时相对偏僻的江苏沿海地区，交通闭塞，自然灾害频繁；而不断淤长的海岸又使得两淮盐场时常迁移，日益增加了他们的生产、生活成本。加之经济模式单一、抵御风险能力差等，这些都决定了盐业未能成为两淮经济发展的龙头，甚至相反因其超经济的

① 《宋史》卷182《食货志下四·盐中》，北京：中华书局，1977年，第4439页。

② 袁燮：《絜斋集》卷13《龙图阁学士通奉大夫尚书黄公行状》；叶适：《水心集》卷20《故礼部尚书龙图阁学士黄公墓志铭》。

掠夺而加速了两淮盐区的贫困。

（2）批判继承海盐文化精神。盐民生产生活中凝练的协作精神、乐观心态、开放情怀、正义品质等正是当前建设和谐社会、践行社会主义核心价值观需要传递的正能量。但在培育出积极文化品质的同时，也不可避免地存在着封闭、落后的传统劣根性如性格孱弱、患得患失等。

（3）历史启示。宋代私盐大行其道的原因之一如“官设盐场难以控制所有海盐生产区域”竟被当今社会所复制。以青海为例，青海省有着12万平方千米的盐湖，比两个宁夏回族自治区还要大，但许多地方有盐却没有管盐的人。青海省盐务管理局只有5名稽查人员，而全省大部分县都没有专门的稽查人员，稽查人员大都是盐业公司的兼职人员，每个县只有一两名。青海省盐业管理部门力量薄弱，缺乏必要的稽查办公经费。到目前为止，青海省盐务管理局只有办公经费，却没有稽查经费，稽查经费全靠东拼西凑，有的工作人员只得自掏腰包办公，而在各州（地区）、县（县级市、区），盐务管理部门的办公经费则全部依靠经营收入。格尔木盐务监督办公室仅有两名工作人员，负责查办辖区盐湖面积5 940平方千米内的私盐贩运。如此单薄的稽查力量，如此寡少的稽查经费，打击私贩难以步入规范轨道，打击私盐谈何容易！对历史和现实进行比较，充分发挥史学的贻鉴功能，为社会转型时期提供根治私盐的历史启示。建设社会主义法治国家，依法治私，变更制度是关键和根本。

泰州盐税文化形态及影响

陈志峰　张　露①
（泰州学院马克思主义学院　泰州市智堡实验学校）

文化是人类社会特有的现象，是人类创造出来的所有物质和精神财富的总和。其中既包括世界观、人生观、价值观等具有意识形态性质的部分，还包括自然科学和技术、语言和文字等非意识形态的部分。

盐税文化就是人们在制盐、运盐、盐务管理和盐税征收过程中创造出来的所有物质和精神财富的总和。盐税文化研究的对象就是一切与制盐、运盐、盐务管理和盐税征收相关联的文化。作为历史的投影，盐税文化与人类社会的历史伴随始终；作为一种文化形态，盐税文化具有丰富的内容和独特的魅力，区别于其他文化类型。泰州盐税文化就是以“泰州”地域为界限，围绕盐税研究它的文化内涵、文化现象和文化影响。泰州盐税文化对泰州甚至周边地区影响深远。我们可以从盐税物态文化、制度文化、行为文化、心态文化等层面来分析泰州盐税文化的内涵表象、深远影响。

一、泰州盐税物态文化

物态文化指人类在长期改造客观世界的活动中所形成的一切物质生产活动及其产品的总和，是文化中可具体感知的、摸得着、看得见的东西，是具有物质形态的文化事物。泰州盐税物态文化是泰州盐税文化诸要素中最基础、最直感的内容，直接体现了泰州盐税文化的特质、文明程度的高低。

（一）泰州因盐税而得其名

泰州古称海陵，与金陵南京、广陵扬州、兰陵常州齐名。汉初置县，东晋设郡。

---

① 作者简介：陈志峰，泰州学院马克思主义学院副教授；张露，泰州市智堡实验学校教师。

由于泰州上缴国家的盐税很多，又是苏北地区的水陆要津，咽喉要地，极具经济政治战略地位。南唐升元元年(937 年)，海陵由县升为州，先民祈盼“国泰民安，龙凤呈祥”，泰州之名从此而始。不仅如此，泰州某些以“浦”“坝”“垛”“场”“亭”等命名的地名，无不与当地历史上的海盐生产有关。例如，泰州各地标有“浦”的地方均为官盐收购的场所，遍布市内城南、城北，泰州老百姓至今沿用不断，有马浦、仓浦、板浦、棋杆浦、门楼浦、三房浦、霞浦、大浦、郁浦、南浦、西浦、石浦等 10 多处。现在著名的大浦小学就坐落在大浦(当时泰州最大官盐收购的场所)原址之上。泰州盐浦之多、分布之密在全国所有城市中绝无仅有。“坝”是建筑在河流中阻隔上、下水位的拦河坝。当时往来盐船及客船须在此翻坝、掣验、换船续行，其主要目的就是为了按引征课。明清时代，泰州就曾以“坝”多而驰名江淮，“泰坝”一度成为泰州的代称，如今，鲍家坝、滕坝、西坝口等地名仍沿用。

(二)盐税监管机构变迁助推泰州城镇化建设

泰州南靠长江，东临黄海，地域辽阔，盐场众多，盐税资源十分丰富。随着海盐产业发展，一个个具体的煮盐单位亭、灶、场等增多。其中，部分场灶集中处成为管理一方的中心和一定范围内的集散地，一般称作“场”，即场署所在地，也是最基层的管理单位。为了保证国家重要的财政来源——盐税的征管，各个历史时期的统治者设置了众多盐务机构，对盐业的生产、运输、销售进行监督管理。这些场署所在地人气积聚、功能复合，逐渐发展为集镇，其中交通更为发达、居民更为集中的集镇又发展成为规模更大的县城。

汉高帝十二年(前 195)，汉高祖兄刘仲之子刘濞，在海陵建太仓(后名海陵仓)。唐代宗大历二年(767 年)，朝廷所设盐业生产管理机构共有 10 监，乃全国食盐专卖组织的核心，海陵监号称诸监之首。开宝七年(974 年)，海陵监移设如皋，设置西溪盐仓。明洪武元年(1368 年)，两淮都转运盐使司曾设在泰州。清雍正十一年(1734 年)，朝廷在泰州设立泰坝监掣署。清咸丰三年(1853 年)两淮盐运使司又迁至泰州，同年泰州设立厘金总局，作为江北里下河厘金征收的最高机关。咸丰四年(1854 年)泰州设立泰州厘金局泰城分局，在滕坝、犁山嘴、九里沟、鲍坝、寺巷口设有分卡 5 处，另外在塘湾设立分巡处。围绕盐场(仓)及税管机构，聚集了相当的农业、商业、手工业、服务业及其从业者，促进了泰州经济、政治和社会发展；不断形成了功能设施齐全、商贸繁荣昌盛的中心城镇，有力地吸引了生产要素向城镇聚集，促进了产业结构的调整，并为后来江苏省一级市的组建奠定了基础。

另一方面，由于泰州城是最初灶亭而来，为了尽快运销，实现税利，都必然有东连大海的水道，同时，为生活需要，在市镇中辟有连通运盐中心河道（比如串场河）的市河。作为集镇中心通道，河道两边码头林立，两岸是长街，略有拱桥相交。串场河半抱集镇，绕场而过，东端河道与远伸的广大海盐产地相连。这种独特格局成为泰州城市布局的基本特征，显示出盐税文化对这座城市的深刻影响，并对泰州经济文化生活规划产生了深刻而久远的影响。

（三）丰厚盐税滋养泰州物质文明

物质文明是指人类物质生活的进步状况，它主要表现为物质生产方式和经济生活的进步。物质文明发展需要一定的经济基础作为支撑和动力，盐税作为一种财力资源，促进了泰州物质文明的发展和进步。

食盐是人体必需之品，消费弹性很小，所以以食盐为征收对象的盐税税收稳定，历来是我国封建王朝的重要财政收入来源，其在国家财政收入中的地位仅次于田赋。唐开元元年（713 年），唐朝恢复盐税制度，在海陵设置盐税官，管理沿海各盐场。自此，海陵就成为当时全国大盐税征集地之一，被誉为“汉唐古郡，淮海名区”。据史书记载，唐代全国的税收，盐赋占到 50%，而海陵的盐赋又占到全国盐赋总量的 50%。到了宋代，泰州的盐税比唐朝时期全国盐税的总和还多。另据《中国盐业史》载，泰州曾创下南宋时中国盐业专卖史上的惊人记录，泰州盐仓场一年内支发“客请盐，及四十万袋”，创一仓支盐 1 亿 2 千万斤的全国最高纪录。

巨额的泰州盐税上缴中央政府后，一部分以赈灾（或是免税）等的方式反哺给泰州。史载，真宗大中祥符二年（1009 年），因泰州遭受水灾，朝廷赈济泰州每人粟一斛（古代 10 斗为 1 斛，南宋末改为 5 斗）。南宋嘉定七年（1214），免征泰州秋税。明英宗正统十四年（1449 年）因水灾，免泰州田租 89 900 余石。明嘉靖二年（1523 年），水灾，免泰州嘉靖三年租；一部分作为专款支援了泰州民用工程的建设。泰州老通扬运河（古称运盐河），由扬州茱萸湾东通泰州蟠溪产盐地，长达 150 里，由官方拨款所开，专事运盐，但实际上后来也逐渐为民用、民享。“南接泰州、海门、北至阜宁城北门外丰赐墩”“束内水不致伤盐，隔外潮不致伤稼”的范公堤也是在宋朝的财力支持下修筑的，可谓取之于“盐”，用之于“盐”。

除了上缴中央政府外，盐税中亦有相当一部分为地方政府所收留，其中部分用作地方建设，整饬街道，建立书院，改造内河道等等。据史料记载，南宋绍兴二十五年（1155 年），在泰州今鼓楼南路南端（国泰宾馆东侧）大兴土木，建文庙，后经历代增扩，颇具规模。南宋时期，朝廷为保护盐税来源的“命根子”，曾把泰州视为淮南重镇，修筑泰州城墙，抵抗金兵侵犯。为筹措大规模建造城池所需要的银两，南宋开禧二年(1206年)从提价的发往全国的官制盐袋中提取一定比例的费用,用于修筑砖砌的城墙。明嘉靖十六年(1537年),巡盐御史洪炬、知州朱鐾主持大修和扩建工程,当时的主体建筑有大成殿、明伦堂、文昌阁、尊经阁、崇圣祠、名宦祠、名贤祠、思槐堂、聚奎楼、望海楼、魁星亭、射圃亭等,其中不少堪称经典的建筑,现已成为泰州城的重要文化名片。由此可见,当时泰州众多的人文景观也曾得益于地方财政的支柱——盐税。应该说,千年来,泰州盐税为泰州、为国家提供了巨大的财力支持,也滋养了以盐税文化为代表的独特的泰州文明。

(四)泰州盐税留下诸多文化遗迹

泰州盐业在长达两千余年间的封建社会一直是财政税赋的特别负重者,是古城泰州经济、历史、文化的根。据不完全统计,现泰州市区与盐税有直接关联的遗址、遗迹多达40余处,例如税务碑、乔园、盐宗庙、斗姥宫、管王庙、崇儒祠、文会堂……其中较为著名的税务碑位于泰州海陵区南门老高桥东侧的滕坝街。旧时泰州有滕家坝,可内通下河各州县、盐场,外达口岸、支河和大江。商民常从滕坝绕越,以减少运输费用和避税。滕坝被迫筑实后,来往船只不能过坝通行,商民即将货船停于坝口,将货物运上岸后越坝驳至另一边的船上。由于泰州滕坝等地偷漏税收禁而不止,林则徐立《扬关奉宪永禁滕鲍各坝越漏南北货税告示碑》,碑为白矾石质,碑身高147厘米,宽70厘米,碑文为楷书,22行,全文1 239字。税务告示碑是我国清朝末期税收历史的见证,反映了中国封建社会末期商品经济发展过程中商民百姓与封建统治者之间避税抗税的斗争,已成为泰州盐税文化的一个重要标志,对研究泰州和江苏清代税收历史具有重要价值。诸如此类的盐税文化遗迹遗物是传承泰州文明的重要载体,承担着弘扬古代文明和启迪后人的重任。

这些文化遗迹是特定历史时期、特定生产生活领域的产物,从一个角度记录了泰州文明发展历史,也从一个侧面反映了古泰州的政治、经济、文化、科学技术、建筑、艺术、社会风俗等的特点和水平。我们应该去理解盐税文化遗产,理解这些文化遗产背后蕴含着的深刻历史文化含义,更要借以培育出具有根基、底蕴、特色和生命力的现代泰州文化。

二、泰州盐税制度文化

制度文化是人类为了自身生存、社会发展的需要而主动创制出来的有组织的规范体系,主要包括国家的行政管理体制、法律制度和民间的礼仪俗规等内容。盐税制度文化主要包括盐税法律制度、政治制度、经济制度以及人与人之间的各种关系准则等。

(一)基本层面

从传统、习惯、经验与知识积累形成的制度文化的基本层面来看,海盐生产方式以家庭为基本生产单位,亭场、盐灶、盘锅、草荡等生产资料大都以官给(盐税高层管理机构)为主,以场、团、仓等为最基层管理组织。为着海盐生产,不同来源的盐民之间形成非主流社会的同行,进而形成行会帮会间的制度,如同一盐灶、团之间盐民的互助、帮工制度。盐商为了积德行善对公益事业的捐助制度,当然也有走私盐枭之间的走私、绑票约定等,都流行于当时泰州盐区之中;还有许多制度,如季节性生产制度、生产过程中的流程制度、祭灶制度等至今仍潜在地影响着泰州某些地区老百姓的生活习惯。

(二)高级层面

从由理性设计和建构的制度文化的高级层面来看:为了保障盐税源源不断地流向国库,政府往往对食盐征税和专卖榷禁加以规定,从而明确征税范围、纳税人、纳税环节、征税原则、减免税、税额计算。从管仲推行"管山海"[①],出现中国最早的盐专卖之后,历朝历代无不争相沿袭,相继出现了汉代的盐铁官营、唐代的榷盐法[②]、宋代的折中法[③]、明代的开中法[④]、纲盐法[⑤]和清代的废纲行票[⑥]等各种专卖制度、盐税法规。为了控制海盐生产运销中的走私,历代统治者采取了各种手段,对于生产运销中的监管,设置一系列制度,包括"团煎制"、[⑦]灶户连坐制、盐民户籍制、伏火制等,十分繁杂。泰州作为中国盐税的主要产地,自然而然地经历了这些制度的历史变迁,也为这些制度的酝酿、颁行、完善、变革发挥了或多或少或大或小的作用。

(三)机制层面

透过泰州盐税包括机构、组织等实施机制层面,我们更能清晰地领悟出中国盐

---

① "管山海"出自《盐铁论·贫富》:"食湖池,管山海"。所谓山与海虽泛指山林川泽之利,但在《管子》至《盐铁论》这一历史时期,主要指盐、铁两项国家专营。

② 榷盐法系唐代中叶对盐就场专卖(官收官卖)的制度。其主要内容:在产盐区设置盐官,向盐户统购盐,加价出售。后再将盐税加入卖与商人,听其运销。

③ 折中法系宋代由"入中"商人承办食盐专卖的制度。太宗年间,由于北方边境军需匮乏,下令商人往边郡入纳粮草,称为"入中"。官府按路途远近及物资性质,优价折酬发给商人特殊的有价证券"交引",商人凭此到指定场所兑支现金,也可据此购买食盐,贩运赢利。

④ 开中法是明代鼓励商人输运粮食到边塞换取盐引,给予贩盐专利的制度。

⑤ 纲盐法由固定的盐商凭盐引行销纲盐,而盐引完全为盐商垄断。

⑥ 废纲行票即以票代纲,任何人只要纳税,都可以领票运销食盐制度。

⑦ 团煎制系由官发给煮盐盘铁,每户一角;煮盐时,众灶户运卤入团,并将所携盘铁一角聚集拼合为整块铁盘,然后按次序轮流煎盐。

税制度的特有气质。以清朝为例，清雍正十一年（1733 年），朝廷在泰州设立泰坝监掣署，负责稽查引盐偷漏夹带等弊，规定泰州分司所属十一场盐引运至泰州后一概引抬过坝，掣验后换船续行。泰州由于其显赫的盐税地位以及得天独厚的地理位置，对政府盐税制度的制定、完善等方面发挥了积极的作用。在盐税清咸丰三年（1853 年），刑部侍郎雷以诚采用了幕僚钱江的建议，成立了泰州厘金总局，在全国首创厘金。[①] 清道光十五年（1835 年）江苏巡抚林则徐在泰州滕、鲍两坝口勒石立碑，颁布《扬关奉宪永禁滕鲍各坝越漏南北货税告示》。咸丰三年三月，变革场征课，发给三联大票，一联为票根，一联存公司，一联交商贩。盐商凭票引销，立限到岸，盐票同行，并规定一概由泰坝过，或由泰州滕家坝、江都白塔河二口设卡舟掣，截票盖钤，其余支河、港口概不准行。违者以走私偷越论处，每夹带私盐一斤，追割设银一分入官，罚法甚严。民国初年，泰州人张淦清创办自治保商营，为筹措军饷，在泰州城南官河上建小宝带桥拦河设档，对过往船只收取以地方名义的“小宝带桥船捐”，不久全国各地先后仿效实行，后被民国政府正式列为地方税捐。此外，随着盐业贸易的繁荣，为了协调行业内部与外部关系，维护自身权益的需要，核定平衡盐价、生产、供、销售、运输等事宜，泰州盐商们还专门成立盐业公所[②]。

泰州是一座因盐而生、因税而兴的古老的历史文化古城，与税收有着密不可分的渊源。可以说，泰州是我国盐税制度的试验地、改革地、执行地，也是我国盐税制度文化的发祥地、见证地、代表地。泰州盐税制度的发展是整个中国盐税制度史的写照，也是中国封建政府税收制度的缩影。泰州盐税制度文化作为精神文化的产物和物质文化的工具，提供了观察和理解历史的钥匙和角度。

三、泰州盐税行为文化

行为文化以民风、民俗的形态出现，可见之于日常起居之中，具有鲜明的民族、地域特色。泰州盐税的发展，同样促进了与之相关的盐税行为文化的发展。

（一）泰州方言

泰州方言受多个方言圈的影响，尤以泰州以南地区的吴侬语、扬州话、徽州话的影响更甚。这就造就了泰州特有的方言语系，这与泰州的盐业发展密切相关。

---

① 厘金又称厘捐，是一种货物产销税，征于货物生产、过境和落地销售过程中。厘金正式创办于清朝咸丰三年，于 1931 年被最终裁撤，共历时 78 年。它原本是清政府筹措军饷的临时措施，后来推行全国。

② 盐业公所是指旧时盐业中的手工业者或商人的地域性的或非地域性的同行组织，一般带有同乡和同行二重性。

泰州处于吴头楚尾，历史上又多次接受多处移民，从这个意义上说，泰州最初应该是一个移民城市。汉武帝时期曾先后于建元三年（前138年）从瓯越（今浙江温州一带），元封元年（前110年）从东越（今福建闽侯县地）两次移民到江淮地区。明太祖朱元璋实行移民屯垦，从苏南迁移4万多居民来到两淮地区从事煎盐劳役，其中多为朝廷流放的罪人。另据考，大多盐业经营者，几乎没有一个是泰州城区的当地人，大多为海下人（即今海安、东台往东的大丰、安丰、草堰、刘庄、伍祐以及盐城、阜宁一带专门从事烧制海盐的住户），元末盐民起义领袖张士诚和明代著名的“泰州学派”创始人王艮就是这样的典型。加之泰州位于江苏中部的里下河地区（里下河是一片面积极大的湿地湖区）以南，向北交通不便，故而相当程度上天然阻隔了北方的移民。地域的相对孤立使得这片地区得以保持了相对独立的方言和种群，也逐渐形成了独特的泰州话，即泰州方言圈所普遍应用的地方话。泰州方言圈，学术上一般称之为泰如（泰州－如皋）方言片或通泰（南通－泰州）方言片，为下江官话（也称江淮官话）的一个亚区。泰州方言圈覆盖姜堰、泰兴、兴化、海安、如皋、如东（西北部）、东台、大丰等县市，事实上这里以前都是属于泰州管辖的区域。

在盐民中，还流传一些与盐有关的歇后语。如：卤缸里掺水——捣蛋（倒淡）；盐包掉到河里——白送；盐廪上冒气——咸（闲）气；口渴喝盐卤——找死；盐滩上走路——一步一个脚印；卤水点豆腐——一物降一物；咸菜焖豆腐——有言（盐）在先（鲜）等，而这些盐民俗语也深深融入如今泰州寻常百姓的话语之中。

（二）民风民俗

泰州在过去悠久的制盐历史中，盐民们都是靠天吃饭，靠海晒盐。因此，在盐民中长期形成并流传着特殊的风俗民情。影响较大的有盐婆生日、敬龙王、晒盐日、晒龙盐等。泰州还曾有专事祭祀盐业生产、运销、管理的祖先用的盐宗庙①，体现了盐民对影响盐业生产活动的“超人类”力量的一种敬仰与膜拜。盐官盐商则尊崇春秋时的齐相管仲为盐业祖师，过年时家中都挂管仲画像，侍奉香火。随着社会文明的高速发展，盐民的生产条件和生活环境有了巨大的改观，现在许多旧俗已经消亡或正在消亡，但其中也有些变革了的内容和形式，流传下来。

过年时节唱凤凰。凤凰是一种美丽、高洁的神鸟，是吉祥、太平的象征。很早以前，人们就把形似凤凰的泰州比做凤凰，称作凤凰城。泰州还有一个与盐有关的凤凰墩。传说很早以前，有一个盐贩路过一个小土墩，天黑了就地休息。第二天走

---

① 据史料记载，该庙建于清代同治元年（1862年），庙址就在今光孝寺与泰州行宫之间，创建人为时任两淮盐运使的税官乔松年，庙中供奉夙沙氏、胶鬲、管仲。据考，历史上全国的盐宗庙仅自贡、扬州、泰州三处，今均已不存。

时，有一只盐包破了，盐撒了一地。盐贩走后，有两只凤凰从远方飞来，栖息在这里不走。有一个猎人知道了，就悄悄地伸手想要将它们活捉。两只凤凰一惊，飞走了。过了几日，两只凤凰又飞来了，并引来了更多的凤凰，而且久居不走。这个消息很快传开了，许多人都说凤凰不落无宝地，这里一定是风水宝地。后来就有人把这个土墩取名为凤凰墩。唱凤凰流行于泰州农村各地，一人举着造型优美、色彩斑斓的纸扎凤凰，一人执大锣（唱者），一人执鼓，一人执堂锣，一人执钹钗。唱词有的是先编后唱，也有的是现编现唱，并用锣鼓伴奏，渲染节日的喜庆气氛。

荷花灯会。古时溱潼一片沼泽，先民来这里挖穴而居，用蒿搭棚，遮风避雨，并以蒿籽为食。据地方志载："盐民平时食粮均从外地购进，如遇东潮西水，只有用盐蒿烧汤，用盐蒿种籽炕饼为食。"相传明代这里以种荷采藕为生，并在农历七月十四举行"荷花灯会"，庆贺荷花仙子生日。再后，祭荷逐渐演变为祭鬼。据说，明初，不少百姓帮张士诚守苏州城时牺牲。城破后，朱元璋下令将阊门一带百姓押送至张士诚家乡当盐丁，部分人即在泰州的溱潼落户。每逢七月十四，焚香烧纸，并在湖中施放荷灯，以祭张士诚及牺牲的祖先。

祭张王。元末，盐民起义领袖张士诚率领起义军，深受百姓拥戴。后来，张士诚为朱元璋所败，不甘屈辱自缢而亡，但在百姓心中的形象是抹不掉的，人们想方设法纪念他。为掩人耳目，泰州盐区的老百姓将历史上沿袭的农历七月三十祭地藏王的习俗，改为明祭"藏王"，暗祭"张王"。这天晚上，家家户户的门槛外摆一张祭桌，上置一盏用蛤蜊壳做成的香油灯，内浸几根灯芯，两边各置一支蜡烛，前面点香。这种祭奠活动，每年一次，每次持续到午夜时分。在泰州兴化、盐城大丰一带这种祭祀至今仍在流传。

（三）"税务"文化

也许为了证明盐税对泰州人民的深远影响，泰州老百姓干脆用"税务"二字直接命名街、桥，甚至店面。泰州拥有一座我国古代唯一以"税务"二字命名的"税务桥"。此桥始建于宋代，初名太平桥，又称崇明桥，明朝初年重建。因靠近当时的泰坝衙门即税务衙门，纳税人到泰坝衙门完税都要经过此桥或将船只停靠在桥下，然后上岸完税，久而久之，原名渐渐被老百姓遗忘了，而俗称"税务桥"，并从明朝起已载入《泰州地方志》，一直流传到今天。历代文人墨客留下的不少遗篇，记叙了税务桥下当年盐船齐集"商贾如云"的繁华景象。明朝御使凌儒诗云："岁课垂名旧，中城路不赊。总戎司马第，簪笔夕郎家。东海迎朝日，西山送晚霞。从来冠盖里，时过七香车。"明朝参政刘万春则曰："中市虹飞处，当炉酒易赊。堂郊邻此地，杏馆属吾家。小割西湖水，遥分东岳霞。一从蠲税后，不覆榷舟车。”清代金长福《海陵竹枝词》云：商贾如云市井嚣，诘奸禁暴又轻徭。原知估榷关生计，记否前朝税务桥？”由“税务桥”而发散，泰州还有用“税”字命名的街巷，更有用“税务”命名的商店，如税务饼店、税务包店、税务超市、税务小吃、税务居委会等等，泰州这一独特的盐税文化，犹如我国五千年灿烂历史文化中的一朵奇葩，闪耀着熠熠的光辉。

四、泰州盐税心态文化

心态文化是指由人类社会实践和意识活动中经过长期孕育而形成的价值观念、审美情趣、思维方式等构成，是文化的核心部分。盐民是盐税实际上的主要承担者，盐官征缴盐税，盐商则在盐税与盐利间权衡。不同的阶层形成了各自独特的心态文化。

（一）盐民阶层与性格特质

2 000多年的海盐生产中，历朝历代的盐民们做出了巨大的贡献。他们生活在社会最底层，既受尽了历朝历代封建统治者的压榨和剥削，也成为历代封建统治阶级财政税赋的特别负重者。盐民阶层在长期艰辛的社会实践和意识活动中孕育了独特的价值观念、审美情趣、思维方式。

古代盐民，又称“灶民”“盐丁”。在丰厚的盐税之下，盐丁之苦，却达到了无以复加的程度。盐民不仅在生活上艰苦，而且在政治上倍受歧视和奴役。从宋代起，历元、明、清三代，都用特殊的户籍管理盐民。这种特殊的户籍不能改变，盐民们只能世世代代积薪、晒灰、淋卤、煎盐，以致蓬头垢面、胼手胝足，所产食盐要全部交公，而其所得仅仅维持活命。盐民在行动上有一定的限制，若出灶区需经官方批准，且不能持器械或三五人结伴同行，类似奴隶生活。正如明代《淮南中十场志》收录季寅《盐丁苦》一首诗中所说：“盐丁苦，盐丁苦，终日熬波煎淋卤。胼手胝足度朝昏，食不充饥衣不补。每日凌晨只晒灰，赤脚蓬头翻弄土。催征不让险无阻，公差追捉如狼虎。苦见官，活地府，血比连，打不数……”

由此可见，古泰州辖区沿海盐民世世代代在恶劣的环境中生产劳动，他们为历代封建统治者创造出源源不断的财富，自己本身却不仅不能解决暖饱，就连生命也得不到保证。独特的生产方式和恶劣的生存环境，孕育出泰州盐民海盐气息鲜明的思想性格特征。

第一，勤劳淳朴、粗犷果决、团结互助、艰苦节俭的精神。以煮盐为业的盐民，面对宽阔之大海，在风吹、日晒、卤蒸、烟熏等十分艰苦的劳动中，在贫困艰辛的生活磨炼中，熔铸出了勤劳淳朴、粗犷果决、耐苦耐劳、艰苦节俭的基本性格特征。《隋书·地理志下》中称淮南人“性并躁劲，风气果决……尚淳朴，好俭约”。清雍正《泰州志》称“泰俗，民朴而鲜巧士，重信义，不浮薄”。

第二，崇尚武力，有较强的反抗意识和坚韧不拔的斗争毅力。盐民的劳动、生活条件无比艰苦，身份地位十分低下，常年遭受官府盐商的压榨欺凌，从而滋生了强烈的反抗意识，其斗争性也无比坚强，革命性也最为彻底。光绪《淮安府志》也说“民俗类直朴，尚武力，有敦庞纯固之美”。吴王张士诚生于兴化白驹场贫苦的盐民之家，因受不了盐警欺压，与弟士义、士德、士信及李伯升等18人率盐丁起兵反元，史称“十八条扁担起义”。盐丁诗人吴嘉纪，盐民出身，由于长期生活在盐民中间，亲身体验了官吏、盐商对灶民的剥削和频仍的水灾、军输对灶民的侵害，对此，他终日把卷苦吟，从而写出了大量反映社会黑暗、民不聊生的诗篇。

第三，仇恨贫富不公，向往均平生活。平均主义思想在阶级压迫十分严重的社会中，是进步的革命思想。广大盐民在苦难中看到达官贵人和盐商巨富们过着“食肉被纨”、花天酒地的奢侈生活，产生平均主义思想是十分自然的。在盐民哲学家、泰州学派主持人王艮的哲学思想中，也有平均思想的反映。王艮出身贫苦，少年时随父兄烧过盐，后自学经书成才。他长期接触贫苦盐民，深知他们的疾苦，所以他提出了“圣人之道，无异于百姓日用”的命题，把人民的“饥欲食，寒欲衣”等生理要求也当作“道”。

第四，封闭保守、闯劲不足、容易自满。海天茫茫荒漠滩涂的生产环境，闭塞的交通，一家一户的生产方式，靠天吃饭，低效能、低收入、小富即安的经营状况，造成了盐民的封闭意识、保守的小生产者个性。《泰州日报》曾刊载了泰州籍科学家、国际科联执行主席陈德亮先生在家乡接受记者专访，陈老除肯定泰州人性格的正面因素外，还认为泰州人具有闯劲不足、会算计、易自我满足、眼光短浅、办事喜欢托人找关系等负面因素，这些性格特征皆因盐业生产而致，令人感慨万千。

（二）盐商阶层与闲适文化

盐商是政府特许的具有垄断食盐运销经营特权的食盐专卖商人。以清朝为例，盐商主要包括窝商①、运商、场商、总商等名目。他们在食盐流通过程中具有不

① 明清时期的两淮盐商，凡被编入纲册者，即据有政府派给一定数量盐引的资格，称为有窝或称窝本。他们每年向政府盐务机构呈验窝根，请领销盐朱单，称为年窝。运商请引行盐，必向有窝之家出价买单，然后赴司纳课行盐。故有窝盐商不必亲自运盐，而专以运单转售运商而坐取其利，称为窝商。

同的职能。窝商并不经营盐业，而靠垄断引窝，坐收巨利。运商认引贩盐，先向窝商租取引窝，缴付“窝价”。然后，赴盐运使衙门纳课请引，凭盐引到指定产盐区向场商买进食盐，贩往指定的销盐区（即“引岸”）销售。场商是在指定的盐场向灶户收购食盐转卖给运商的中间商人。总商经济势力雄厚，与官府的关系最为密切，是盐商中的巨头，主要任务是为盐运使衙门向盐商征收盐课，他们共同形成“盐商阶层”。在盐业经营中，他们追求一致，权宜利益，垄断了全国食盐流通的全渠道，肆意压低买价，抬高卖价，剥削灶户和消费者，获取巨额的商业垄断利润。盐商相对于其巨额财资，仅缴纳有限的盐税，对待官府却慷慨异常，多有捐输。对此，清政府除了在政治上奖给职衔，在经济上则给予优恤，初则准其“加价”（提高官定售盐价格），继则准其“加耗”（增加每引捆盐斤数），甚至豁免积欠盐税。

到了清代顺治、康熙两朝，为充裕国库、除弊兴利，曾一度采取发展盐业的措施，号召泰州城区的殷实富户投资盐业，鼓励盐商进城建造住所并从事其他行业。泰州日益成为黄海沿线盐商们贩运营销的大本营，盐业的繁荣又在很大程度上促进了泰州古城的迅速崛起和工商贸易的兴旺发达。泰州盐商为巩固社会地位，还专门砌建了盐宗庙，成立“盐业公所”。留在泰州的盐商，还仿效当地的文士，竞相建造各自的私家园邸、别墅宅地，为其嬉戏、宴饮的场所和招揽结纳四方名士之佳处，从而也招引来各地名家、富贾，或留寓泰州，或移居泰州。这些都标志着当时的泰州盐商已逐渐成为这座城市发展举足轻重的重要力量。

泰州盐商的发迹，大约在清乾嘉年间（1736—1820），这些人发财之后又大都迁往府地（即扬州城内），去享受安闲舒适、附庸风雅的生活。乾隆六下江南，泰州籍盐商慷慨捐输巨额资财，建造五亭桥、小白塔及帝王行宫，结皇帝之欢心，政治地位顺势提升，财势更是如日中天，致使扬、泰两地的历任官吏，也不得不仰承鼻息，礼让三分。

盐商们原是暴发起来的剥削者，他们的日常生活大多奢侈糜烂，其子弟更是声色犬马，骄奢淫逸，挥金如土，为所欲为。在城里，暴富的盐商们因自惭于思想狭隘、文化浅陋、行为鄙俗、素质低下，同时更是为了改变自身的社会形象，争取公众舆论，乃不惜资财赞助社会公益，参与修桥铺路、兴学济贫、施茶放粥、捐资建设。其稍具远识者，则逐步附庸风雅，结识知识阶层，管束教导子弟读书致仕，向文化靠拢，以期光宗耀祖，尽显门庭。盐商与本地的文人们诗酒酬唱，切磋弦歌画赋，营造了浓郁的文化交流氛围，活跃了泰州的艺苑文坛，从而促成独特的泰州盐税文化在清代中叶进入鼎盛时期。就是在这样一种历史人文现象和社会环境中，出现了“早上皮包水，晚上水包皮”“饭后听评话，入夜赏闲戏”，鱼汤面、拌干丝、坐茶馆、进澡堂、听说书、看演戏等叠加起来的泰州一带的“闲适文化”。闲适文化是在特定的历史条件下形成的一种具有地域特色的文化形态与文化现象。闲适文化并不是一种消极文化，从某种意义上说，泰州的闲适文化也反映了泰州人对现实生活的高层次追求。我们总是在追求进步，追求高速度、快节奏，是否有些东西却是需要回归？比如回归自然、回归恬淡、回归闲适、回归简朴……

（三）泰州盐官与名人文化

泰州盐官（实质就是“税官”）指在朝廷派出管理泰州盐务的历代官员。因泰州盐税在国家税收中举足轻重，中央政府往往派得力官员，署理泰州盐务。这些人中不乏有名人贤士、政治大家，形成了蔚为壮观的泰州名人群落，进而形成名人文化，产生名人效应，为这座美丽的城市增添了许多文化气息和底蕴。泰州历史上究竟有过多少盐税官，无人也无法统计，但有据可查的是，从明弘治三年（1490 年）至光绪三十四年（1908 年）的 419 年间，共有 128 人任过泰州分司运判（明清时期盐税官职，负责盐课征收）；从清雍正十年（1732 年）至宣统三年（1911 年）的 177 年间，共有 130 多人次任过泰坝监掣官。其中，北宋时期的 3 位名相吕夷简、晏殊和范仲淹早期都曾在泰州的西溪做过盐税官员，还有曾在泰州做过盐官的名臣余靖、邢祴、凌儒、高凤翰等，以及如今保存完好的“苏北现存最古老”的园林乔园的主人乔松年。民族英雄林则徐在清朝道光十二年至十七年（1832—1837）任江苏巡抚时，曾两度亲临泰州巡查税赋情况，立下了“税务告示碑”……加上保护宋廷盐赋，在泰抗金的岳飞（曾任通泰镇抚使兼泰州知州）、孙虎臣（泰州知州）、盐枭张士诚、盐民哲学家王艮、盐丁诗人吴嘉纪等，共同构成了泰州名人群体。①

名人是一个城市的灵魂和旗帜，一个伟大的城市总是和名人的光辉紧紧联系在一起的。名人又是非常宝贵的文化资源，他们创造的文化成果和自身内蕴的文化张力构成了多姿多彩的泰州名人文化，代表了泰州文化的高度和深度。名人文

① 余靖（1000—1064），字安道，韶州曲江人。进士出身，曾任赣县尉、集贤校理。范仲淹被贬饶州时，谏官御史莫改言，靖为之鸣不平，落职监筠州酒税，后徒监泰州，知英州，迁太常博士，复为校理，同知礼院，后官至工部尚书。邢祴（932—1010），字叔明，曹州济阴人，经学家。宋太平兴国（976—984）初年授大理评事，知泰州盐城监，赐钱 20 万。次年召为国子监丞，专讲学之任，真宗初，改司勋郎中，咸平（998—1003）初，改国子祭酒。咸平二年，任翰林侍讲学士，后官至礼部尚书。凌儒（1518—1598），字真卿，号海楼，泰州人。明嘉靖三十二年（1553 年）进士，授江西永丰县令。在永丰多有惠政，召拜为御史。后出任巡盐御史，性直之名闻于朝野，由于连续弹劾权贵，遭人忌恨，被中伤落职回籍，享年 80 岁，著有《旧业堂集》10 卷。

化是指在一定生活历史条件下，产生于社会各行各业的，具有高尚思想道德、同时对社会进步和发展具有推动作用，并被广大群众所认同的著名先进人物在生产实践和社会活动中所创造的精神财富与物质财富，以及国家机构、社会组织和个人为弘扬他们的精神而创造和形成的一种真实、生动而又独具特色的文化现象。

回顾这些名人的光辉业绩，考察名人和城市的关系，积极挖掘名人文化，合理利用名人文化，实现名人文化资源与市场对接、与产业对接、与思想道德教育对接，实现名人文化资源经济效益和社会效益的最大化，对于确立城市的文化身份和地位，提升城市对外知名度、繁荣发展文化事业及文化产业具有十分重要的意义。

（四）盐税文化与泰州精神

泰州盐税心态文化对于泰州精神的提炼做了铺垫，具有启发意义。城市精神是一座城市的灵魂，是一种文明素养和道德理想的综合反映，是一种意志品格与文化特色的精确提炼，是一种生活信念与人生境界的高度升华，是城市市民认同的精神价值与共同追求。

泰州由于其重要的盐税地位和“吴头楚尾”地理优势，同时还数次大规模地接受南北移民。泰州历史上就是一座移民城市，一座通江达海、兼容并蓄的开放城市，一座多元文化和谐共生的城市，更具有交融性、互补性、综合性。审视泰州盐税文化，我们从中能够感受泰州人以和为贵、居中求和、循规蹈矩的心理特性，感受泰州人团结互助、自强不息、坚忍不拔的意志品格，也能够感受泰州人冲破一切清规戒律、敢为人先、善于创新的胆识和气魄。泰州虽有悠久历史，但作为地级市，组建时间并不长，是后来者、追赶者。要追赶、要超越，就必须发扬泰州人的传统精神，并在此基础上进一步提炼发展新时代的泰州精神——“团结拼搏、艰苦创业、务实高效、自强争先”。

正是由于新时期的泰州精神有着深长的历史源流，扎根于新泰州的深厚土壤，同时又是对当代泰州人奋发进取建设新泰州的价值理念、目标追求的认同和升华，所以它必然凸现出强大的凝聚力、感召力和创造力。正是凭着这样一种精神，泰州在近年来初步实现了向现代文化形态的历史性跨越：从乡土社会的农本文化向现代工业文化精神的跨越，从传统的重儒文化向现代大商文化的市场精神的跨越，从封闭单一的小城文化向开放、多元、求新的现代都市精神的跨越，从求稳怕变、小富即安的自足文化向争创一流、永不言败的现代竞争精神的跨越；探索出了一条以“发展经济、善待百姓”的和谐发展之路。时任江苏省委书记李源潮誉之为“泰州模式”。这一模式是泰州最大的创新，也是泰州城市精神最集中的体现。

五、与盐税有关的文学艺术

文学艺术属于社会意识形态，是指借助语言、表演、造型等手段塑造典型的形象反映社会生活的意识形态，包括语言艺术（诗歌、散文、小说、戏剧文学）、表演艺术（音乐、舞蹈）、造型艺术（绘画、雕塑）和综合艺术（戏剧、戏曲、曲艺、电影）等。

在我国历史文化宝库中，用诗和词的形式反映盐税历史、折射盐税历史生活的并不多见，泰州盐税发展却给我们留下了一份份厚重且珍贵的文学遗产，这又是泰州盐税文化的一个独特之处。这些文学作品，其作者既有文坛巨匠（如范仲淹[①]），亦有地方名家（如赵瑜[②]、康发祥[③]）；既有仕宦缙绅（如高凤翰[④]、乔松年[⑤]），亦有布衣寒士（如吴嘉纪[⑥]）。其体裁风格，既有气势磅礴的鸿篇巨作，又有隽秀清雅的短歌小调。其载体形式，既有列传奏折，又有各种碑记石刻，题材之广泛，感情之丰富，亦为其他行业文学作品所仅见。

（一）盐民诗歌

一些出身盐民、长期接触盐民的知识分子，对盐民的苦难处境有着深切的感受，所以他们的文学作品能真实地反映盐民大众的生活和感情。其杰出代表就是年轻时烧过盐的盐民诗人吴嘉纪。他对盐民深切同情，而对剥削盐民的盐商则给予了无情的揭露和鞭挞："飓风激潮潮怒来，高如云山声似雷。沿海人家数千里，鸣犬草木同时死。南场尸飘北场路，一半先随海潮去。产业荡尽水烟深，阴雨飒飒鬼

① 范仲淹（989—1052），字希文，苏州吴县人。北宋著名的政治家、思想家、军事家和文学家。为政清廉，体恤民情，刚直不阿，力主改革，屡遭奸佞诬谤，数度被贬。皇祐四年（1052 年）五月二十日病逝于徐州，终年 64 岁，谥文正，封楚国公、魏国公。有《范文正公集》传世。

② 赵瑜，生卒不详，字渔亭，清道咸同间（1851—1875）泰州人，贡生。文思敏捷，诗意清新多触及现实。著有《晋砖室诗存》《渔亭诗文集》。

③ 康发祥（1788—1865），字瑞伯，号伯山，江苏泰州人。岁贡生、太常寺博士。著作宏富，名噪大江南北。著有《伯山文抄》《伯山诗抄》《伯山诗话》等。工诗古文辞，诗派出苏轼而加以精炼。论诗不拘一格。

④ 高凤翰（1683—1749），字西园，号南村，山东胶州人。雍正六年应举贤良方正，雍正十二年来泰州任盐务督坝长。精于治印，长于诗文书画，右臂废后，以左手作画，更负盛名。

⑤ 乔松年（1815—1875），字鹤侪，山西徐沟（今山西清徐）人。出身于一个世代官宦家庭，同时又是满清政府极为倚重的重臣。曾任工部主事、苏州知府、常镇通海道、两淮盐运使、江苏布政使、安徽巡抚、河东河道总督等。

⑥ 吴嘉纪（161—1684），字宾贤，号野人，泰州东淘（今东台安丰）人，入清无意仕途，不应举，拒试博学鸿词，吟咏无间，晚年穷饿以死。诗富民族感情，多反映民间疾苦，语言朴素严冷，为诗坛所重，著有《陋轩诗》。

号呼。堤边几人魂乍醒，只愁征课促残生。敛钱堕泪送总催，代往运司成此情。总催醉饱入官舍，身作难民泣阶下。述异告灾谁见怜？体肥反遭官长骂。”①

（二）海陵竹枝词

盐及相关产业是当时泰州商品经济发展的主要因素之一，运盐、过坝、掣验、买盐、卖盐等成为人们社会经济生活的主要内容之一，围绕着盐和盐税以及由此而产生的矛盾和斗争，呈现出一幅幅或生动活泼、丰富多彩或悲叹凄凉、幽默诙谐的社会生活画卷，成为清代至民国海陵诗人创作的源泉，也产生了独特的“海陵竹枝词”。②清代张维桢就曾这样写道：“一帆高挂喜天晴，路出场垣水势平。到岸船艘排接续，大家分队认旗名。纳钞衙门例纸朱，掣盐牌示半行朱。草鞋赤足衣褴褛，挤断沙堤立万夫。朝阳初上满河烟，开秤争呼笑语喧。鞭子一扬齐让路，当中走出一官员。舱门深邃各船开，分担匆匆左右抬。岸上船头兼浦口，一包才过一包来。乌靴尖窄帽红鲜，高凳安排接屋边。[illegible]管轻拈香口嗅，三爷亲递二爷烟。冰花满地照人明，扫入篘篮负重轻。连日天晴少阴雨，满街多少卖盐声。运本年来未甚饶，场盐收买费推敲。三鲜鏖面清晨饱，且共朝班讲坝交。灵山嘴畔柳烟凉，风送清箫趁月光。几处招呼船半泊，舱门闪动好娘娘。”类似这样的作品还很多。

从丰富的盐文学作品中，既可以看到盐业生产的壮美画卷，又可以窥视盐工群体的艰辛生活；既可以体味文学家们的豪迈歌啸，又可以探索盐税的足迹沧桑。毫无疑问，盐在文学作品中打下的深深烙印，以及文学对盐业各方面的关注与描写，给我们提供了研究历代政治经济、盐税盐制、民情风俗等方面丰富的史料。这是盐文化研究中亟待开展而又引人入胜的重要方面。

（三）其他文学作品

唐开成三年（838年），日本国的圆仁和尚沿运盐河航行途中与官盐运船队相随并行，所看到的情景令他惊讶不已，回国后在《入唐求法巡礼行记》卷一描述道：“盐官船运盐，或三四船，或四五船，双结续编，不绝数十里，相随而行，乍见难记，甚为大奇。”清代扬州著名骈文学者汪中写于乾隆年间的《哀盐船文》，详细生动地记叙了泰州大盐场一次运出的万吨盐船队在仪征停泊时半夜失火被烧毁的情景。

① 作者清代吴嘉纪，选自《吴嘉纪诗笺校》卷2。

② 竹枝词，为乐府《近代曲》名，原是四川东部一带民歌。唐朝诗人刘禹锡根据民歌改作新词，歌咏三峡风光和男女恋情，但也曲折地流露出他遭受贬谪之后的心情，盛行于世。此后各代诗人写《竹枝词》的很多，也多咏当地风俗和男女爱情，形式都是七言，其特点非常鲜明，语言通俗，音调轻快。海陵竹枝词中很多与盐税有关。

"乾隆三十五年(1770)十二月乙卯,仪征盐船火,坏船百有三十,焚及溺死者千有四百。是时盐纲皆直达,东自泰州,西极于汉阳,运转半天下焉……"。唐代诗人李白、杜甫和白居易当时曾对泰州淮南地区"吴盐"产量之巨、行销之广、质量之优的盛名给予很多的溢美之词。李白《梁园吟》中写道:"玉盘杨梅为君设,吴盐如花皎白雪。持盐把酒但饮之,莫学夷齐事高洁。"杜甫《客居》写道:"蜀麻久不来,吴盐拥荆门。"杜甫《夔州歌(其一)》:"蜀麻吴盐自古通,万斛之舟行若风。"白居易在《盐商妇》中直指封建社会的享乐阶层,真实描绘出唐代盐商家庭主妇骄奢淫逸的生活:"婿作盐商十五年,不属州县属天子。每年盐利入官时,少入官家多入私。官家利薄私家厚,盐铁尚书远不知。"北宋文学家、政治家晏殊、吕夷简、范仲淹,都在西溪[①]做过盐官。尤其范仲淹在泰州任盐官和兴化县令期间,其勤政为民的不朽业绩给后人留下了许多翔实的文字资料和动人的传说。元末施耐庵在白驹场[②]以张士诚盐民起义故事作素材,写下了不朽的名著《水浒传》。此外,在这里产生的文学作品还有反映泰州学派创始人、盐民哲学家王艮思想的《王心斋先生遗集》等。

六、泰州后盐税时代文化

清末到民国年间,海盐的生产格局发生巨大变化:数百年的黄河夺淮,大量泥沙使海岸线以年均40至70米的速度快速东移。明代中后期,淮北开始出现海水日晒成盐技术。清末民国初年,泰州城区已远离海岸线100多里,加之陇海铁路建成通车,泰州地区得天独厚的滩涂资源和舟楫之利优势不复存在。1912年,张謇被邀出任南京政府实业总长,兼两淮盐政总理后,非常重视淮南产盐区域的结构调整。行政区划的调整,使泰州从民国次年起,完全退出了海盐生产的历史舞台。但由此而衍生出的盐业文明不会消失,盐税文化不会消亡,我们更要去挖掘研究盐税文化,继承发展盐税文化,开发利用盐税文化。

(一)研究要更广阔

由于历史的因素,扬泰辖地关系复杂,加之泰州又处于江、淮、海三水激荡之地,培育出了相对独特而又魅力十足的泰州盐税文化。但你很难将泰州盐税文化或是从两淮盐税文化,或是从淮北盐税文化,甚至也很难从扬州盐税文化中完全割裂开来加以探究,所以尽管地域内民俗、生活习惯和语言方式部分的不同,但在盐

① 西溪曾是历史上盐税的主要征集地,现址为江苏省东台市西溪古镇,古属泰州辖治。

② 据莫其康同志考证,"白驹场"的地理位置和区域范围"在今江苏省兴化市东北与大丰市西南的结合部,大部分在串场河以西今兴化地界"。在隶属关系上,"白驹场"自设场至撤并,地方行政一直属于兴化管辖。此文发表于《盐业史研究》2013年第3期。

税文化主体精神风貌、生产、生活习俗等方面表现出很多的一致。

（二）利用要更协同

文化是城市的灵魂，是城市综合竞争力的重要体现，是构建和谐社会的重要载体。从上面的介绍可以看出，泰州历史上的鼎盛，是从大海、从盐业开始的，正如有些学者所说："泰州人的祖先，是吃大海的饭和喝长江、淮河的乳汁长大的。"盐税文化是一个历史现象，与泰州之三水文化、教育文化、佛教文化、建筑文化、红粟文化、海陵盆景文化、泰式明清建筑文化、里下河民俗文化、泰州美食文化、戏曲文化、红色文化交织在一起，共同构成独特的泰州文化，共同成为历史留给泰州人宝贵的精神财富。守住文化根基，传承历史文脉，功在当代，利在千秋。继承文化遗产，建设文化名城，促进和谐发展，方能铸就新的历史辉煌。

盐业史研究

北京盐务学校研究(1920—1935)

张登德　柴德强[①]
(山东师范大学历史与社会发展学院)

目前学界对中国盐业史已经开展了大量研究,内容涉及盐政、盐文化、盐运、盐商、私盐、盐税等方面,但有关近代中国盐务教育方面的研究还较少见。1920年成立于北京的盐务学校,是近代中国为培养现代盐务人才而建立的第一所盐务大学,但迄今仅有少数论著对这所学校有所涉及。如蒋静一的《中国盐政问题》(南京:正中书局,1936年)、张立杰的《南京国民政府的盐政改革研究》(北京:中国社会科学出版社,2011年)等书中有百余字概述盐务学校。这些零星介绍,使我们很难了解这所学校的具体情况。因此,本文在利用《政府公报》《财政日刊》《财政月刊》《监察院公报》《江苏省公报》《教育周报》《谈盐丛报》等刊物上关于盐务学校的报道,1929年的《盐务年鉴》中关于盐务学校的教职员姓名籍贯、财政预算、在校人数、毕业生名单及分配、学校章程、学校整顿等资料的基础上,对北京盐务学校的成立、整顿、经费、课程设置、师资力量、学生素质、考试方式、毕业生分配等方面作一简单的评述,以促进中国近代盐政史和中国近代高等教育史研究。

一、盐务学校的成立

盐税一直都是国家财政的重要收入来源,盐政管理的好坏直接影响着国家的财政税收。无论是中央还是地方,都期待盐税收入的稳定和提高。而盐税收入的稳定和提高,离不开盐务事业的专业化管理,要促进盐务管理的专业化、现代化,就

---

① 作者简介:张登德,历史学博士,山东师范大学历史与社会发展学院教授;柴德强,山东师范大学历史与社会发展学院研究生。

必须有专业化和现代化的盐务人才，而要培养这样的人才，就需要有专门的盐务人才培养机构。

早在1917年就有报道："各省盐务，内容至为纷歧，非先预储人才，不足以收驾轻就熟之效。兹闻院部电致各省盐运使，务各就所辖盐区，筹设盐务专门学校一所，为将来整顿盐务之用。"[①]成立盐务学校的目的，自然是为了培养专业化的现代盐务人才。1920年4月7日，盐务署在《呈大总统为盐务需才拟请设立盐务学校以宏造就文》中写道："为盐务需才，亟应设立学校，以宏造就而裨榷政，恭呈仰祈钧鉴事，窃维学贵专精，人为政本，储才备用，培植宜先……现在本署办事人员，以及稽核所所用重要华员，均系开办时多方罗致，或于盐务情形较为谙熟，或于欧西文物素有讲求，且任事多年，类可兼综旁通，知其大要，故内外办事，尚可相与有成。惟是人材消乏，继起为难。倘非未雨绸缪，必致临时竭蹶……盐务事宜，日益烦剧，举凡行政收税，皆与地方人民之利病，息息相关。而洋员介乎其中，一切机宜，亦资因应。较之海关用人可司征榷者，其重要殆有过之。储材之举，今日为亟。"[②]同日北京政府同意"照准在案，所有该校章程自应妥为规定，以资遵守"[③]。同年5月11日，财政总长兼盐务署督办李思浩将拟订的《盐务学校章程》呈递大总统，表明"本校以造就盐务专门人才为宗旨，学生以深通中外文字研究、簿记、法律、经济、理化及关于各项盐务知识为成效，尤以敦品励行、通晓经史诸书为进修之实践"[④]。以上内容表明了成立盐务学校的紧迫性和办学目标。

盐务学校时称北京盐务专门学校，由北京政府盐务署1920年创建，校舍暂定于北京东城大纱帽胡同。1920年4月，学校即在《政府公报》上打出招生广告："本校现定招考本科学生三十名，预科学生二十名，于阳历六月二十五日在本校考试"[⑤]。据说当时报名投考者有500余人之多，大家想进盐务学校是因为当时社会上求职者都认为，盐务稽核所的职位同海关的职位一样，是一种"铁饭碗"。[⑥]实际

---

① 佚名：《筹设盐务专门学校》，《教育周报》，1917年第177期。

② 李思浩：《呈大总统为盐务需才拟请设立盐务学校以宏造就文》，《财政月刊》1920年第7卷第77号。

③ 李思浩：《呈大总统拟订盐务学校章程缮折呈鉴文（附章程）》，《财政月刊》1920年第7卷第78号。

④ 李思浩：《呈大总统拟订盐务学校章程缮折呈鉴文（附章程）》，《财政月刊》1920年第7卷第78号。

⑤ 佚名：《北京盐务学校续招生广告》，《政府公报》1920年4月23日。

⑥ 上海市政协文史资料委员会编：《上海文史资料存稿汇编·经济金融》(4)，上海：上海古籍出版社，2001年，第141页。

上学校开办第一年在京考取学生30名为本科，20名为预科，盐务署选送学员20人为别科，共70人。

学校在开办之初是不收学费的。1920年，《盐务学校章程》第一章"总纲"："第九条：别科学员仍留分发原资，并由盐务署按照分发定章发给津贴，所需教科书籍笔墨等项，概由本校备给，毋庸在校寄宿，学费暂免，每月须各缴膳费5元。第十条：本科暨补习科学生均须在校寄宿，除所需教科书籍笔墨等项概须自备外，学费暂免，每月须各缴膳费5元。"[①]1921年，学校增加插班生，《政府公报》登载《北京盐务学校续招插班生广告》："本校本科二年级现定招考插班生二名，报考规则函索即寄。"[②]不久，学校在菜厂胡同设分院，并添设化学实验室。1925年，学校购得灯市口旧鄂王府，加以修葺，成为新的校舍。

二、盐务学校的整顿及停办

盐务学校自成立后，一直处于经费紧张的状态，常常难以为继，因而无法进行化学实验方面的教学和训练。鉴于盐务专门人才的缺乏，南京国民政府成立后即对盐务学校进行了整顿。其中的改进措施如下："指定坨清高线铁路公司每年应缴给本署价款津公砝平银四万一千六百两，分月由公司拨，以作该校经费，使之与政费分离，完全独立。"[③]维持学校运作，这一条无疑是最重要的。不过具体执行情况尚不得而知。

"又因本署筹划改良，盐质化验需人，爰将该校原设之理化科添授制盐化学，并拨款购置化学应用仪器，增加授课时间，以期将来学生能归实用一面。"[④]这无疑加强了学员实验操作和动手实践的训练和能力。

在课程方面也多有修改，"原订校章及学科课程多与现情不合，亦经从新厘订"[⑤]。如以党义课代替经史课，添加了化学实习课，课时还比较长。这显然与第二条有关，购置了化学仪器，自然可以进行实验操作了。其他科目的课时也有改动，还颁布新的毕业生任用章程和盐务学校章程，不过这个与原来的变化不大。

学校改隶属于财政部，后根据《专科学校规程》，改本科4年为3年，取消补习科。

---

① 李思浩：《呈大总统为盐务需才拟请设立盐务学校以宏造就文》，《财政月刊》1920年第7卷第78号。

② 佚名：《北京盐务学校续招插班生广告》，《政府公报》1921年4月27日。

③ 财政部盐务署：《盐务年鉴（1929年）》，南京：财政部盐务署，1930年，第120页。

④ 财政部盐务署：《盐务年鉴（1929年）》，第121页。

⑤ 财政部盐务署：《盐务年鉴（1929年）》，第120页。

虽然南京国民政府进行了整顿，但是盐务学校经费问题还是非常紧张，收支严重不平衡。我们可以从以下数据的对比得知：1929 年，盐务学校的年度收入预算合计为 3 706 元（学费＋体育费＋宿费＋房租），然而当年的年度经费支出预算合计为 55 043 元（教职工薪给＋办公费＋杂费＋临时费）。[①]1931 年，盐务学校经费收支情况："下半年度岁入经常 1 580 元，下半年度岁出经常 30 378 元"[②]。经费之不足一目了然。盐务学校每年的办学经费，财政拨款数额和其他来源数额，目前尚未全部理清，只了解到盐务学校 1934 年的办学经费，"每月四八〇〇元，由财政部指定长芦盐务稽核分所拨付"[③]。办学经费之不足，导致学校教职工工资经常被拖欠。例如，1934 年教职员的工资就已被拖欠，"案查盐务学校二十三年度岁出概算，业经核定三万六千元，嗣据该校呈明学校年度，系以八月份为开始时期，教职员聘约，均至七月底为止，经费削减后，七月份教职员俸薪，计不敷银九百七十元，请予增加前来"[④]。

1935 年 7 月，经财政部饬令停办，改设盐业研究所，聘请专家，从事盐质改进、渔盐及工农业用盐的变色变性、硝磺炼制及一切副产品利用等项目研究。1935 年 9 月 17 日，《监察院公报》报道了监察院院长于右任发给审计部的命令，其中写道："查盐务学校因停办结束，请将在校员工发给两个月薪工，计银贰仟壹佰叁拾壹元，以资遣散。"[⑤] 盐务学校举办 15 年间，先后招收 9 届学生[⑥]，共约 222 人[⑦]。

三、盐务学校中的职位和师资力量

盐务学校从创办初始，就是一所"高投入、低产出"的高校。高投入表现在师资力量、办学成本较大，低产出表现在培养学生的人数太少，这也体现了近代中国

① 财政部盐务署：《盐务年鉴（1929 年）》，第 133 页。

② 于右任：《奉国府令准中政会议函据财政部呈送盐务学校二十年度岁出经常概算一案决议照财政组审查报告通过录案函达请转饬遵照训令》，《审计部公报》，1932 年第 19–22 期。

③ 庄文亚编：《全国文化机关一览》，1934 年，第 522 页。

④ 于右任：《令转财政部为送盐务学校二十三年度岁出概算书并称该校七月份教职员俸薪不敷之数拟在二十三年度财务费类第一预备费项下动支一案由》，《监察院公报》，1934 年第 25 期，第 247 页。

⑤ 于右任：《奉国府令据主计处呈核盐务学校停办发给在校员工遣散费动支案令仰知照由》，《监察院公报》，1935 年第 47 期，第 35–36 页。

⑥ 张立杰：《南京国民政府的盐政改革研究》，北京中国社会科学出版社，2011 年，第 65 页。

⑦ 庄文亚编：《全国文化机关一览》，上海：世界文化合作中国协会筹备委员会，1934 年，第 523 页。至 1933 年春季本科学生共 54 名，至 1933 年底止，本科历届毕业生共 168 名。

精英教育的一贯特征。

一所学校的正常运作，需要有一个完整的领导和执行体系。1920年的《盐务学校章程》中规定："本校设校长一员，监学一员，教务长一员，教务员二员，华洋教员数员，按各科教授次数分别聘订。斋务员一员，庶务员一员，医官一员，文案一员，副文案一员，计员一员，书记数人，由校长视事之多寡随时增减。"[①] 南京国民政府统治初期，北京盐务学校全校教员人数为1918年21人，1929年21人，1930年23人。

据1929年《盐务年鉴》上提供的"盐务学校教职员一览表"（表1）显示当时盐务学校所设立的职位、人员姓名和籍贯。表1中统计了40个职位。[②]

表1　盐务学校教职员一览表

序　号	职　务	姓　名	籍　贯
1	校　长	徐宝璜	江西九江
2	总务长	王焕文	江西东乡
3	教务长	胡家凤	江西南昌
4	校长秘书	杨维新	广东新会
5	国文教员	黄福颐、徐彬、张永熙	江西、江苏宜兴、江苏溧水
6	盐政教员	左树珍	湖北应山
7	英文教员	李　治	英　国
8	英文兼政治学教员	纽　兰	英　国
9	政治学教员	胡以任	湖南零陵
10	商法教员	舒　宏	湖南长沙
11	行政法教员	胡家凤	江西南昌
12	票据法教员	李　浦	河北磁县
13	社会学教员	纽　兰	英　国
14	财政学教员	李　肃	江　西
15	银行货币教员	徐济良	江苏武进
16	经济学教员	蔡增棠、许崇钦	江西、江苏昆山
17	化学教员	郭世琯	安徽亳县
18	簿记兼会计教员	胡立猷	江苏无锡
19	党义教员	徐宝璜	江西九江
20	翻译教员	凌启鸿、彭沛民	浙江吴兴、湖南长沙

① 教育部高等教育司编:《全国高等教育统计》，南京：民国教育部，1932年，第94页。
② 财政部盐务署:《盐务年鉴(1929年)》，第134－136页。

续表

序 号	职 务	姓 名	籍 贯
21	统计学教员	纽 兰	英 国
22	体育教员	曾绍与	江 西
23	武术教员	佟联吉	北 平
24	音乐教员	罗竟清	北 平
25	注册教员	王宝琪	河北天津
26	出版主任	吴澄孙	湖北汉阳
27	教务员	罗春山	江苏靖江
28	学监主任	吴起凡	湖南宁乡
29	学 监	阎述箴	江西九江
30	文牍主任	褚德衣	浙江余杭
31	副主任	郑其身	江苏吴县
32	文牍员	文少衡	江西南昌
33	会计主任	周企溪	江西九江
34	会计员	罗德钰、潘秉熙	江西德安、江西丰城
35	庶务主任	周企溪	江西九江
36	庶务员	黄璞清	江西九江
37	图书馆兼仪器主任	赵德禄	河北天津
38	图书员	吴炳华	江西德安
39	西医员	金 浩	
40	书记员	孟锡荣、赵和亭	浙江绍兴、河北宛平

这些职务多数是一人一职，个别职务有2～3位成员，少数职务是一人身兼两职，虽然这些职位不可能同时设立，但对于常年在校学生不足百人的学校，教职工人数竟有30人之多，这也足以体现办学成本之高，也体现了学校机构的重叠臃肿、管理不善。

盐务学校的历任校长有钟蕙生、文韶云、王紫虹、邓和甫、符定一、刘百昭、王祖祥、徐宝璜、王仁辅、蔡远泽。[①] 其中，盐务学校第一任校长钟世铭（1879—1965），字蕙生，天津人，毕业于北洋大学、美国哈佛大学，回国后参加清末留学生考试，以“进士”录取，复经殿试点翰林。历任直隶省学务公署专门科员兼直隶省高等工业

① 吴惠龄、李壑编：《北京高等教育史料》（第一集·近现代部分），北京：北京师范大学出版社，1992年，第261页。

学校教授、翰林院编修、北京政府财政部代理部务、财政次长兼盐务署长、稽核总所总办、盐务学校校长等职。[①] 邓毓怡（1880—1929），字和甫，1917—1922 年，曾任总统府咨议、国务院咨议、经济调查会委员、盐务署顾问、盐务学校校长等职。[②] 徐宝璜（1894—1930），江西九江人。1912 年，毕业于北京大学，随后考取官费留学，赴美国密歇根大学攻读新闻学和经济学。1916 年，回国任北京《晨报》编辑，后在北京大学、朝阳大学、中国大学和平民大学等校兼职。1929 年，任盐务学校校长[③]。蔡远泽（1886—1945），浙江德清人。1890 年，就读于上海南洋公学。1906 年，考入国立北洋大学堂工科。后留学美国麻省理工学院、哥伦比亚大学。1918 年，回国后任国立北洋大学矿冶系教授、教务长，讲授采矿学、冶金学等课程。1928 年，任国立北洋工学院院长。1933 年，任财政部盐务学校校长。[④]

教务长和行政法教员胡家凤（1886—1962），江西南昌人。早年就学于北京法政专门学校。1923 年，任江西省教育厅厅长。后任中国大学、华北大学、国立北平大学、警官高等学校教授、盐务学校教务长。[⑤] 校长秘书杨维新（1888—1968），广东新会人。1910 年，日本早稻田大学高等师范部法制经济科毕业。1913 年，任北京政府教育部专门教育司主事。1930 年，兼财政部盐务学校秘书并代理教务长一年。[⑥]

教员可以下面三位教授为例。

郑天锡（1884—1970），广东香山人。1907 年和 1914 年两次留学英国伦敦大学，获法学博士学位。1918 年起，任北京政府司法部法律翻译监督、大理院大法官、国务院商标局法律顾问等，兼任朝阳大学、北京法政大学、盐务学校等校教授。[⑦]

郑述坚（1886—1969），河南开封人。1911 年京师译学馆毕业，签分度支部七品京官。1923 年，任北京市政公所文书科科长。次年，任保定河北大学教授。1929 年，任北京盐务学校文书主任兼国文教员。[⑧]

---

① 北洋大学—天津大学校史编辑室：《北洋大学—天津大学校史 1895 年 10 月—1949 年 1 月》（第一卷），天津：天津大学出版社，1990 年，第 351 页。

② 中国人民政治协商会议大城县委员会：《大城文史资料》（第 3 辑），第 51-55 页。

③ 林牧茵：《移植与流变：密苏里大学新闻教育模式在中国（1921—1952）》，上海：复旦大学出版社，2013 年，第 239-241 页。

④ 周川主编：《中国近现代高等教育人物辞典》，福州：福建教育出版社，2012 年，第 635 页。

⑤ 周川主编：《中国近现代高等教育人物辞典》，第 447 页。

⑥ 中央文史研究馆编：《中央文史研究馆馆员传略》，北京：中华书局，2001 年，第 222 页。

⑦ 周川主编：《中国近现代高等教育人物辞典》，第 426 页。

⑧ 中央文史研究馆编：《中央文史研究馆馆员传略》，第 89 页。

卫挺生(1890—1977),湖北枣阳人。美国哈佛大学商业管理硕士。历任国立北京高等师范学校、北京交通大学、盐务学校教授,北京中国银行总管理处秘书,国民政府财政部科长。[①]

从职位和师资力量方面看,北京盐务学校是一所档次颇高的大学,其校长或执教教师有些有留学经历,或者是从当时中国的高等学府毕业,许多人还在政府中担任过要职。毫无疑问,他们当时都是学有所成的知识分子,其他教员可从1929年《盐务年鉴》上提供的"盐务学校教职员一览表"中看到,其中还有来自英国的外教,由此可以预知,当时盐务学校的师资力量和教学水平应该不俗。

四、在校人数、课程安排和学生素质

(一)在校人数和课程安排

有关日常在校人数,可以从1920年《盐务学校章程》第一章《总纲》的第五条看到:"本校开办第一年由盐务署选送学员二十人为别科,在京考取学生三十名为本科,二十名为补习科。"[②]1929年南京国民政府整顿盐务学校时,"在该校学生共分三班,计四年级生十七名,三年级生二十五名,一年级生四十名,共八十二名"[③]。由此可知,盐务学校日常在校学生七八十人。年级愈高,学生人数愈少,这也可以看出盐务学校在学生升级考试中严格把关,并不是每个学生都能升入高年级,也不是每个学生都能按期毕业。

关于学生学习课程,根据1920年的设置,其别科应授课程及每星期钟点如下。

第一年:中文学科(经学、国文、史学、盐政沿革史),英文学科(英文、算学、物理、法律、经济、体操)。英语每星期钟点数为14,国文为6,其他学科或3或2或1。

第二年:中文学科(经史、国文、盐政沿革史、现行盐务法规),英文学科(英文、算学、化学、政治、理财、外国语、体操)。英语每星期钟点数为12,其他学科或3或2。

第三年:中文学科(经史、国文、盐政沿革史、现行盐务法规),英文学科(英文、算学、货币、簿记、统计、外国语、体操)。英语每星期钟点数为12,其他学科或3或2。[④]

① 樊荫南编纂:《当代中国名人录》,上海:良友图书印刷公司,1931年,第418页。

② 李思浩:《呈大总统拟订盐务学校章程缮折呈鉴文(附章程)》,《财政月刊》,1920年第7卷第78号,第5页。

③ 财政部盐务署:《盐务年鉴(1929年)》,第121页。

④ 李思浩:《呈大总统拟订盐务学校章程缮折呈鉴文(附章程)》,《财政月刊》,1920年第7卷第78号,第7–9页。

其本科应授学科及每星期钟点如下。

第一年：中文学科（经学、国文、史学、盐政沿革史），英文学科（英文、算学、物理、法律、经济、体操）。英语每星期钟点数为12，国文每星期钟点数为6，其他学科或3或2。

第二年：中文学科（经学、国文、史学、盐政沿革史），英文学科（英文、算学、物理、法律、经济、体操）。英语每星期钟点数为12，国文每星期钟点数为6，其他学科或3或2。

第三年：中文学科（经史、国文、盐政沿革史、现行盐务法规），英文学科（英文、算学、化学、政治、理财、簿记、统计、外国语、体操）。英语每星期钟点数为10，其他学科或3或2。

第四年：中文学科（经史、国文、盐政沿革史、现行盐务法规），英文学科（英文、算学、化学、政治、货币、簿记、统计、外国语、体操）。英语每星期钟点数为10，其他学科或3或2。[①]

补习科应授课程及每星期钟点：中文学科（经学、国文、史学），英文学科（英文、算学、物理、化学、体操）。英语每星期钟点数为12，国、算学都为6，其他学科或3或2。[②]

从这份本科学员的开课名单上我们可以看出，盐务学校共开设了17门不同种类的课程，课程安排丰富而具有现代性，是一所比较科学、合理的现代化大学。另外，盐务学校很重视学生的英语教育，英语的课时是最多的，相比之下，盐务知识的学习倒显得课时较少。其学校章程第二章第十条中写道："本校课程除中文学科外，其余各种学科得用外国文教授"[③]。此处所谓的"中文学科"指党义、国文和盐政3科，我们尚不清楚这一条规定的具体执行情况，但如果真是这样授课，无疑大大增加了授课难度和学生学习的难度。

南京国民政府成立后对盐务学校进行了整顿，本科培养时间由4年改为3年，课程的改变前有述及，具体设置如下。

第一学年：党义、国文、盐政、英文、化学实习、经济学原理、法学通论、政治学、商业数学、体育、军事训练。其中，英文每周8学时，化学实习每周5学时，盐政每

① 李思浩：《呈大总统拟订盐务学校章程缮折呈鉴文（附章程）》，《财政月刊》，1920年第7卷第78号，第10–14页。

② 李思浩：《呈大总统拟订盐务学校章程缮折呈鉴文（附章程）》，《财政月刊》，1920年第7卷第78号，第14–15页。

③ 佚名：《盐务学校章程（续）》，《财政日刊》，1931年第1 226期，第1页。

周 4 学时，其余科目每周或 1 或 2 或 3 学时。

第二学年：党义、国文、盐政、英文、制盐、化学实习、财政学总论、商法概论、簿记学、法文、体育、军事训练。其中英文每周 6 学时，化学实习每周 4 学时，盐政每周 4 学时，其余科目每周或 1 或 2 或 3 学时。

第三学年分必修科目和选修科目。

必修科目有党义、国文、盐政、英文、制盐、法文、体育、打字、军事训练。其中英文每周 5 学时，盐政每周 5 学时，其余科目每周或 1 或 2 或 3 学时。

选修科目又分甲、乙两组，学生只选其中一组学习即可。甲组：检查食盐实习（共 8 学时），测绘（共 2 学时）。乙组：财政学各论（共 2 学时），银行货币（共 2 学时），会计学（共 3 学时），统计学（共 3 学时）。①

无论是整顿前还是整顿后，盐务学校开设的课程都比较多，本科学习时间由 4 年改为 3 年，必然会增加学生的学习压力，教育质量也难免下降。

（二）学生素质

学生素质方面，在《盐务学校章程》第一章中能够体现：

第六条：本校别科学员不拘年岁，由历次文官考试分发盐务人员及本署人员中选送。

第七条：本校本科学生以年在十六岁至二十岁，经各省中学校及中学同等学校毕业，其中英文造诣较深、品行端正、体质坚实者为合格，由本校考试录取方能入学。

第八条：本校补习科学生以年在十四岁至十八岁，经各省中学校及中学同等学校毕业，品端、体健者为合格，由本校考试录取方能入学。②

在生源录取方面，最显眼的莫过于本科生录取条件中，要求“英文造诣较深”，这显示了盐务学校对英语教育的重视。如前文所述，从本科课程英语科的每周上课时数，我们也能看出盐务学校对英语教育的重视。

本来中国的盐务管理并不涉及对外交流，但因为此时的盐务署已经被洋人层层插入、控制，中国的盐务人员不可避免地要与洋人打交道，外语的重要性就凸现出来。

洋人插手中国盐政，起始于“善后大借款”。“溯自民国二年善后借款成立以

---

① 佚名：《盐务学校章程（续）》，《财政日刊》，1931 年第 1 226 期，第 1–4 页。

② 李思浩：《呈大总统拟订盐务学校章程缮折呈鉴文（附章程）》，《财政月刊》，1920 年第 7 卷第 78 号，第 6 页。

来，盐税抵押债约，发生对外关系，稽核总分所，均聘用洋员，以资助理。而办事华员，亦以通晓西文为主要。”[①] 大致情况是这样的。1913 年，袁世凯为筹措镇压南方革命势力的军费，而向英、法、日、德、俄五国银行团借款 2 500 万英镑。借款以盐税作为担保。各列强出于对中国盐政状况的担心，在借款合同中规定中国政府要对中国盐税征收办法整顿改良，并用洋员襄助。中国政府在北京成立盐务署统管全国盐务，最高长官是盐务署督办，由财政总长兼任，盐务署署长由财政次长兼任。盐务署内设盐务稽核总所，稽核总所会办由盐务署署长兼任；另有洋会办一人，握有稽核所实权，一切盐税收支都要经过洋会办同意。各地方设稽核分所，由洋所长主持。列强就是通过在盐务署里设置盐务稽核所，以总所、分所、支所的方式层层渗透、影响、控制中国盐政。他们专心致志地监督、搜刮中国盐税，无形中也促进了中国盐务管理的高效化、规范化、制度化。

五、考试与毕业分配

关于盐务学校的考试，《盐务学校章程》第四章“学业及操行成绩”中都有规定：

第十八条：本校考试分为临时考试、学期考试和毕业考试三种。

第十九条：临时考试由各教员就所授学科，随时举行，每学期至少有一次。

第二十条：学期考试每学年二次，于寒假及暑假前举行。

第二十一条：学期考试成绩之六成与临时考试分数之四成相加为学期成绩。

…………

第二十三条：两学期成绩之平均为学年成绩。

第二十四条：三学年成绩之平均为毕业成绩。

第二十五条：凡学年或毕业成绩平均分数虽在六十分以上，而各科目中如有三门不及 60 分者不得升级或毕业。

…………

第二十九条：本校学生操行由学监处随时审查登记……呈由校长核定优劣。

第三十条：本校学生操行分数定为甲、乙、丙、丁四等。

第三十一条：本校学生学业成绩在丙等以上（六十分以上），而操行为丁者（不及格）不得升级及毕业。[②]

---

① 李思浩：《呈大总统为盐务需才拟请设立盐务学校以宏造就文》，《财政月刊》，1920 年第 7 卷第 77 号，第 1 页。

② 佚名：《盐务学校章程（续）》《财政日刊》，1931 年第 1 228 期，第 1–2 页。

通过以上规定，我们可以看出，盐务学校很看重学生的日常成绩。学生想要获得较好的毕业成绩，不仅不能偏科，每年都不能放松学习。另外，盐务学校并不是仅以考试分数“论英雄”，还考核学生的日常操行，类似于当今高校里的“德育分评比”，这更利于选拔品学兼优之才。

有关盐务学校毕业生的工作分配问题，学校章程里有明文规定。1925 年制定的《盐务学校毕业员生任用条例》第二条规定：毕业员生年岁、籍贯、毕业分数，经盐务学校呈报盐务署后，分别留署，或由署分发所属各盐务机关练习，名为盐务练习员。第三条和第四条内容大致为毕业生毕业考试列甲等者实习 6 个月，月给津贴 50 元；毕业生毕业考试列乙等者实习 9 个月，月给津贴 40 元；毕业生毕业考试列丙等者实习 1 年，月给津贴 30 元。[①] 1929 年 5 月，财政部公布的《盐务学校毕业生暂行任用章程》中第二条规定与前述第二条基本一致。有此规定似乎解决了毕业生的就业出路，但实际上学员的就业并非顺利。北洋政府时期，由于盐务署被外国人把持，专横的洋人根本不认可中国的盐务教育，稽核总所拒绝使用盐务学校毕业的学生，理由竟是“这个学校的开办没有得到它的同意”[②]。再就是自袁世凯死后，北洋军阀内讧，各级官员的任命和裁撤都极为频繁，很多人履职不满一年就会被“因病辞职”。与盐务学校关系密切的盐务署督办、盐务署署长和盐务稽核总办等职务就是如此。这些都严重影响盐务学校运作和毕业生分配等方面。

相比于 1925 年的《盐务学校毕业员生任用条例》，1929 年《盐务学校毕业生暂行任用章程》第三条、第四条、第六条略有修改，规定：“毕业生练习期间定位一年”；“毕业生在练习期间内月给津贴金额：毕业考试甲等者月给六十元，毕业考试乙等者月给五十元，毕业考试丙等者月给四十元”；“毕业生练习期满……其成绩不及格者开去名额”。[③] 这些无疑可以督促学生在校时努力学习，实习时严肃认真。

表 2　盐务学校十八年毕业生姓名成绩及分发任用表[④]

毕业生姓名	籍　贯	年　龄	毕业成绩	分发任用机关
周威瑾	河北天津	22	90.1	盐务稽核总所
张　钊	浙江绍兴	25	87.1	盐务稽核总所

① 佚名：《呈临时执政拟具盐务学校毕业员生任用条例请鉴核公布文(附条例)》，《财政月刊》，1925 年第 12 卷第 136 号，第 2 页。

② 张大椿：《北洋军阀时期北京盐务署成立初期情况》，上海市政协文史资料委员会编：《上海文史资料存稿汇编·经济金融》(4)，上海：上海古籍出版社，2001 年，第 141 页。

③ 佚名：《盐务学校毕业生暂行任用章程》，《谈盐丛报》1930 年第 24 期，第 38–39 页。

④ 财政部盐务署：《盐务年鉴(1929 年)》，第 137 页。

续表

毕业生姓名	籍贯	年龄	毕业成绩	分发任用机关
周次辛	浙江绍兴	21	87.1	两浙盐运使署
周太戊	浙江绍兴	23	86.2	松江运副署
许思训	湖南畏沙	22	80.7	湘岸榷运局
陈乃华	广西桂林	22	78.9	长芦盐运使署
朱德龄	江苏江都	25	78.6	两淮盐运使署
徐成达	湖北汉阳	21	78.3	鄂岸榷运局
常玉森	河北藁城	23	75.7	晋北榷运局
张德馨	山东黄县	25	74.4	山东盐运使署
王钟德	辽宁沈阳	24	74.1	吉黑榷运司
王诗敏	河南安阳	24	73.7	东三省盐运使署
杨承勋	湖南湘潭	24	72.7	西岸榷运局
王士翔	浙江杭县	24	71.8	淮北运副署
刘振麟	湖南湘阴	24	70.8	皖岸榷运局

大概在南京国民政府统治时期，盐务学校毕业生就业问题有所好转。以上表格为1929盐务学校毕业生姓名成绩及分发任用表。成绩最好的两位毕业生竟然留在盐务稽核总所实习，成绩最末的毕业生被分配到边缘地区，按成绩高低分配的规定似乎执行得比较公正。但实际执行起来也有例外，如1931年盐务学校毕业生李象森本来被分配到西岸榷运局练习，后改为分配到离家更近的长芦盐运使署练习，财政部训令中的理由竟是“该生来呈以老亲在堂，不忍远离，拟请就近改分”①。这条信息似乎证实一些书中描述的情况，那就是有关系有背景的学生会被分配到好的地方任职，没门路的学生会被分配到中西部偏远地区任职。这也是中国的老传统老陋习，人际关系往往比分数重要。沈从文曾经在书中写道：“我于一九二三年的夏天到达武汉时，正值黄河泛滥，经过约十九天的沿路周折，停顿，换船转车三四次，才算到达了北京城。最先见到两个亲戚，一个是正从盐务学校毕业，无事可作，等待分配，看来毫无希望的田学曾。”② 看来这个田学曾就是没有门路的毕业生了。

另外，当时有一些与盐务相关的工作职位，其招聘任用都要求从盐务学校

① 财政部：《财政部训令盐字第三一八五二号(中华民国二十年八月二十七日)：令盐务学校毕业生李象森据呈亲老不忍远离应准改分长芦监运使署练习令仰前往投到》《财政日刊》，1931年第1199期，第1-2页。

② 沈从文：《沈从文全集·集外文存》(第27卷)，太原：北岳文艺出版社，2002年，第418页。

毕业。如食盐检定员,“盐法实行之先,应切实改良盐质,俾使各区盐质,不相上下……分设食盐检定所,派盐务学校毕业生及有化学专门学识者分充检定员”①。1931年4月1日公布的“农工业用盐监视员办法规则”第三条:“监视员之任用以盐务学校毕业生或有化学专门学识者为限”②。盐务学校一共培养了200多名盐务人才,数量有限,就业似乎不是问题。

六、社会活动

盐务学校的学生积极参加爱国救亡等社会活动。1924年9月3日,临时执政府关于临时侦察“九七国耻”纪念游行学校手谕,其中包括北京盐务学校在内的58所学校近3000名学生等到新华门公推代表向国务院呈文中指出:“闻学生又有拟游行示威之议,‘九七国耻’纪念,应饬载德加意侦查,随时具报,以便预防。”③1931年“九一八事变”后,全国各地学生举行大规模的请愿和示威活动。12月4日下午,北平大学法学院、俄文法学院、盐务学校等9所大中学校的2 100余名学生,纷纷向前门东站汇集,准备奔赴南京进行示威,进行抗日救亡运动。④1933年2月,北平市各校学生积极筹组抗日救国联合会,分配工作时,由北京盐务学校管理财务。⑤1925年3月12日孙中山去世,北京盐务学校送了挽联。⑥同年3月31日,北京各界人士在中央公园祭吊孙中山。北京盐务学校学生代表40余人参加,并呈上《北京盐务学校全体学生祭文》。⑦

从这些社会活动中,我们看到盐务学校学生更真实的一面,他们并没有把自己局限于盐务专业的小世界,他们与其他高校的学子一样,有着浓浓的爱国心,时刻关心着国家命运和民族发展。

---

① 盐政杂志社编:《五中全会议决通过限期实施新盐法案及各方评论》,南京:盐政杂志社,1935年,第73页。

② 财政部参事厅编:《财政法规新编》(上册),南京:财政部参事厅,1937年,第263页。

③ 中国第二历史档案馆编:《中华民国史档案资料汇编·民众运动》,南京:凤凰出版社,2010年,第630页。

④ 田苏苏、樊孝东、把增强等:《华北抗日战争史·第一部(从九一八到七七)·民众抗日救亡》,石家庄:河北人民出版社,2012年,第24页。

⑤ 田苏苏、樊孝东、把增强等:《华北抗日战争史·第一部(从九一八到七七)·民众抗日救亡》,第87页。

⑥ 刘作忠选编:《挽孙中山先生联选 》,兰州:兰州大学出版社,2000年,第535页。

⑦ 孙中山先生国葬纪念委员会:《哀思录》(一),台北:文海出版社,1966年,第194页。

结　语

盐务学校无疑是一所非常具有现代色彩的专门大学，目前我们对它的了解还过于粗浅，它的教育质量到底如何？毕业生的学识水平和实习就业工作能力如何？尤其是它与中国盐政现代化的关系问题，都值得探讨。这个存在了15年的盐务高校，为近代中国培养了200多名现代盐务人才，其具体作用和历史意义还有待于进一步研究和考察。

论乾隆朝的两淮恤灶政策

吴春香　陆玉芹[①]

（盐城师范学院公共管理学院）

清代的两淮海盐产区大致位于江苏苏北沿海，盐产量及所纳盐课均居全国前列，但该地区自明清小冰期以来自然灾害频繁且受灾异常严重。光绪《重修两淮盐法志》中记述了乾隆在位的60年（1736—1795）两淮海盐产区41个年份有灾荒记录，读来条条令人心惊，灾后救济的史料记述也很翔实。乾隆朝对灾后两淮海盐产区这个特殊区域的特殊群体——“灶民”的赈济相当重视，但这个课题学界鲜少涉及。灾荒中灶民生活境况如何，清政府如何通过宏观调控保证灾后盐业经济的恢复和发展？本文以光绪《重修两淮盐法志》为中心史料，梳理乾隆时期两淮海盐产区的灾情，分析灾后朝廷针对性的恤灶政策。

一、乾隆朝两淮海盐产区的灾情概述

两淮地区盐场以草煎盐为主，灶户煎盐对气候依赖性特别大，“霖潦则卤薄，暵旱则土溜坟”[②]。煎盐靠卤水，久雨水潦会冲淡其浓度，需加大柴薪和人力成本；大旱之年则赤地千里、寸草不生，柴薪短缺。光绪《重修两淮盐法志》明确记载乾隆朝60年间两淮地区41个年份有灾荒，其中因降水过多的水灾21次，降水过少的

---

① 基金项目：国家社会科学基金项目（13BZS101）、江苏省社会科学基金项目（2015已通过评审，编号暂未下达）、江苏省教育厅社会科学基金项目（2015SJB740）、盐城师范学院人文社科基金项目（14YCKW014）。

作者简介：吴春香，盐城师范学院公共管理学院历史系讲师；陆玉芹，盐城师范学院公共管理学院历史系教授，博士。

② 《新唐书》卷54《食货志四》，北京：中华书局，1975年，第369页。

旱灾10次，突发性的潮灾15次，这是三大威胁沿海灶民生产和生活的主要自然灾害。

（一）水灾多发

乾隆时期淮河流域洪灾频发："乾隆十四年（1749）秋大雨，河海交涨，池荡被淹……乾隆十五年六月，大雨，上游水发，通泰二属亭淡卤薄……乾隆十六年，通淮两属濒海被淹。"① 如此连年频发的洪灾常常无情地洗劫沿海的灶民。"乾隆三十四年，海属板浦、中正、临兴三场被水处，池井涸出，惟因卤气浸淡，不能克期成盐，并有池井被冲，未能修补。"②"乾隆五十一年夏，秋湖水泛滥，海属三场被淹，泰属庙湾一场滨临射阳湖，受水独重……田禾荡草率多烂萎。"③ 可见，水灾深重之年，不仅卤气浸淡、池井被冲、煎盐的荡草亦多烂萎，生产难以为继。

（二）潮灾猛烈

对沿海灶民来说日常依赖潮水制卤煎盐，但最惧怕暴潮，因其瞬息而至，难以逃命。光绪《重修两淮盐法志》所记乾隆朝15次潮灾，被灾较重的有："乾隆四年……入夏阴雨，兼之暴潮突发，荡地盐池被水；乾隆十年……七月二十三等日，黄水漫溢兼值海潮上涌，亭场、庐舍、草荡、田禾、悉被淹灌；乾隆十二年……七月间风潮，淹毙男妇丁口；乾隆二十四年……八月初二初三两日，潮水乘风而上，低洼亭场蓬舍草荡被淹。"④ 一旦海潮爆涌，灶民大量葬身鱼腹，即使能有幸逃生，也是顷刻间一无所有。

（三）旱灾难熬

相比之下，旱灾是一种渐进性的灾害，危机点的到来要缓慢得多，政府有更多的时间研究灾害的范围、程度和应对措施。但旱年的灶民更煎熬，卤气不升、荡草不长、产量下降，即便有产出，河道水浅，难以运输。《重修两淮盐法志》所记乾隆时期两淮海盐产区旱灾共10条。《小海场新志》亦有记述："乾隆三年（1738）四月不雨，运河干涸，盐舟艰运，祈祷无虚日，秋禾无收，发仓平粜，报灾八分。"⑤ 这次旱灾一直延续到来年的夏天。乾隆五十年至五十一年的大旱，旱情在江淮大地上蔓

① （清）王定安：光绪《重修两淮盐法志》卷141《优恤门·恤灶上》，上海：上海古籍出版社，2002年，第479页。

② （清）王定安：光绪《重修两淮盐法志》卷141《优恤门·恤灶上》，第482页。

③ （清）王定安：光绪《重修两淮盐法志》卷141《优恤门·恤灶上》，第487页。

④ （清）王定安：光绪《重修两淮盐法志》卷141《优恤门·恤灶上》，第473–482页。

⑤ （清）林正青：《小海场新志》卷10《灾异》，南京：江苏古籍出版社，1992年，第240页。

延，“乾隆五十年，海属三场上冬雨少，今春干旱，灶地二麦失收，又泰属各场入春亢旱，卤气不升，灶情拮据……夏秋被旱”[①]。东台“（乾隆）五十年，大旱，无麦无禾，自三月至次年二月十三日方雨……民饥”[②]。

清代两淮海盐产区的灾荒与其特殊的地理位置有关，更主要是受明清小冰期整个银河系、太阳系、行星处于不同位置而引起的引力、电磁场、宇宙线、宇宙空间物质密度等变化的影响。[③]致灾之深，受灾之重，前所未有，但“任何一个有组织的社会都不会被动地屈服于自然灾害”[④]。“乾隆时期，一方面，使各级臣工层层对上负责，形成了严密的赈济组织体系；另一方面，确立赈灾制度，使报灾、查赈、散赈和备赈等赈灾的各个重要环节皆有法可依”[⑤]。

二、乾隆朝的两淮恤灶政策

对于两淮海盐产区的盐民灶户来说，自然灾害造成的灾难远胜于普通百姓，“滨海斥卤之乡，地号不毛居，人煮盐为生，用代耕耨，一遇旱涝，则举室饥号，是惟求死之不赡，遑问赋税哉。我朝以仁为治，煦和濡膏与之苏息，列圣轸念民艰，或蠲或赈，所以为穷黎计者，高矣厚矣。”[⑥]清政府的赈济目的，除了因两淮180万引的盐产[⑦]和巨额的盐税收入之外，亦体现了清代皇帝“以仁为治”、“轸念民艰”的政治情怀。

（一）繁杂的勘灾查赈

按照惯例，灾后勘查分两个阶段：先“勘灾”，再“查赈”，限45日内完成，这是灾后蠲、赈、贷、缓及抚恤等各项救助的依据。一旦灾害形成，两淮盐政官会同督抚立即组织勘灾，逐一对荡地、盐池进行勘查，评估损失程度，并按每个盐场的平均受灾比例确定成灾分数，有5分、6分、7分、8分、9分、10分6个等级。这是相当复杂、细致而烦琐的工作，要经过地方各级官员参与的初查、再查等多道程序，必须严谨，特别是对成不成灾及成灾率的判断较难准确把握，其结果具有决定意义。

---

① （清）王定安：光绪《重修两淮盐法志》卷141《优恤门·恤灶上》，第486页。

② 嘉庆《东台县志》卷3《职官表下》，南京：凤凰出版社，2008年，第396页。

③ 蓝勇：《中国历史地理》，北京：高等教育出版社，2002年，第60页。

④ 李伯重：《中文版序》，［法］魏丕信：《十八世纪中国的官僚制度与荒政》，徐建青译，南京：江苏人民出版社，2006年第2版，第3页。

⑤ 张祥稳：《论乾隆时期的官方赈灾》，《安徽师范大学学报》（人文社会科学版）2013第6期。

⑥ （清）王定安：光绪《重修两淮盐法志》卷141《优恤门·恤灶上》，第469页。

⑦ 林振翰：《中国盐政纪要》，上海：商务印书馆，1920年，第1–2页。

查赈，即“审户”，是在确认被灾的盐场挨家挨户地进行核实，包括人口死伤多少、大小口存活情况、房屋损毁多少、粮食储备和盐池工具情况，据此划分等级，如“极贫”或“次贫”等，并登记在册，填写赈票，以备将来赈济。一般灾情记述为：“经某某题报勘明，某某场成灾几分，题准……经部议覆准。”但也有对勘复不实的进行赈济调整，如：“乾隆五年（1740），淮安分司所属临洪、兴庄、板浦、中正、徐渎、莞渎等场，春夏天旱无潮，禾苗尽槁，晒办艰难，七月十八十九等日海潮泛涨，禾苗被淹，池盐无出，经盐政准泰题请，动一半充公银两先行抚恤一月，部议覆准，续复查明板浦等场勘不成灾，惟临兴场成灾六分，请将极贫给赈四月，次贫给赈三月，又次贫给赈两月，部议以甘抚元展成奏报，夏禾被旱案内议定被灾六分收成尚有四分，应择其极贫者加赈一个月，每大口日给米五合，小口减半，又次贫者并不在应赈之内。”①

（二）充足的钱粮赈济

灾后危急形势下，以实物或货币形式进行赈济是最紧迫也是最有成效的方法。

1. 乾隆朝的给赈标准

清代的赈济正常情况下是向灾区处于生存边缘的“极贫”户和“次贫”户等，按月发放免费粮食，发放量有固定标准，乾隆四年规定，年满 16 岁的为大口，不满 16 岁的为小口，获赈钱粮数不一样；救济持续的时间根据各灾区平均受灾程度确定（表 1）。

表 1　乾隆时期给赈标准表

成灾等级	10 分灾		9 分灾		8 分灾		7 分灾		6 分灾	
贫困等级	极　贫	次　贫	极　贫	次　贫	极　贫	次　贫	极　贫	次　贫	极　贫	次　贫
给赈月数	4	3	3	2	2	1	2	1	1	无
给赈标准	每大口月给谷三斗，小口月给谷一斗五升（每大口日给米五合，小口减半）									

资料来源：《大清会典事例》卷 271《蠲恤·赈饥》中乾隆七年的“议准”。

上表为乾隆时期全国的给赈标准，两淮亦不例外。初赈以米谷，次赈米谷不足时折成银两。当然，皇恩浩荡，常常会有不拘定例的展赈。另每大口日给米五合的量，据全汉昇和克劳斯研究清代稻谷的情况，认为每官石稻米大约重 83.88 千克（±5%的误差），每升约 810 克，每日五合约 420 克②，正是勉强可以维生的量，不至于饿死。

① （清）王定安：光绪《重修两淮盐法志》卷 141《优恤门·恤灶上》，第 474 页。

② ［法］魏丕信：《十八世纪中国的官僚制度与荒政》，徐建青译，第 128 页。

2. 钱粮给赈的方式

照例给赈的“加赈”，也称“大赈”，乾隆年间，一般按所定给赈标准办理。“乾隆十二年(1747)……吕四、余东、余西三场内被灾六分之极贫，及新兴场被灾六分之极贫灾灶并流寓在灶之极贫民户，照例加赈一个月，被灾九分之板浦、徐渎、中正、临洪、兴庄五场极贫灾灶照例加赈三个月，次贫加赈两个月，被灾十分之莞渎场极贫照例加赈四个月，次贫加赈三个月。”①

体现皇恩的“展赈”：在大赈之后，灾民生计仍然艰难，皇帝于定例之外再行给赈。“乾隆七年……夏秋雨多又值河湖异涨，盐池荡地先后被淹……又钦遵恩旨被灾最重者于起例应赈月分之外加展三个月。”②“乾隆五十年夏秋，被旱……成灾六分七分八分者，分别给赈两月一月……嗣于五十一年二月有旨加恩，将海属之板浦中正临兴三场，再展赈一月。”③ 乾隆朝是清代展赈最多的一朝。

紧急救助的“先赈”：勘灾、报灾和等待朝廷下达救灾决策都需要一定的时间，当突发大洪灾或暴潮时，乾隆特令地方官吏可以进行紧急救助，即“先行抚恤”，又称“先赈”“急赈”。“乾隆十年，泰州分司所属庙湾场，七月二十三等日，黄水漫溢兼值海潮上涌，亭场庐舍、草荡、田禾悉被淹灌，经盐政吉庆题报，先行抚恤一月。”④ 乾隆十二年，因风潮“除富安、安丰、梁垛、东台、何垛五场灾轻毋庸抚恤外，其余二十场经盐政吉庆题准，不拘银米先给抚恤口粮一月……又灶地多有流寓樵草捕鱼之民户，及承种灶沙之民人同遭水患，未便歧视，亦应附场一体抚恤。”⑤

3. 乾隆朝两淮盐场的给赈数量

乾隆朝对两淮灶民的赈济力度有多大，到底赈济了多少钱粮？“要想估量出政府发放的货币和粮食的相对地位，一个可行的方法是，将赈灾的花费与正常情况下政府从这些地区获取的收入进行比较。”⑥“盐课分二类：曰场课，曰引课。”⑦ 场课是对食盐生产者所征课税，也称“灶课”；引课是对食盐销售者所征课税，也称“商课”，本文涉及的是“灶课”。“乾隆十二年十月，盐政吉庆呈据运使舒隆安详称，两淮通、泰、淮三分司所属各场，额征折价钱粮七万七两二钱……”⑧ 可知乾隆十二

① (清)王定安：光绪《重修两淮盐法志》卷141《优恤门·恤灶上》第478页。
② (清)王定安：光绪《重修两淮盐法志》卷141《优恤门·恤灶上》,第475页。
③ (清)王定安：光绪《重修两淮盐法志》卷141《优恤门·恤灶上》,第487页。
④ (清)王定安：光绪《重修两淮盐法志》卷141《优恤门·恤灶上》,第477页。
⑤ (清)王定安：光绪《重修两淮盐法志》卷141《优恤门·恤灶上》,第477–478页。
⑥ [法]魏丕信著:《十八世纪中国的官僚制度与荒政》,徐建青译,第128页。
⑦《清史稿》卷123《食货志四·盐法》,长春:吉林人民出版社,2006年,第2 470页。
⑧ (清)王定安：光绪《重修两淮盐法志》卷141《优恤门·恤灶上》,第576页。

年(1747)前后正常两淮灶课,大致在7万两。

《重修两淮盐法志》向我们提供了确切的赈济所用银两和粮食的数量(表2)。

表2 乾隆年间两淮盐场被灾给银粮数量表

	年份	米(石)	谷(石)	银(两)
1	元年		763	
2	三年			255 863
3	四年			57 835
4	五年			3 032
5	六年		25 258	14 434
6	七年	47 377	18 125	249 762
7	八年	2 100	1 430	15 128
8	十年	4 334	18 129	22 616
9	十一年		23 733	9 568
10	十二年	16 018	63 883	49 002
11	十四年		2 551	
12	十五年		5 699	
13	十八年		90 210	127 324
14	十九年		13 781	7 200
15	二十年	有赈济无具体数据		
16	三十三年		111 489	37 005
17	三十九年		112 504	28 814
18	四十年		140 172	39 769
19	四十三年		23 781	18 735
20	四十六年		13 591	5 115
21	五十年		137 000	32 000
22	五十一年		14 915	6 176
23	五十二年		12 231	5 077
总计		69 829	829 245	984 455

资料来源:根据(清)王定安:光绪《重修两淮盐法志》卷141《优恤门·恤灶上》、卷142《优恤门·恤灶下》中的赈济钱粮数据整理而成,精确到个位数。

乾隆60年间,两淮海盐产区41个年份有灾荒记录,23个年份有赈济钱粮记录,总计用米69 829石,用谷829 245石,用银984 455两。有钱粮赈济记录的一般灾情较重,其中赈济用银最多的是乾隆三年旱灾赈济,总计用银255 863两有余,是乾隆朝灶课额的3.65倍。米、谷、银并赈最多的是乾隆七年的水灾赈济，实际用米47 376石7斗5升，用谷18 125石2斗5升，用银249 762两。乾隆朝“折赈米价江苏省每米一石定价一两，谷一石定价五钱”①。按此折算该年的赈济费用应高达306 200两，是灶课额的4.37倍。这些数据清楚地表明，在两淮海盐产区受灾时，政府毫不犹豫地投放了大量救济物资，遇到特大灾年，其赈济银两能超正常征收灶课税的三四倍。当然有时也通过“在商捐备赈项内支银”方式解决资金问题，但仅见于乾隆十八(1753)、十九(1754)这两年。由此可见，乾隆朝对两淮灶民的灾后赈济是不惜花费的。

4. 特殊赈济项

赈济还包括因水灾坍塌的房屋修葺费、淹毙压死男妇丁口的棺殓费。按乾隆定例，政府每间草房给银4钱5分，瓦房每间7钱，灾情严重的话也破例加赈。“乾隆十年，泰州分司所属庙湾场于七月二十三等日，黄水漫溢兼值海潮上涌，亭场庐舍草荡田禾悉被淹灌，经盐政吉庆题报，先行抚恤一月，并勘明成灾十分……又坍塌草房向例每间给修葺银四钱五分，钦奉恩旨于定例之外每间加赈银二钱，共用银一千七百三十四两二钱。”②

乾隆60年间两淮涉及房屋修葺费的记录6条，总计用银23 824两。最多的一次是乾隆十二年，因风潮“……其冲坍房舍照例给予修费，淹毙压死男妇丁口，每大口给棺殓银一两，小口减半……坍房修费计银一万三千六百八十八两一钱，棺殓之资计银六百八两”③。棺殓费在乾隆60年间的两淮恤灶中是少见的。

(三)适时的平粜借贷

1. 平粜

灾年的粮食歉收、食物危机，致使投放市场的粮食比常年大大减少，必然导致粮价上涨，清政府通常在灾民领到赈济物资之前用平粜的方式压制粮价上涨，调控市场价格，保障贫民利益。两淮的平粜之米谷主要来之于盐义仓。为恤灶以保盐课，雍正初年开始各场纷纷建盐义仓，仓内米谷兼存，正常年份青黄不接时存七粜三，出陈易新，米少价昂时平粜以济民食。如何调节粮价？根据乾隆后期的一个资料，历年平粜减价已形成了大致的比率(表3)。

---

① (清)王定安：光绪《重修两淮盐法志》卷141《优恤门·恤灶上》，第472页。

② (清)王定安：光绪《重修两淮盐法志》卷141《优恤门·恤灶上》，第477页。

③ (清)王定安：光绪《重修两淮盐法志》卷141《优恤门·恤灶上》，第478页。

表 3 乾隆年间平粜的减价规定

市价(两/石)	<0.9	0.9～1.0	1.0～1.1	1.1～1.2	1.2～-1.3	1.3～1.4	1.5～1.7
减价量(两)	不减	0.05	0.10	0.15	0.20	0.25	最高 0.3

资料来源:《宫中档乾隆朝奏折》乾隆四十九年二月二十七日,山东巡抚明兴奏。

"乾隆二十三年,盐政高恒呈淮属频年被水,每遇青黄不接,动拨米谷平粜,查板浦、徐渎、中正、莞渎、临洪、兴庄等场,糙米市价每仓斛一石,市平色银二两二分二厘,应照奏准酌减之例,减价三钱,户部准行,凡平粜谷一万五千余石。"① 平粜主要是为了照顾"贫户",又要防"有力之家"利用平粜机会从中牟利。

救灾的关键是国家有大量的粮食储备,处于高度的有备状态。据统计,乾隆年间两淮盐义仓的储谷总量约 50 万石。②《重修两淮盐法志》记载有 17 个灾年盐义仓出粜谷米,总计 971 146 石 3 斗 5 升谷,最多的一年是乾隆十二年出粜 150 000 石谷,约占到年总储量的 1/3,算上这一年赈济所用 63 883 石 4 斗 5 升 2 合的谷及 16 017 石 5 斗 4 升 9 合的米,共约 229 900 石谷米,还没有超过两淮盐义仓年储谷总量的一半。按常理,乾隆年间盐义仓的存储量足以应付两淮地区一般的灾荒。盐义仓可以说是两淮盐民灶户生存的基本社会保障。

平粜之米谷不足时还有时从省外调拨,如"乾隆十九年正月,又经盐政吉庆疏请……谨按是年九月有旨,江南徐扬各属被水成灾,截留漕粮拨运川米以备赈……又按是年平粜谷石折半,用川楚米四千五百石分发各场,领运内中正场派米六千石,漂没三百三十八石,均在黄河险要及海洋处所,部议以漂没钱粮,例著落汛地文武官出结督抚具题豁免"③。

2. 借贷

借贷的对象主要是受灾 5 分的贫灶及蠲赈之后仍不能恢复生产的盐民,免息借贷,借贷主要为口粮,还有因灾受损场池的修理费。

借贷口粮:"乾隆十四年秋,大雨,河海交涨,池荡被淹……是年冬盐政复奏,盐义仓存储米谷以备缓急,今因粮价昂贵,通泰海三属乏食穷灶煎丁,每户借米三四斗,秋收还仓,计共借米六千二石五斗,谷四万三千六百一十四石六斗,部覆准行。"④ 借贷有明确记录数据的,总计用谷 83 839 石、米 6 002 石,大部分借贷只含糊地说"借贷一月口粮",没有具体数字,实际借贷口粮数远超出此数。

---

① (清)王定安:光绪《重修两淮盐法志》卷 141《优恤门·恤灶上》,第 482 页。
② [法]魏丕信:《十八世纪中国的官僚制度与荒政》,徐建青译,第 190 页。
③ (清)王定安:光绪《重修两淮盐法志》卷 141《优恤门·恤灶上》,第 480 页。
④ (清)王定安:光绪《重修两淮盐法志》卷 141《优恤门·恤灶上》,第 479 页。

借贷场池修理费："乾隆八年，盐池被旱……十月又经吉庆奏，动运库盐课银一万五千两，分发通泰淮三分司各五千两，查明实在极贫无力措办场池修费者，按池井多寡量借工本修复，计实借银一万两千九十六两六钱。"[①]总计5条场池修理费借贷记录，共借36194两银，加上乾隆五十九年借给草本动支盐课银20 055两，总计借贷56 249两。

（四）频繁的蠲免缓征

乾隆时期对两淮灶户应缴赋税的蠲免总额达510 698两之多，共计30个年份出现蠲免记录，年均免17 023两有余，占年灶课额的24.3%，这样频繁的蠲免历史上不常见。乾隆朝60年期间计有三种情况的蠲免：第一种是乾隆圣驾南巡蠲免，乾隆6次南巡，两淮海盐产区有5次蠲免记录，共免银133 487两，年均26 697，占年灶课的38%。"乾隆十六年二月，圣驾南巡，钦奉恩旨两淮灶欠自乾隆二年至十四年，因灾停缓带征折价银四万两千二百九十一两六钱七分五厘与民赋积欠一体豁免。"[②]类似的记载还包括乾隆二十二年，免两淮灶欠未完折价银38 000余两；乾隆二十七年，豁免两淮灶户9 654两7钱有奇；乾隆四十五年，恩免两淮灶欠35 624两[③]；乾隆四十九年（1784）恩免各场灶户7 900余两[④]。唯有乾隆三十年南巡没有相关蠲免的记录。

第二种是全国性普免，两淮海盐产区有2次记录，共免银172 393两，年均86 196.5万，远超过年灶课额。"乾隆四十六年……例邀豁免两淮通泰二属栟茶、富安等十三场，有乾隆四十三年因灾借给灶丁口粮应征谷价未完银九万三千二百四十三两二钱四分七厘有奇……户部议覆，既据确查委系力不能完，准其豁免。乾隆六十年二月，恩旨普免天下积欠钱粮，盐政苏楞额疏奏，五十八九两年夏秋被水勘不成灾缓征折价银四万五千九百四十五两有奇，随征耗羡银四千三百三两有奇，借给口粮谷二万七千六百三十五石七斗，应征谷价银二万八千九百二两有奇，共银七万九千一百五十两九钱，零皆蠲之。"[⑤]

第三种是遇灾蠲免，计有25个年份的记录，总计蠲免204 833两。超过万两的蠲免7次，5次因大旱蠲免，1次因暴潮、1次因大雨，最多的一次是乾隆四十年的旱灾，蠲免23 992两，占年灶课税的34%。乾隆时期对两淮地区的灾蠲案例最多，

① （清）王定安：光绪《重修两淮盐法志》卷141《优恤门·恤灶上》，第476页。

② （清）王定安：光绪《重修两淮盐法志》卷141《优恤门·恤灶上》，第479页。

③ （清）王定安：光绪《重修两淮盐法志》卷141《优恤门·恤灶上》，第481–484页。

④ （清）王定安：光绪《重修两淮盐法志》卷141《优恤门·恤灶上》，第486页。

⑤ （清）王定安：光绪《重修两淮盐法志》卷141《优恤门·恤灶上》，第486–488页。

如“乾隆二十四年，盐政高恒疏称，通泰淮三属八月初二初三两日，潮水乘风而上，低洼亭场、蓬舍、草荡被淹……钦遵蠲免泰属北七场共银二万三千三百两有奇，其余带征有差。乾隆四十年，通、泰、淮三属夏秋被旱……蠲免折价钱粮四分、二分数银二万三千九百九十二两有奇”①。

缓征是将蠲免之外的或受灾略轻地区应征税款暂缓征收。一般按例缓征，有时会再延缓。与蠲免不同的是，缓征没有固定的分数比例，视盐场具体情况而定，也可以应用于“勘不成灾”的盐田。一般灾情5分、6分、7分照例分作两年带征，8分、9分分作三年带征，勘不成灾照例缓至次年征收，但这不是固定的标准。如乾隆六年，因多日阴雨“……板浦、中正、徐渎、莞渎、兴庄等场成灾六七八九十分不等，题蠲乾隆六年，应征乾隆五年分折价等银四千八百一十三两有奇，余剩未完银两照例分作二年三年带征。乾隆七年……富、丰、梁、丁四场收成歉薄，勘不成灾田荡应征钱粮缓至乾隆八年麦熟后征收”②。这给灶民灾后恢复生产生活以喘息的机会。

乾隆时期对两淮地区的蠲免缓征在缓解灶民赋税压力，帮助当地受灾盐民渡过难关、恢复生产方面起到了重要的作用。

三、乾隆朝两淮恤灶的评价

两淮海盐产区作为清朝重要的产盐区，自明清小冰期以来，灾害频发，特别是水旱频仍，在被灾百姓之身家性命危在旦夕之时，乾隆朝通过充足的钱粮赈济、适时的平粜借贷、频繁的蠲免缓征等诸多有力的赈济措施，使灶民幸免于灾荒和匮缺所导致的最恶劣影响，维护了两淮盐场稳定，保证了盐业生产的恢复和发展，彰显了灾荒时期乾隆朝解决现实问题的能力和魄力。

（一）乾隆朝两淮恤灶的赈济数额庞大

客观地说，乾隆朝对两淮海盐产区救灾事宜作了多方位的努力。综合上文分析的大量赈济数据，乾隆60年间两淮恤灶所用包括：赈济用米69 829石，赈济用谷829 245石，赈济用银1 008 887两；蠲免银两总额510 698两；平粜用谷1 016 146石有余；借贷用谷83 839石、米6 002石，借贷用银56 249两。赈济所用银粮和蠲免银两，按1石米1两、谷减半折算，总计费用至少2 004 036两，41个灾年年均约48 879两银的赈济费用，约占年灶课7万两的70%，还有超过百万石以上的平粜及

① （清）王定安：光绪《重修两淮盐法志》卷141《优恤门·恤灶上》，第482—483页。

② （清）王定安：光绪《重修两淮盐法志》卷141《优恤门·恤灶上》，第475页。

相当数量的借贷帮助灶民度过灾难。当然这仰仗于乾隆时期雄厚的国力，两淮盐税中7万两的灶课是小份，商课才是大额。据陈锋先生《清代盐政与盐税》中的统计，乾隆八年，两淮实征盐课2 568 348两，全国盐课556万两有余；乾隆三十一年，两淮盐课2 872 586两，全国盐课574万两有余，这一年总财政收入4 854万两。[①]因此，乾隆时期的政府有条件、有能力集聚和利用大量的资源，承担大规模、长时期的救济活动。如此大力度的恤灶政策，在稳定灶民队伍方面曾起了一定的作用，清初两淮灶丁数约6万，清中期加编至60.6万，当然其目的主要为了保障淮盐的足额生产。[②]

（二）乾隆朝两淮恤灶政策的执行效率高

与清初及其后的各朝赈济案例相比，乾隆朝的恤灶政策执行效率高。《重修两淮盐法志》所见顺治、康熙、雍正三朝（1644—1735）92年中，只有8个年份有灾后恤灶记录：总计赈谷142 187石、赈米469石、赈银30 000两，分别占乾隆恤灶量的17.1%、0.6%、3%；蠲免总计168 387两，占乾隆恤灶蠲免的32.9%。嘉庆元年（1796年）、嘉庆三年、嘉庆四年、嘉庆七年尚有乾隆两淮恤灶的遗风，此4年内，两淮恤灶总计赈谷165 586石、赈银82 110两、蠲免35 571两，但此后几乎不见卓有成效的政府恤灶举措。

乾隆时期政府的赈灾能力相对突出。很多赈济规则在乾隆朝形成定制，在定制之外常有皇帝加恩的破例之举，惠及定例之外的又次贫灶户及贫生。而道光以后，“破例赈济”的提法几乎完全消失。从整个清朝两淮的蠲免和缓征案例来看，乾隆朝60年的蠲免记录，显然是最多、最有力度的，当时因为国力强盛、国库充盈才有魄力常用蠲免来救助灾民，嘉庆以后蠲免几乎不见，多以缓征代替，赈济方式也日益向货币发放转变，地方志等典籍中越来越频繁地提到政府“施粥”方式的赈济，以及民间赈济组织的增多等等，都从侧面反映了灾荒之下政府控制局势和宏观调控能力的削弱，这些说明19世纪以后官府的救荒政策逐渐衰落。

（三）乾隆朝的赈灾体制优于同时期欧洲国家

将乾隆朝的两淮恤灶案例放到更广阔的世界历史环境中去考察。20世纪80年代政治学家保罗·肯尼迪研究指出：“乾隆十五年时，中国的工业产值是法国的8.2倍，英国的17.3倍。1830年的时候，中国的工业产值是法国的5.7倍，英国的

---

① 陈锋：《清代盐政与盐税》，武汉：武汉大学出版社，2013年，第223页。

② 吴海波：《清代两淮灶丁之生存环境与社会功能》，《四川理工学院学报》（社会科学版），2009年，第10期。

3 倍。一直到第二次鸦片战争，英国的工业产值才刚刚赶上中国。"[①] 如此惊人的工业产值绝少不了两淮盐业大生产的数据。"20 世纪末，经济学家麦迪森运用实际购买力的计算方法，对过去两千年中世界主要经济体的 GDP 进行计算，1700 年时整个欧洲的 GDP 和中国的 GDP 差不多相等。在 1700—1820 年的一个多世纪中，中国经济的年均增长速度 4 倍于欧洲。" [②] 不管上述数据是否经得起推敲，但至少表明清代前期的中国经济在全球是领先的。乾隆时期的国家有雄厚的经济实力将赈灾活动组织得非常出色。与同时期的欧洲国家相比，清朝政府"为了社会秩序的安定……创建了一个复杂的粮食供给系统。……这些粮仓主要建立在县城和小市镇，代表着国家对普通人民物质福利的承诺。这些做法在欧洲是完全无法想象，更遑论能够做到了。" [③]

有些学者曾对明清国家在社会经济中所起的作用持一种否定的态度，或对传统中国国家解决现实问题的能力持怀疑态度。而近几十年来，西方学者运用全新的方法和理论、从世界角度研究明清中国社会经济的观点给我们以启示。法国学者魏丕信研究乾隆八年至乾隆九年直隶旱灾期间政府的救灾活动，得出结论："19 世纪之前的救灾制度表明，中国国家有能力建立一个巨大的和复杂的结构，以在广大的范围内影响人民的生活。在很长的一段时间内，这个结构运作相当有效，从而大大地减轻了自然灾害对普通人民的打击……表明中国国家比起当时的欧洲国家来，具有更高的效率和更强烈的使命感。" [④] 笔者整理研究光绪《重修两淮盐法志》中清朝特别是乾隆时期两淮的恤灶案例，所呈现出的大量赈济数据和研究结果恰好与魏丕信先生的观点是相合的。乾隆时期的赈济政策在执行过程中不可避免地出现一些缺陷和漏洞，但在两淮海盐产区灶民的救济问题上乾隆朝所作出的多方位努力，是值得肯定的。

---

① [美]保罗·肯尼迪:《大国的兴衰》,蒋葆英译,北京:中国经济出版社,1989 年,第 186 页。

② 李伯重:《中文版序》,[法]魏丕信:《十八世纪中国的官僚制度与荒政》,徐建青译,第 12 页。

③ 李伯重:《中文版序》,[法]魏丕信:《十八世纪中国的官僚制度与荒政》,徐建青译,第 14–15 页。

④ 李伯重:《中文版序》,[法]魏丕信:《十八世纪中国的官僚制度与荒政》,徐建青译,第 15 页。

北洋政府时期长芦盐区"体制内私盐"述评

毕昱文[①]
（河南科技学院马克思主义教育学院）

私盐，历史悠久，源远流长，与官盐如一对孪生兄弟，相伴相依，如影随形。依照史继刚的观点，私盐是中国古代政府不合理的食盐专卖制度的直接产物，它大约出现在春秋末和战国时期，其发展以中唐为界，分为前后两个阶段：中唐以前的初步发展时期和之后的泛滥时期。何谓私盐？在中国历史上，每个朝代都有相应的规定。综其共同点，私盐无非是未向政府缴纳税收或越界销售的盐斤。在北洋政府时期，依照1914年颁布的《私盐治罪法》规定："凡未经盐务署之特许而制造、贩运、售卖或意图贩运而收藏者为私盐。"[②]长芦私盐与其他盐区私盐一样，历史久远，种类多样，情形严重复杂。"长芦引地袤延几三千里。东接辽海；南界齐鲁；西邻河东；迤北一带，密迩蒙池。奸贩惟利是趋，乘虚抵隙，越境侵售，是谓邻私。腹地内引地土含碱质，斥卤居多，村民假取硝取碱之名，私晒私淋，是谓硝私，其在场域之内，滩坨林立，堆积生盐，防范稍疏，难禁偷漏，是谓场私。私充则销滞。"[③]

北洋政府时期，长芦私盐种类繁多，但从私盐出现的根本原因上看，不外乎由于引岸专商制度漏洞和弊端引发的私盐，以及老百姓为了养家糊口而生产贩卖的私盐。以此为标准，笔者将北洋政府时期的私盐大体分为两类："体制内私盐"和"体制外私盐"。

"体制内私盐"即指在民制、官督、商运、商销的引岸专商盐制下，与盐政有关

① 作者简介：毕昱文，博士，河南科技学院马克思主义教育学院副教授。

②《私盐治罪法（三年十二月二十二日公布（法）律第二十五号）》，河北省档案馆藏档案，卷宗号680-19-1310。

③ 佚名：《长芦盐政纪要》卷3，《长芦盐务公报》1913年第3期。

系的灶户、商人、盐官、场警、兵弁等,都可以利用此制度的漏洞和弊端进行夹私、贩私等活动,并且这些涉私活动贯穿食盐制造的产、运、销等各个环节。从贩私主体上看,可分为灶私、商私、民私(食私盐者)、船私、枭私、军私、邻私等。从盐质看,这种私盐一般为海盐。这种私盐具有隐蔽性、多发性、常态性、多量性、重害性等特点。

"体制外私盐"指在一些含盐碱土质区域的老百姓就地刮土淋盐贩卖、以图糊口而熬晒的私盐。从贩私主体上主要是民私(贩私盐者),也有枭私等形式。这种私盐与官盐的对立仅出现在食盐的销售环节。从盐质上说,这类盐一般为土盐、硝盐,具有显露性、临时性、季节性、零散性等特点。

一、滩私(场私)——芦盐生产环节之私

何谓"滩私"?"滩私"即灶户未经政府允许、私自售卖的盐斤。滩私一向被称为贩私之源。正如1916年5月长芦盐务稽核分所所说:"滩坨为走私之根本……如滩坨不致走私,则本省之漏卮既塞,仅剩硝私及邻私较易抵御。"[①]

在引岸专商制下,灶户生产的新盐,必须归入固定盐坨。灶户卖盐,须由灶首及1913年成立的"灶盐公所"根据盐坨存盐数量,按比例摊卖,称为"配",不得多产多卖;商人持"引票"(又称"龙票")到指定盐坨购盐,称为"筑运"。灶户生产的盐斤,非商人不得购买,且商人必须按规定引额购买。这样极容易出现因为政局动荡、路途阻隔及各种天灾人祸完不成配筑的情形。配筑既滞,灶户生产的盐斤就只能积压。而积压的盐斤无法变现,灶户借贷商人的资本无法偿还,而使众多贫困灶户债台高筑。为偿还盐资,灶户只能铤而走险,贩卖私盐,"滩私"便出现了。

"滩私"有3种。第一种为灶户盐场售私,即"滩私为每岁开晒以后、未经归坨以前,在滩之盐灶户私售"[②]的盐斤。第二种为"野私"(或称"废滩私盐"、"荒滩私盐")。民国时期,盐滩由于运输、产量等原因,多次裁并,这样就出现了许多沿海废弃盐滩。这些废弃盐滩一遇海水风大浪急,海水冲上盐滩,经过风吹日晒,自然凝结成盐。附近贫民偷入废滩私扫盐斤,用于自用和出卖。一些私盐贩子驴驮车运,运至他地销售,形成"荒滩私盐"。"荒滩私盐"以1913年裁撤的海丰、严镇两场最为严重,范围最广,北起天津小站,南至山东边境程子口,绵延200余里,野私盛出。其次是1925年裁撤的石碑场属的宁河、丰润、乐亭等县野私。第三种为贫民盗盐,即盐滩附近贫民趁晒盐旺季偷盗、私运盐斤。如在天津附近的咸水沽、新城、葛沽

① 《长芦盐运使饬第五百二十九号长芦分所条拟整顿长芦缉私营办法(附件)》,河北省档案馆藏档案,卷宗号680-16-316。

② 《长芦丰财场公署训令第九十七号》,河北省档案馆藏档案,卷宗号680-19-1310。

等缉私营监控不到的地方，每逢盐产旺季，盐斤经过晒制，从滩地爬盐归坨时，附近贫民趁着夜色掩护，肩扛担挑，偷运盐斤，然后在附近村镇零星售卖，或批发给私盐贩子，运至其他地区售卖。如 1920 年，长芦稽核分所称“查丰、芦两场盐滩现正开晒，满滩堆积新盐。闻因缉私兵巡缉松懈，四外盐匪乘夜赴滩偷盐者络绎不绝。以致丰润及蓟、宝、宁四县盐商皆受私盐充斥之害。而于本年行销上大受影响”①。

这 3 种“滩私”中，最重要、影响盐税收入最严重的还是灶户售私。通常所称的“滩私”也主要指这种私盐。造成此种滩私的原因很多，主要有以下几个方面。

首先，长芦盐场广阔，管理松散，造成私盐泛滥。长芦滩区大者方圆千亩，小者也占地几十亩。各滩场出盐以后，在民国初年并不全有储存仓坨。“民二（1913 年）以前，盐务情形极不统一，省自为制，各不相同，系统紊乱，弊窦百出。而行盐引岸，由引商票商专权运销……民二以前，场产之盐，毫无管理，一任灶户晒户自将所产之盐归堆或归坨，场官仅照例按期呈报产数，场私大批走漏，从未堵截防止。”②所以，盐滩广阔，生盐③露天堆放，漫无边际，各盐场零星散布于海滩，为滩私提供了最直接、最便利的条件。1903 年以后这种现象也并无根本改观。所以滩私仍不绝于途。

其次，灶户为了偿债而被迫卖私。“长芦灶户工本以修滩为大宗，而滩地逼近海滨，地势低洼，每值久雨积水，则沟壕池埝多被冲塌，修费最为浩大。向有借帑修滩之例。分户三等：一曰极无力之户，一曰次无力之户，一曰稍有力之户。按户给银，分限完缴，灶户藉以支持。然盐价过贱，从前南场包重，每包约价银一钱以外；北场包轻，每包约值银八九分。灶丁入不敷出，工本时虞匮乏。前清乾隆年间（1736—1795）定制灶户煎盐，令商人认定酌给资本，使得及时煎晒。即遇阴雨连绵，亦不至缺少盐斤。”④灶户为了偿还贷款，在盐商由于政局动荡、盐引滞销、盐商筑运不完等原因造成盐斤严重积压的情形下，只得私卖盐斤用以还款、糊口。长芦产盐，以芦台场为最多，丰财场次之。长芦引岸，除永平府 7 县，沧县、南告、蓟六、丰润等 10 余县外，均从丰、芦两场配筑盐斤。清朝庚子年（1900 年），因产多运少，供过于求，滩产疲困，逐渐抛荒。后滩业逐渐恢复，长芦盐运使见销路日广，恐怕产数不足，就大力提倡开垦新滩、整理旧滩。各灶户则积极开滩。在 1913 年稽核总所下令各盐场均要新建、扩建盐坨之后，各灶户所晒之盐都要悉数归坨，等待配筑。

---

① 《长芦丰财场公署训令第一百一十七号》，河北省档案馆藏档案，卷宗号 680-19-296。

② 曾仰丰：《中国盐政史》，上海：上海书店，1984 年，第 265 页。

③ 生盐，指未加掣验的盐斤。经过掣验、归入盐坨的盐斤，称为“熟盐”。

④ 佚名：《长芦盐政纪要》卷 1《场灶门·工本》《长芦盐务公报》1913 年第 1 期。

各坨盐斤遂出现大量积压情形，各场坨垣无不盐码筑满，致使各坨无法容纳本年新盐。到1919年12月底，各盐坨积压情形如表1所示。[①]

表1 长芦盐坨积压情况

坨垣名称	八年底存盐数目	八年份运销数目
丰财场各坨	4 127 642 担	2 920 828 担
芦台场各坨	12 742 634 担	1 928 724 担
石碑场各坨	504 581 担	355 875 担
共计存盐	17 374 857 担	
共计运销		5 205 427 担

丰芦石3场之中，以芦台场汉沽坨存盐数目最巨，而其销数仅及丰财场各坨之半。所以，据当时芦台场灶户估计"故约计该场现存盐斤，亦以供给六年之需矣"。[②]

面对盐斤大量积压，灶户只能望天兴叹，无法处置。正如1915年芦台场灶户贾凤春、安贞吉、康凤歧等所称："灶等场产年有积余，如去岁场产约百二十万包，其中扣除运津筑熟，向来抛洒，即按七五折报，仍存实盐八十八万余包。查去岁芦商运灶盐十二万九千余包，连湘皖各省借运共筑去产盐三十八万五千余包。连旧有堆积共存盐八十万包，现已废弃津坨，并无抛洒，折报积余尚不在内。按现今销产，即严禁芦丰各场不再增垦，已属供过于求，如无意外销，场能以指定，则盐之为物非商莫售，灶等其奈之何在？"[③]一面是滞销存积的盐斤，一面是亟待偿还的商债，贫困的灶户只能私售存盐，别无他途。这也是"滩私"为长芦私盐大宗的根源所在。

再者，滩私的出现主要是因为盐斤场价太低，灶户入不敷出，只得私卖得以维持生存。1914年，丰财场芦盐成本每担合银8分1厘9毫9丝，芦台场每担合银8分1厘，[④]场价为新盐场价每包银0.28两，陈盐每包银0.32两（因1914年取消官运局，废除加耗，每包席包盐净重400斤，麻包净重200斤，价折半）。1916年，稽核总所规定银码改为洋码计价，定为新盐场价每包0.35元，陈盐每包0.40元。后来因盐价过低，灶户入不敷出，灶户遂发起"商灶之争"风波。后经长芦运使调处，到1923年，场价增加至丰财场每包0.82元，芦台场每包0.755元。[⑤]然而，即使如此，

① 《关于东岸私盐贩运海外之报告》，河北省档案馆藏档案，卷宗号680-22-5。

② 佚名：《长芦盐政纪要》卷1《场灶门·工本》《长芦盐务公报》1913年第1期。

③ "饬天字第九十一号，盐务署饬第三百七十五号"，河北省档案馆藏档案，卷宗号680-7-1487。

④ 参考长芦盐志编修委员会编：《长芦盐志》，天津：百花文艺出版社，1992年，第234页。

⑤ 以上6个盐价数字根据长芦盐志编修委员会编《长芦盐志》（第236-237页）芦盐"场价"计算所得。

灶户仍然是微利制盐，终日辛劳，不得温饱。为了糊口，只得卖私走漏。

第二种“野私”，也是影响引盐销售较为严重的一种。海丰场、严镇场在1913年先后裁撤，但这些荒滩一经海水冲击，仍可曝晒成盐。此二场北起天津小站，南至山东边境程子口，绵延200余里，尽为“野私”产生之地。其次是1915年裁撤的石碑场，其辖境内乐亭、宁河、丰润等县废滩，也为荒滩野私产生之地。每年到海水涨潮之后，附近盐民或贫民就以扫盐为生，造成野私泛滥。1927年，在严镇场属沧县[①]，私盐充斥，冲击官引至甚，几乎全县境内均食用私盐，各盐店几有悬秤之虞。盐店遂纷纷向长芦运使告急，请求严缉私盐。交河引岸盐商称：“自本年沧县荒滩产生私盐，附近各县无不备受充斥，尤以交河引岸首当其冲。阜东南三县连带影响被害，最为极甚。每日由青县诸村输入交境者，车载驴驼，络绎不绝，甚至大帮私贩各带枪械，间有军人为之护送……本届交河一县，仅售菜盐三百余包，比较往年不足十分之二。现在则各店悬称，几乎无人买盐，全境食私。”[②]而类似告急文书每逢合适季节，在长芦运署几乎是纷至沓来。长芦盐运使也因私盐充斥而恼火不已：“查长芦各岸私硝蜂起，而尤以沧县、青县、静海各县为最著，即如上年沧县所属之同、道两坨；沧县、静海所属之中福台、刘岗庄、上滩、下滩，各枭匪依据旧有荒滩、盐井间掘筑，晒私、贩私络绎。而青县之东程村又发生护私、拒捕、夺去营旗枪支之案。凡此皆由各营之缉务废弛、威信先失、各县知事之协助不力处置失宜所致。”[③]并且，沧县的私盐浸灌到了献县、束鹿、文安、大兴、宛平、山东等地，使得这些县份盐商叫苦不迭。商人们为了保护引盐销售，不得不雇佣汛役，自购枪械军装，协同缉私营防查。“野私”充斥由此可见一斑。

野私充斥，官引滞销。这类私盐影响和危害随气候、海势而定，具有非常态性，但气候适宜年份，其影响力还是很大的。

二、坨私——芦盐储存环节之私

坨，即存盐之仓垣。唐代称仓，宋元时期称官堆。明朝称盐坨，分为商坨和场坨。商坨储存待运的商盐，场坨储存灶户煎晒完毕的盐斤。清代场坨派兵汛看护。民国时期，因稽核总所和长芦稽核分所令各盐区整理盐务，长芦盐区在此背景下，也裁废和新建、扩建了一批盐坨。“1914年，天津商坨裁废。1915年，沧州商坨废。同年济民、归化二场并场裁废。1918年，严镇、海丰二场并滩坨裁废，沧州商坨遂

① 1913年降沧州为沧县，仍治长芦，先属直隶省渤海道，1914年改为津海道，1928年直隶于河北省。

②《呈长芦缉私统领徐大人钧启，芦纲公所缄》，河北省档案馆藏档案，卷宗号680-26-1026。

③《长芦盐运使训令第一一号》，河北省档案馆藏档案，卷宗号680-26-1026。

废。1919年，芦台场裁废营城坨，石碑场废原有坨地，建大庄河、大清河、洋河口3坨。1925年，裁石碑、越支二场，场坨遂废，只剩丰财、芦台二场之场坨。”①

民国初年，在长芦盐务未加整理之前，大多长芦盐滩存盐之坨荒废。生盐无须归坨，一般就场露天堆放，造成“滩私”严重。1913年以后，盐务稽核所成立以后，要求各盐滩修建盐坨。修建、重建、扩建了邓沽坨、塘沽坨、新河坨、汉沽坨等盐坨。但新修盐坨并没有挡住“坨私”的继续泛滥。因盐场距盐坨甚远，盐坨面积又非常辽阔，在生盐归坨过程中的各个环节，都可能产生私盐。

首先，生盐运往盐坨途中。生盐归坨时，灶户为了加速盐斤归坨，往往雇用艚船运输。由于路途遥远，灶户监护不及，有的船户就趁机偷盐、沿途洒卖或卖给私盐贩子，因而产生所谓的“船私”。

其次，盐斤配筑之时。艚船装载新盐经过坨收检验，驳入场坨，分码堆放，等待配筑。有商筑运时，“经运司批准，呈交领告各款，请发买盐支单，赴各场如数领运生盐。至坨开码筑包，谓之中盐。其筑盐之法，裹之以席，捆之以麻，以装满筑坚为度。筑完后，从水运者则装船运关候掣，从陆运者则装车运关候掣。其销丰财、芦台场盐，由津坨起运者，谓之北告；其销芦台越支场盐，由汉沽及尖坨起运者，谓之东告；其销严镇海丰场盐，由沧坨起运者，谓之南告”②。掣验完成，归入坨垣之盐称为“熟盐”。筑运程序，分为刀码、灌包、过秤、缝包、堆码、装车（船）等，分别由“缏工”“杠工”“秤行”“车行”“脚行”“杂工”等工役完成。这些工役一般都是贫苦小民，微薄的薪水常不能养家糊口。为了活命，小工夹带私盐事情也时有发生。“坨上小工每多宵小，及暂估夫役，夹带怀私等弊在所难免。”③因而产生所谓的“工私”。

其三，盐斤存坨之时。坨内虽有缉私兵看护，可附近贫民入坨偷盐的情形也时有发生。这尚不是“坨私”的主要形式，更为严重的是“商私”：“就私贩勾通驻坨缉私兵夜深偷漏，而奸商贿嘱放盐人役或多放盐包，或加重斤量。”④这种受贿放私所产生的私盐，是“坨私”的主要表现形式。“民二以前，各处盐场既乏保护，盐官多与运商勾结，一向不认真掣放。故运商往往于税盐之外，任意多放。于是私盐之多，莫甚于商私，一发不可收拾。”⑤另外还有一种情况，就是商人与筑盐各个环节

① 长芦盐志编修委员会编：《长芦盐志》，第92-93页。

② 佚名：《长芦掣验局办事章程》，《长芦盐务公报》1913年第4期。

③ 佚名：《芦台、丰财两场务所办事细则》，《长芦盐务公报》1913年第3期。

④《长芦丰财场公署训令第九十七号》，河北省档案馆藏档案，卷宗号680-19-1310。

⑤ 曾仰丰：《中国盐政史》，第265-266页。

的盐吏勾结，在筑运盐斤一再多加“耗盐”：“耗盐本应有额定斤重，最初每百斤盐，止许加色索卤耗五斤；其运道远者，亦不过百分之十。追后盐官遇事需索，盐商亦动辄要求加耗，盐官以加耗可收贿赂，每以调剂为名，呈请政府加耗，由百分之五增至百分之十五或二十，甚至加至百分之三十。然盐商于加耗之外，仍夹运私盐，乘机诛求无厌。又称请政府以恤商裕课为词，并谓以其暗中夹带，不如明予加斤。于是每引有加至四五十斤，并有加至七十斤者。此项加斤，均系免税。故在民二以前，盐务腐败，已达极点。国计民生两受其害，税收损失，自不待言。”①这种私盐貌似合法化，实质上仍是官商勾结、共同违法而产生的私盐，这与各坨坨务员、监秤员、缉私兵、盐商等都有关联。由于涉私主体为官弁和盐商，所以，这种坨私也可称为“商私、官私”。

其四，掣验之时。掣验分坨掣和关掣两种。“坨掣于筑盐时办理掣包过秤，以考验其轻重”；“关掣于过关时办理”②，以求两次提掣分量一致。1913 年，长芦运司虽颁布了《长芦掣验局办事章程》，详细规定了掣验局长及坨务员等的职责，以图杜绝偷漏陋规，但盐商为多筑盐斤，贿赂掣验人员，掣验人员也习惯于除工薪、多拿陋规的做法。为索贿，有的关卡根本不认真掣验或是不掣验，商人为“报答”掣验人员，把盐斤按一定比例分给其人。“转运局按例直隶之盐每引五百八十七斤七两，运往河南之盐每引五百九十二斤七两。委员筑盐则暗为多加。前数年每引送给坐办十三斤，其委员所得多寡尚不可知。至近年以来每引竟重至六百四十余斤。一引则报效坐办四十斤，委员则一引可得二十余斤，而所用之席麻报销尤为冒滥。夫商家运盐必须过关提验，而官运可以不过关提验。有此不平等之理乎？此则举其弊之极大者。其他报销之浮冒尚不止此。故坐办数年必有万金之产，其所用员司必其私人，上下结成一气，毫不可破，无怪乎各坐办委员逗留津门，花天酒地而不归也。”③如此形成了盐商和盐官勾结走私的黑色利益链条。所以，一纸规定并没有解决根本问题，坨私在北洋政府期间仍旧存在，并且发展有愈来愈炽之势，只不过变得更加隐蔽而已。这也是“商私、官私”的重要组成部分之一。

此外，还有一种坨私，主要发生在裁并前的海丰、严镇两场。“缘该两场夏秋积潦，车不能行，不能与丰芦车运者比较”，交通不便，所以，灶户雇用大车运盐，但不给工钱，以致出现了“以盐盘盐”之弊。“兹查该两场弊之最著者，莫如以盐盘盐一事。滩产雇车运盐，或用两套或用三套大车，每车可装盐三四包，不给工价，折以盐

① 曾仰丰：《中国盐政史》，第 265–266 页。

② 佚名：《长芦掣验局办事章程》，《长芦盐务公报》1913 年第 7 期。

③ “谨将长芦弊之最大者为我司长约略陈之”，河北省档案馆藏档案，卷宗号 680-7-63。

斤，名曰以盐盘盐，盐车夫持此不能果腹，势必调换米麦，或售易钱文。无税私销，殊为可恶。且散置车内，沿途飞洒走私，均所难免。”① 这种坨私虽然影响不及其他坨私种类严重，但也从形式上破坏了引岸专商制的垄断性，在一定程度上影响了长芦盐税的征收。

三、邻私——芦盐运销环节之私

在芦盐销售环节，常会出现“邻私”。“邻私”一词，实际上是针对长芦盐区自明代施行“引岸专商”盐制而出现的私盐种类，更能体现引岸专商制下各处引界分割、互不往来的特点，是最能体现引岸专商制弊端的私盐种类。清代以来，依据各大盐场的产量、自然地理、地域远近、运输状况以及传统习惯等因素，划分引岸范围，而并不以行政疆域、百姓购盐方便与否为依据。这些区域条块分割、界限森严，人为阻隔、互无沟通。引岸专商制度，行盐有引，销盐有岸。商人在户部领到引票以后，凭票购盐，然后运到指定地方销售。每个盐商商号都有一定的销售区域，这个区域即为固定商号的专有属地，他商不得染指，当地百姓也必须到指定盐店购盐，否则即为购私。在属地引岸内，盐商每年都有额定的销售数额，销足无虞，销盈则奖，销绌则罚。鉴于此，“邻私”即有了两个含义：不在指定地点或引岸销售的盐斤和老百姓不到指定盐店购买的盐斤都被称为“邻私”。

“邻私”有两种：一种为其他盐区盐斤浸灌芦盐销区，比如与长芦盐区接壤的山东盐斤浸入芦盐销区，称为东私，奉天盐斤私入芦盐区，称为奉私；另一种为在芦盐行盐区域内，商人在引岸外洒卖的盐斤和民众在非指定盐店购买的盐斤，均称为私盐，也是邻私的一种。

（一）他区私盐

长芦盐区地域广阔，临界的盐场北有奉盐、西有潞盐、南接淮纲、东南有东盐。所以，周边邻私浸灌严重。当时邻私的主要来源有两个：一个是自山东盐产区所属的利津、石岛、滨县、羊角沟等地而来的私盐，称为“东私”；一个是东北旅顺所属的双岛产区而来的“奉私”。这种私盐，从盐质上看，既有晒制海盐，亦有煎制硝盐。

东私输入直境，一般由山东利津、淮河滩内用民船运至沾化县桃儿河，或者从无棣县大河口转至王庄子、香房、埕子街一带落厂，盐贩再用驴驮贩至沧南盐山、庆云等县洒卖。另一条路线是由青岛、烟台、威海等处用火轮挟带，在大沽口外用驳

① 《长芦丰财场务所拟议整顿海严两场积弊办法第四百一十三号》，河北省档案馆藏档案，卷宗号 680-16-92。

船带至天津，或用小船运往他处贩卖。[①]这种私盐就贩私主体来讲，一般属于“枭私”。当时贩私规模很大，往往海船成群结队而来，动辄十几万斤。[②]由于无捐无税，售价便宜，盐质较好，所以在贫苦百姓中极有销路。另外一种为山东硝私。山东也是硝盐的重要产地之一。其与直隶相接壤的硝盐产地很多，所以山东硝私也常常销往芦盐区域。1920 年，据长芦缉私营马后营一份调查资料显示，山东硝私浸灌直境也很猖獗。马后营在平乡县一次就缉获山东贩运而来的硝私 4 000 余斤。如表 2 所示，山东 19 个与直隶相毗邻的县份，绝大部分为产硝畅旺之地，其硝私也浸灌到了直隶境内，使本来猖獗的长芦硝私更是火上浇油、难于控制。

东私泛滥的原因很多，首先，1913 年，盐务稽核所要求官盐一律改用洋码，在直隶省境内每一斤盐价增加了三四分至五六分不等，盐价更显昂贵，人们更加无力购买，转而食私。这为私盐的泛滥提供了市场基础。其次，在德国租借青岛、划定胶州湾为势力范围以来，中国政府不敢过问山东胶州湾盐政，使得山东盐政败坏，私盐盛行。“胶州湾内盐滩均系德国租借青岛以后之建设，故该处中外制盐者，并未受中国盐政之约束，晒盐行销系听自便，以后该处盐业年盛一年”[③]，再加上胶州湾环海区域盛产海盐，而山东食盐需求量有限，造成私盐盛行。“窃查山东省胶东道之地势，三面环海，形成半岛（俗称东岸），适于制盐。故其沿海一带，盐滩林立，产盐甚旺，一年产额不下三四百万担。然该道所属本地瘠民贫，人口亦不甚稠密，一年所销约计八九十万担之谱”。再有，德国为了充分开发山东盐业资源，自租借青岛后，就非常重视发展山东盐业，“自德国租借青岛以来，对于制盐事业颇为注意，特于胶州湾阴岛一带，新开盐滩雇用该处滩户开晒盐斤，连同租界区域内中国灶户所晒之盐，均经德商之手，运往香港一带销售此，络绎不绝。嗣经中国盐务当局与香港总督交涉，对于青岛之盐请其代征盐税，藉资杜绝私盐之充斥。自此以后，断不见运往香港之盐。殆至民国三年，因日本与德国开战、占领青岛以后，对于制盐事业更加注重。又经日商不惜巨资，续开筑盐滩，夜以继日、不遗余力。查其已成及未成盐滩之规模，甚为广阔，计其面积，约有一万公余亩之广。”[④]德国、日本为了掠夺山东海盐资源，扩大盐田面积，重视盐业生产，使近代山东盐业呈发展上升之势。而山东需盐量有限，许多盐斤流为私盐。

---

① 《步左营管带杨玉符谨将山东私盐由大河口、桃儿河灯处输入直境各情形缮折陈请鉴核》，河北省档案馆藏档案，卷宗号 680-22-586。

② 丁长清编：《近代长芦盐务》，中国文史出版社，2001 年，第 55 页。

③ 《关于东岸私盐贩运海外之报告》，河北省档案馆藏档案，卷宗号 680-22-5。

④ 以上两段均引自《关于东岸私盐贩运海外之报告》，河北省档案馆藏档案，卷宗号 680-22-5。

表 2　山东毗邻直境各县硝盐产运销情形一览表

县名	睢　县	邱　县	德　县	临　清	武　城	恩　县	冠　县
毗邻直境	西南一带毗邻直境	东南正南西南西北均邻直境	东西北均邻直境	西北与直境毗邻	西南北均毗邻直境	北接直棣故城县	西南西北与直境毗邻
产硝情形	城乡硝池硝锅800余处	硝锅硝池不计其数	扫土熬盐并非火硝	本境河西暨北门外均有硝土	现不产硝	城南硝锅硝池均有数处	近来土咸卤旺城乡益甚
运销情形	暗销本境并运邻近各村	暗销本境并运邻村	私自卖给民间食户	堂邑直棣均有硝盐灌入	无	暗销本境并运邻村	同上
县名	莘　县	馆　陶	无　棣	阳　信	濮　县	巨　野	德　平
毗邻直境	西北接直棣大名县	正西西北西南均邻直境	西南西北均与直棣毗邻	西北与直棣毗邻	西邻皆是直境	西北与直省南界接壤	西北毗邻直境
产硝情形	硝池硝锅2 700余处	产销村庄共30余处	本境素为产硝之区	以西南乡产硝为最	本境河滩皆出硝盐	各庄均出池晒硝盐	硝锅一百余口硝池260余处
运销情形	同　上	同　上	暗硝本境	同　上	同　上	同　上	同　上
县名	乐　陵	观　城	朝　城	定　陶	菏　泽	说　明	
毗邻直境	与直棣盐山一带接壤	毗邻直境	毗邻直境	毗邻直境	西南两界毗邻直境	以上共19县	
产硝情形	并不产硝	素常产硝	阖境产硝	阖境硝池硝锅均有	境内南乡一带硝盐特多		
运销情形	直棣盐庆等县所产之硝盐暗运于本境	私销本境兼运邻村	同　上	同　上	同　上		

资料来源：根据河北省档案馆藏档案《盐运使司，秋第四十二号，缉私马后营在平乡县缉获大股硝盐四千余斤情形(中华民国九年一月)》编绘，卷宗号：680-8-573。

其三，东盐销往朝鲜、日本受阻。山东所产之盐，原来多销往日本、朝鲜等国，"近来由山东输出运销海外之私盐，为数甚巨，(阅)民国八年，由东岸、青岛、石岛、威海卫等处，运往日本者，计三百四十三万七千四百八十担，又运往朝鲜者，计四百二十八万四千五百十八担，又运往海参崴者，计十二万二千八百五十担，共计七百八十四万四千八百四十八担。中国盐务，现值各国环视之下，落竟任听贩私，置之不问。"① 后来，销往朝、日之盐日盛，一些势力强大的盐贩为了牟取暴利，就组

①《关于东岸私盐贩运海外之报告》，河北省档案馆藏档案，卷宗号 680-22-5。

织了盐行，借以控制运往外国的东盐销售。由于受到盐行的控制，山东私盐船户无利可图，转而将私盐运往奉省和直隶两省销售，造成直隶等省“邻私”泛滥。“譬如运往朝鲜发售之盐，视路程之远近，各处盐价高低不同，然各处盐行收买山东船户之盐，每担价洋不过六七角（即该处各盐行向来收买山东私盐之行市也），山东船户将私盐运往朝鲜各口发售，非经盐行之手，不能贩卖……故山东私盐运至朝鲜，其买卖之权，操自盐行，而不在船户之手矣。且该处市价每担既仅六七角，如该船户由东岸出口时，每担缴纳税洋四角，再加以盐价水脚等费，则其成本已达六七角，无余利之可图矣。东岸之盐，既失朝鲜销路，则贩运奉直两省之私盐遽增，此势所使然，无可奈何矣。”① 据曾任长芦盐务缉私统领的刘序东回忆，东私极其猖獗。有一次，他亲自带队到直鲁交界及冀东的歧口一带查缉海私，在山东边境程子口一带一次截获满载私盐的大海船 5 艘，所装的盐达 30 多万斤。当时这种情形极其普遍，缉私兵到达时私贩暂避一时，等缉私兵走后照贩不误。这种私盐在民国时期始终没得到根本解决。②

由东北而来的“奉私”，用海船运至直隶境内的歧口、徐家堡、大窦庄、太平村一带落厂，然后由私贩运往各地洒卖。其浸灌情形与山东相差不多。另外，淮私等也时时浸入，正如 1916 年长芦盐运使称：“查河南各县本年销数异常疲滞，一由硝盐之充斥，一由淮私之浸灌，即如项城南路沈邱东路，大为淮私侵销，访问界沟集河下停泊盐船甚多，有自西坝来者，有自蚌埠来者，有自正阳关来者。此等船只皆贩货至镇江，回空顺便贩盐。每斤售价比较官盐贱七八文，于是沈项一带地方，皆成私盐销市。”③ 在永平府，常受奉私浸灌；在沧州、盐山等县，又遭东私之充斥。当然，芦盐也常私入他省，称为“芦私”。

（二）区内邻私

在各个引岸范围内，引商一般设总店一个，在一些交通方便、规模较大的村镇设置分店若干。而对于一些小村或偏僻的村庄，顾及成本与利润，盐商并不设置盐店。这些村民的食用盐须到它村盐店购买。比如井陉县，总面积 1 381 平方千米，有 300 多个行政村，只在头泉设有总店一处，在城店、桃园、横口、南峪、微水、横涧、平望、张村等大村设支店 8 处。这尚算分店设置多的县份。有些县份，如延庆、赵县、永年、曲周、沙河、曲阳、赞皇、阜平、博野等县只设总店 1 处，分店 1 处；深泽、定县、

① 《关于东岸私盐贩运海外之报告》，河北省档案馆藏档案，卷宗号 680-22-5。

② 丁长清编：《近代长芦盐务》，北京：中国文史出版社，2001 年，第 55-56 页。

③ 《长芦盐运使训令第五三八号》，河北省档案馆藏档案，卷宗号 680-8-109。

元氏等县设总店1处，分店两处；良乡、高邑、安平、无极、行唐、清苑、阜城、盐山等县设总店1处，分店3处。其他县份中，多者也不过设有10多家盐店。有的县份是一家盐商垄断，有的县份是2～3个盐商各占一域，各设盐店。[①]这样看来，不仅当时官盐盐价昂贵，盐店设置又极为分散、稀少，百姓不仅要担心盐贵食不起，还要惧怕路远买不到，人为造成条块分割、老百姓购盐不便。为了购盐方便，百姓只得冒违法犯罪之险越界购盐或购买走乡串户兜售的私盐。从这个意义上说，是引岸专商制把当时百姓推上了买私、食私的险途。

再者，引岸专商制使得各销盐引岸因为课项之多寡、滩产之贵贱、道路之远近、运脚之难易为衡，而尤以银价之高低等原因，使得盐价各地并不相同。购物时舍贵求贱为人之常情，这也会促使百姓越界购盐。同时，由于盐价不等，也给贩私造出空间。按照引岸专商制的规定，不到指定地点购盐者即为买私、食私，是要受到相应处罚的。

此外，商人们为了多多赚取利润，也往往在极力保护自己引地不被浸灌的同时，而偷偷在别商引地销售盐斤。这样，引岸范围内的邻私也时时存在。

在销售环节上，盐店为了多获利益，常掺泥和水，缺斤短两，甚至把应该废弃的硝盐掺入官盐内进行销售。盐商往往是当地有头面之人，勾结官府，坑害百姓。百姓敢怒不敢言或被逼买私食私。

芦盐运输途中，路途远者，遇到水上风大浪急或陆路上土匪打劫等，官府为了体恤商艰，往往“补运”。商人就此钻了政策的空子，常常借口称发生翻船、翻车事故，要求补运。这实际成了商人和官员勾结，共谋私利的手段之一。另外，盐商勾结缉私兵分享私盐获利。按规定，缉私兵缉获了私盐，应交给就近盐店补税后行销。缉私兵往往少报或不报缉获盐斤，商人只补一小部分税款或不补，直接以官盐价售卖私盐，从中渔利，所获利益与缉私兵按比例分成。这也是官盐店的横财来源之一。

私盐产生的主要原因在于引岸专商制的存在，农村经济的残破、农民的赤贫也为私盐盛行提供了必要条件。北洋政府时期的政局动荡、天灾人祸更起着推波助澜的作用。在众多因素的综合作用下，长芦私盐的存在顽固而猖獗。由此看来，北洋政府时期长芦私盐产生存在的根源在于国困民乏以及制度性的矛盾。此根源不除，私盐不会禁绝。这也是北洋政府对私盐文武兼施、查堵疏导并用后成效不著的缘由所在。可见，私盐不仅仅是个经济问题，更是一个悖惑的政治问题。它不仅仅是一种社会现象，在它背后隐藏着国病民贫和社会利益分配不公等社会现实。

---

① 《谨将直岸总支盐店数目开呈钧鉴》，河北省档案馆藏档案，卷宗号680-8-55号。

试析明朝中央政府盐政治理的历史经验与借鉴

孙树芳[①]
（中国石油大学胜利学院基础科学学院思政部）

明朝是中国封建社会后期的一个重要王朝，统治时间长达276年之久。明朝建立后，以朱元璋为代表的统治者采取了一系列发展生产与巩固专制主义中央集权的政策，使明朝的统治趋于稳定，农业、手工业和商业得到迅速发展。与此同时，中国古代盐政也发生了历史性转变。在盐业经济治理方面，明朝政府在继续推行官府食盐专卖制度的同时，转而实行商人专卖制度，其盐政治理明显地划分为政权初建时期前后和中后期两个发展阶段。明朝建立初期，朱元璋为了夺取政权和建立新秩序，高度重视盐业立法工作，制定完成了《盐法》《开中法》《盐引条例》和《大明律》等，构建了明朝盐法的基本框架。明朝中后期，在江南的苏州、杭州等地出现了资本主义萌芽，西方的科学文化开始传入，社会发生了很大的变化，明初的经济政策与现实生活日益脱节，为了适应这种变化，弘治五年（1492年）10月，户部尚书叶淇“请召商纳银运司，类解太仓，分给各边。每引输银三四钱有差，视国初中米直加倍，而商无守支之苦”[②]。这份奏折造成了有明一代盐政的变化，史称“叶淇变法”，明史对其评价是“淇居户部六年，直亮有执，能为国家惜财用”[③]。后世史家评价认为：“叶淇召商纳银之议，论者多咎其更开中法，以致边储日匮。而不知明代边储之匮，自在屯政不修，而不尽关天盐法。其盐法之坏，又在势家乞中，而不关淇之变法也。盖产盐有盈有绌，边地不能悬知，则但知召商开中而初不为支盐

---

① 作者简介：孙树芳，中国石油大学胜利学院基础科学学院思政部副教授。

②《明史》卷80《食货志四》。

③《明史》卷185《叶淇传》。

计。故守支之弊，在永乐时已所不免。逮宪宗之世，势家争先奏乞，所赐盐引动以万计，且计其越场支盐，不限年次。于是商人益困守之，而盐亦壅阏不行。夫商人挽输数千里外，守支至数十年之久而不得盐，及既得盐，复为奏乞盐所壅阏而不获速售，然则商人之病开中亦极矣"。[①] 由于已有的法律和各项制度积弊已久，由此可见，叶淇变法顺应了经济发展的大趋势，对明朝盐政产生了巨大影响。同时由于万历《纲运法》和票法的确立，不仅是明朝盐业运输体制的重大变革，对明朝的盐业经济产生了重大的影响，而且是明朝后期商事法律的一个重要环节。深入研究明朝盐业治理的历史经验，对于推动盐业改革，是有重大意义的。

一、明朝政府对盐业的管理政策

中国食盐生产的历史非常悠久，由于它关乎国计民生，是国家的一项重要财政收入来源，在整个国民经济中一直占据举足轻重的地位。因此，历代王朝控制都很严格，国家对食盐从生产到销售实行垄断经营，主要是通过"禁榷制度"来实现的。"禁榷制度"是指国家对某几种主要商品实行包产包销，严禁民间产销的制度。中国古代的盐铁专卖制度始于管仲的"官山海"。《管子·轻重甲》中记载："管子曰：'万乘之国必有万金之贾，千乘之国必有千金之贾，百乘之国必有百金之贾，非君所赖也，君之所与，故为人君而不审其号令，则中一国而二君二王也。故为人君而不能谨守其山林、菹泽、草莱，不可以立为天地。'"同时，《管子·海王》中说道："桓公曰：'然则吾何以为国？'管子对曰：'唯官山海可为耳。'桓公曰：'何谓官山海？'管子对曰：'海王之国，谨正盐策。'""官山海"一词中的"官"字，通"管"，不仅仅有"管理"的含义，也有"垄断""经营"的含义。桑弘羊曾在与贤良文学的辩论中说："往者豪强大家，得管山海之利，采铁石鼓铸、煮盐，一家聚众或至千余人，大抵尽收放流人民也"，"笼天下盐铁诸利，以排富商大贾"；又说："今意总一盐铁，非独为利入也，将以建本抑末，离朋党，禁淫侈，绝并兼之路也。"[②] 这样，"禁榷制度"从春秋时期管仲正式创立，到汉武帝时基本发展完备，尔后历代相沿执行。由于食盐是一个政权兴衰、社会治乱的重要基础，统治者历来非常重视盐政，制定了完备详细的盐法，在国家治理框架内，盐业经济的治理是其重要的组成部分。明朝统治者深谙个中利害，在继承前代盐政总体精神的同时，又根据时代发展，做到了与时俱进，如都转运盐使司和盐课提举司等机构的设立，在行政上强化了对盐业的管理，使整个盐业经济牢牢控制在政府的手中。

---

① (清)夏燮:《明通鉴》卷37，孝宗弘治五年十月。

② (汉)桓宽:《盐铁论·复古》。

(一)建立健全盐业经济行政管理机构

明朝初年的政治制度,仍沿袭元朝旧制,中书省是管理全国一切行政事务、盐务的中央机构。洪武十三年(1380年),朱元璋借口左丞相胡惟庸谋反,宣布废除中书省,盐务划归户部管辖。户部是主管国家财政的最高机构,统辖总部、度支部、金部和仓部,其中金部具体负责全国盐政。其管理盐政的职能包括几个方面。首先,收贮折银盐课。盐课折色的用途分3种情形。第一种是明朝初期盐课的折色,以布帛为主,并且这些折色不需解送中央,留作地方自用。如宣德五年(1430年)题准,山东阳信等盐场盐课每二大引折阔白棉布一匹,所折白棉布送登州府交收,供辽东支用。第二种是成化年间(1465—1487)逐渐盛行盐课折银后,两浙水乡灶户每引纳工本银3.5钱,年终解送户部太仓或盐运司给散灶丁,供各边支用。第三种是由于江南河湖纵横,水网密布,不具备生产条件,因此,景泰元年(1450年)规定以每丁"岁出米六石或折收价物"的方式输纳盐课。[①] 所折银两全部解送户部交太仓库收贮。户部官员员外郎、主事职掌,给事中负责巡视。其次,负责全国盐业政策的制定和施行。明朝社会政治复杂多变,盐政正处在重大转变的历史时期,加之疆域广阔,自然环境差别较大,盐业政策处在经常性的变化之中。户部要及时将下情上达,作为皇帝决策的依据。明英宗正统十三年(1448年),四川按察司上奏朝廷"自今有犯者或调别井,或发摆站,或责充囚兵",就盐井灶丁的处罚问题请皇上定夺。户部认为:"坐杂犯死罪者,罚役五年;流以下递减速年月,俱于本井上工,日煎盐三年,仍令煎办常课",建议加重处罚,得到了英宗的批准。政策制定后,还要具体落实执行。永乐十二年(1414年),川中罗泉井灶丁上奏:"蓬州睦坝里旧有小竹筒盘李、意兴二井,可以开井。"时在南京监国的皇太子"命户部遗民复视,如实,即从所言"。可见户部直接参与国家盐业政策的制定与执行。再次,参加地方盐政的管理工作。明朝时,地方盐政的管理工作具体由吏部委派各盐运司和盐课提举司的官员掌管,都察院的御史充任地方巡盐之官,称巡盐御史。而户部没有巡盐的责任,但间或派官员参加巡盐工作,并负责管理收存灶丁名册。成化九年,朝廷命两浙巡盐御史会同盐运司官员清查灶丁,把各类壮丁及所负担的盐课登记造册,呈递户部,规定之后每10年清造一次,是为成例。最后,刷印盐引勘合。明朝盐政的一个重要内容是无盐引之盐即为私盐,犯者罪至死。由政府颁发的盐引,就是买卖食盐的通行证,由户部负责盐引勘合的刷印。成祖把首都从南京迁至北京后,内府与户部的权力关系发生了些微变化,规定盐引引目刷印不再由内府掌管,

① 《大明会典》卷23《仓廪三》。

而是划分到南京户部权力范围内，印好的引目，也由南京户科收贮、发放，即“每遇户部咨到，开中某运司盐粮若干，该用勘合若干，进纸南京户科刷印完，领回本部（南京户部）用印”①。铜板由南京工部铸造，南京户科收贮，印好的盐引勘合交由原差人带回。至正德三年（1508年），刘瑾变法，南京引板予以销毁，刷印工作全归中央户部。

有明一代，盐政机构多有变化。洪武二十三年，鉴于“天下庶务浩繁”，朱元璋决定把四部细分为河南、北平、山东、山西、陕西、浙江、江西、湖广、广东、广西、四川和福建十二部，其中四川部兼管云南，每部“各领一布政司户口、钱粮等事”。洪武二十九年，十二部改为十二清吏司。建文帝中期，改为四司管理。明成祖初年又恢复为十二清吏司，北平司改为北京司。宣德十年，正式确立为十三司，直至明朝结束都没有改变，同时规定：“天下盐课，山东司兼领之。”山东司的金科具体主管盐课税收。《明史·职官志一》中记载：“山东司带管在京锦衣、大宁中、大宁前三卫及辽东都司，两淮、两浙、长芦、河东、山东、福建各盐运司，四川、广东、海北、云南黑盐井、白盐井、安宁、五井各盐课提举司，陕西灵州盐课司，江西南赣盐税。”

（二）建立和完善控制全国盐业的行政体系

1. 设立都转运盐使司和盐课提举司

明朝盐政的一个显著特点是把盐业作为筹集军费、增加国家财政收入的来源，盐业税收为明朝的建立和政权的巩固做出了重大贡献。明朝对盐业的控制，开始于朱元璋建立政权之前。元至正二十一年（1361年），陈友谅与徐寿辉攻占太平、采石，并逼近应天（今南京）。为了解决军费，朱元璋于至正二十二年“始议立盐法，置局设官以掌之。令商人贩鬻，每二十分而取其一，以资军饷”②。至正二十六年正月，朱元璋夺取了重要盐产区泰州和淮安，他继承元代旧制，设立两淮都转运盐使司，置运使、同知、判官、经历、知事、照磨等官，管理两淮盐务，管辖泰州、淮安、通州3个分司及29场盐课司。至正二十七年正月，朱元璋消灭了浙江沿海的方国珍集团后，“置两浙都转盐运司于杭州，下设三十六场盐课司”③。徐达指挥的军队攻占大都，元顺帝逃亡漠北。明洪武元年，朱元璋在南京称帝，从此开始了明朝封建政权的统治。洪武二年，“置河间长芦、河东陕西二都转运盐使司”。洪武五年正月，在四川纳溪、白渡设立盐马司。二月，在成都设四川茶盐都转运司。洪武十九

---

①《大明会典》卷42《南京户部·盐政》。

②《明太祖实录》卷9，辛丑春正月甲申。

③《明太祖实录》卷22，吴元年二月癸丑。

年，置盐井、建昌、苏州、越、会川五井盐课提举司。洪武二十年正月，在成都设四川盐课提举司，管理盐井51处，又置四川成都等府、上流等县9个井盐课司。洪武二十六年，在盐源设立白、黑2个井盐课司，隶属于四川盐井卫军民指挥使司。洪武十五年，明军平定云南，设置了云南盐课提举司。洪武十六年，设云南安宁州盐课提举司、姚安白盐井提举司、楚雄黑盐井盐课提举司，下有琅井、阿陋候井盐课司。此外，还有驻屯军队煎办的军盐，生产和管理由驻屯卫所负责，其产品只“供军食用”。在统一战争进行的同时，朱元璋更加重视建章立制，最终建立起了对全国盐业进行控制的行政体系。

2. 都转运盐使司和盐课提举司的职能

首先，都转运盐使司和盐课提举司职掌相同，但盐课提举司官员的品位较低。设提举一人，官从五品，相当于都转运盐使司的副使。另有同提举一人（从六品），副提举无定员（从七品），属员有吏目一人（从九品），库大使、副使一人，还有所管辖的有盐仓、各盐场、盐井盐课司大使、副使。属于军盐系统的辽东煎盐提举司，设提举一人，正七品；同提举，正八品；副提举，正九品，其品级又低于盐课提举司，但职掌完全相同。

其次，二者的区别。都转运盐使司和盐课提举司是产盐区最高的盐务机构，盐区地位不同，盐务机构的级别也不同，需要说明的是盐课提举司不是都转运盐使司的二级机构。它们的区别在于：一是所辖地区没有交集。明朝设都转运盐使司的盐区有6处，分别是两淮、两浙、长芦、山东、河东、福建。其职官有都转运使一人（从三品），同知一人（从四品），副使一人（从五品），判官无定员（从六品），下属有经历司，设经历一人，知事一人，库大使、副使各一人。所辖各场盐课司大使、副使，各盐仓大使、副使，各批验所大使、副使各一人。而盐课提举司有7处，分别是四川、广东海北（广州、廉州）、黑盐井（云南楚雄）、白盐井（云南姚安）、安宁、五井（云南大理）、察汗脑儿（陕西灵州）。可见，管辖地区没有重合，职官品级属员也不相同。二是都转运盐使司下设分司，共有17处。两淮的分司有泰州、淮安、通州；两浙是嘉兴、松江、宁绍、温台；长芦有沧州、青州；山东为胶莱、滨乐；河东解盐分为东场、西场、中场。《八闽通志》记载，福建“分司有二”。但《福建运司志》卷三《秩司志》所记有3处：水口分司（离省城180里）、黄崎分司（在福安县）和南港分司（在省城外新港口）。其职官由都转运盐使司的同知、副判负责。三是盐课提举司，由于它是管理盐业生产、食盐收购和盐课支发的基层管理单位，办公机构设在盐场，所以又称盐场盐课提举司，具体负责对灶户的管理。

(三)建立巡盐御史制度

御史制度古已有之,秦汉唐宋历代相承,为朝廷耳目之寄,又称"风宪官",其重要职能之一就是代天子巡狩,"俾询民间疾苦,廉察风俗,申明教化。所按藩服大臣府州县官,诸考察举劾尤专,大事奏裁,小事立断"。鉴于元朝纲纪废弛,贪吏横行,朱元璋立国之初,设御史台,"中书总政事,都督掌军事,御史掌纠察"。御史台作为三大府之一,在中央政府中居鼎足之势。所谓"朝廷纪纲,尽系于此"。以后改御史台为都察院,与六部并列,都御史为七卿之一,下设十三道监察御史,员额多达 110 人,远远超过前朝(唐朝监察御史仅 15 人)。有明一代,御史人数众多,地位显赫,在整个官僚体制中起着重要作用。据《明史·职官志》记载,御史"主察纠内外百司之官邪",职务纷繁。为了体现国家对盐业经济的重视,体现整个盐业经济在国民经济中的地位,明朝政府对盐课实行专项事务的监察,专门设立了巡盐御史,建立巡盐机构,特派御史进行监督,详细规定了其职权范围。

明太祖朱元璋时,开始实行御史巡盐制度,《明史·食货志》记载:"洪永时,尝一再命御史视盐课。"但文献记载十分简略,此时尚未形成定制。关于御史巡盐制度的形成经过,万历《大明会典》卷 34 中说:"永乐十三年,差御史、给事中、内官各一员,于各处闸支盐课。"按照明朝法律规定:巡盐官同巡按御史一样,出巡的时间以一年为限,到期交代。正统元年,任命侍郎何文渊、王佐、副都御史朱玉言,提督两淮、长芦、两浙盐务,"并命中官御史前往",形成了以户部侍郎及都察院副都御史巡察督理盐务的制度。初期,巡盐御史的职能主要是监督地方盐课,但宣德十年起,两淮地区驻军、富商大贾,不顾王法,大肆买卖私盐,武装走私食盐,以至于出现了巡盐司官兵都无可奈何的状况。经过户部奏请,"差令监察御史一员,至扬州府通州、狼山等处","提督军卫、巡司缉捕私贩"。① 巡盐御史的权力进一步扩大,拥有了军事权力。至景泰三年,巡盐御史开始兼理巡河。成化以后,由于走私猖獗,盐法遭到破坏,朝廷经常派都察院都御史、副都御史参与盐政的治理工作,他们都来自于中央,因而拥有更大的权力。再加之严嵩擅权,由其亲信鄢懋卿职掌两淮、两浙、长芦、河东、山东五盐运司,直至万历年间,这种体制都没有改变,结果是严嵩等人总揽了天下盐利。同时需要指出的是,在没有派御史巡视的盐产区,如云南诸盐课提举司,受布政司参政、参议监督管理;陕西灵州池盐,受庆阳府佐贰官及延绥西路、宁夏管粮佥事的节制;陕西西河、漳县池盐,乃受制于陕西巡茶御史等等。在四川,正德后,盐课督办"尽归有司"。因为川中盐井非常分散,所以才改由各州

①《明英宗实录》卷 5,宣德十年五月戊子。

县地方有司代征盐课。可见，运盐使司或提举司官一般受地方有司或巡茶、巡海御史的管制。

二、把盐业经济纳入法制化轨道，实行依法治理

明朝建立后，朱元璋十分重视法律的作用，他说："大法度者，朝廷所以治天下也。"① 所以建国伊始应先立法度、正纲纪。通过制定私盐法，把整个盐务纳入法制化轨道，严禁私人贩卖。早在明朝统一之前，就开始了对盐业的控制和管理。明朝政府对盐业经济的控制其显著特点是制定了许多私盐法。由于明朝建立初期，元末农民战争的破坏，社会经济的凋敝，农民反抗封建统治的斗争此起彼伏，因此，盐法条对贩卖私盐的惩处，实行重法治理。

（一）明朝盐法对整个盐业的制度规定

明朝政府加强对盐业的管理首先是完善法律法规，为了防止私人买卖，制定了有关的律例。明朝盐法草创于元至正二十一年，洪武元年，为了加强国家对盐业的控制，又制定了针对私盐的《盐引条例》，其主要内容是对买卖私盐的各种违法行为进行惩罚的规定。其一，"各场灶丁等，除正额盐外，将煎到余盐夹带及私煎货卖者，绞；百夫长知情故纵，或通同货卖者，同罪；两邻知私煎盐货，不首告者，杖一百，充军"。其二，"凡守御官吏，巡检司，巡获私盐，俱发有司归问，犯人绞；有军器者，斩；盐货车船头匹没官；引领牙人及窝藏寄放者，杖一百，发烟瘴地面充军；挑担驮载者，杖一百，充军；有能自首者，免罪；常人捉获者，赏银一十两，仍需追究是何场分灶户所卖盐货，依律处断，运司拿获私盐，随发有司追断，不许擅问，有司通同作弊脱放，与犯人同罪"。其三，"凡起运官盐，每引四百斤，带耗盐一十斤，为二袋，客盐每引二百斤为一袋，经过批验所，依数掣挚平盘，但有夹带私盐，随发有司追断，客商货卖官盐，俱系经过官司，辨验盐引，如无批验掣挚印记者，笞五十，押回盘验"。其四，"凡诸色军民权豪势要人等，乘坐无引盐船只，不服盘验者，杖一百，军民俱发烟瘴地面充军，有官者一律断罪罢职"。其五，"凡客商兴贩盐货，不许盐引相离，违者同私盐追断，如卖盐毕，五日之内，不行缴纳退引者，杖六十，将盐引影射盐货，同私盐论罪，伪造盐引者处斩"。其六，"诸人买私盐食用者，减犯私盐人罪一等，因而贩卖者，处绞"。最后，"凡各处盐运司，运载官盐，许用官船转运，如灶丁却用别船装载，即同私盐科断"。可见，明朝盐法治理的重点是民间买卖私盐，只要触犯其中的任何一条，都要受到严厉打击，其目的就是确保国家对盐事的控制。

---

① （明）夏元吉等撰：《明实录》卷 22，贵州：贵州人民出版社，1983 年点校本。

明朝政权建立后，为了进一步强化对盐业的垄断，巩固统治的经济基础，采取一系列恢复、发展经济的措施，因此，经济立法活动频繁。加之这一时期，商品经济、对外贸易的长足发展，朱元璋更加重视法制建设。经过前后30年的努力，最终完成了明朝的基本法典《大明律》的编撰工作，其中有关私盐的法令，集中收入到《大明律·户律》“课程”中，“课程”为律19条，盐法则居于首位，主要是对犯私盐的处置法，共有12条。“人户亏兑课程”条，是对茶盐商税逋欠及盐运司、盐场和茶局官课亏兑者的处罚规定。此外，还有“监临势要中盐”“阻坏盐法”和“私矾”3条。《大明律》“盐法”第一、二条规定：“凡犯私盐者，杖一百，徒三年。”若有军器者“加一等”，“杖一百，流二千里”，拒捕者斩。即使买食私盐也处杖刑一百，转卖者杖一百，徒三年。负有缉私职责的守御和巡检官吏违法渎职，“通同脱放者，与犯人同罪”，“受财者，计赃以枉法从重论”。地方有司及缉私巡检司有“透漏”私盐，“初犯，笞四十；再犯，杖六十；三犯，笞六十，并附过还职”。军人犯私盐，则追究其所在本管千户、百户“有失钤束”罪责。百户“初犯，笞五十；再犯，杖六十；三犯，杖七十，减半给俸”。千户“初犯，笞四十；再犯，笞五十；三犯，杖六十，减半给俸，并附过还职”。如果将查获私盐占为己有，则处“杖一百，徒三年”的刑罚。明朝政府通过实行重法，对买卖私盐者实行高压政策，从而把整个盐业牢牢控制在政府手中，有力地维护了盐业经济的秩序，增加了国家财政收入。

明朝中后期，由于盐乃日常生活必需品、经营食盐可以获得巨大利润、官盐供应不足等原因，尽管刑法严酷，但私盐仍然禁而不止，引起国家财政收入锐减。从孝宗开始，明朝政府以条例的形式对《大明律》中的盐法进行修订，即《问刑条例》的出台，对明律做出了较大的修正。弘治《问刑条例》，为了增加税收，犯者根据情节，或充军或斩首。在此基础上，嘉靖、万历《问刑条例》，增加了严禁兴贩私盐的条款。嘉靖《问刑条例》规定：“凡豪强徒众十人以上……拒敌官兵，若杀人及伤人至三命者，比照强盗已行得财律，皆斩。”10人以下，拒捕伤人至二命者，为首及下手之人，“比照官司捕获罪人，聚众中途打夺，为首及下手之人，各坐以斩绞罪名”。而万历《问刑条例》进一步把“命”字改为“人”字，只要杀伤3人以上，即问刑，为首者“依律处斩”，不存在比照它例定刑的问题，不需奏请，只有下手之人才比照“聚众中途打夺，罪人因而伤人律，绞”。

以朱元璋为代表的明朝统治者总结历代统治的经验教训，确立了重典治国的指导思想。他曾说过：“奈何胡元以宽而失，朕收平中国，非猛不可！”[①] 明朝政府对

① （明）陈治本等编：《明太祖宝训》卷5，台北：台湾学生书局，1986年。

盐业控制和惩罚的程度，远远超过前朝，顾炎武在《日知录》中评论道："行盐地方有远近之不同，远于官而近于私，则民不得不买私盐，既买私盐则兴贩之徒必众，于是乎盗多而刑狱滋矣。"

（二）实行配户当差的户役制度

首先，明朝继续户籍管理制度，将居民划分为军户、民户、匠户、灶户等若干种类。在盐业经济中，被编入灶籍的灶户，专门从事官营盐业的生产，不许变更户籍，必须世代"以籍为定""世守其业"，使政府有效地控制大量劳动力，承担朝廷盐课役，因此，规定了严格的制度。对于"诈冒脱免，避重就轻"者，"杖八十"，发原籍当差。正统元年（1436 年），针对灶户逃亡和"附籍"的情况，法律规定窝藏灶户、逃户者，"量加税粮"，如果不自首，或者虽然自首但瞒报、漏报，或辗转逃跑，窝藏者"俱发甘肃卫所充军"。① 其次，实行灶户编佥制度。明朝的灶户来源包括元朝遗留下来的灶户，明朝建立时，元朝还存在的 7 000 余灶户被编入明朝灶籍；徒罪人煎盐赎罪。其中又分为两类：一类是府州县民人徒罪，主要是终身充军的人犯，终身煎盐赎罪；另一类是官吏人等犯枉法赃罪者，发灶煎盐赎罪，官员犯罪，则"谪役盐场"，至正统六年，成为一种定制。再次，括民为灶。"国初制，沿海灶丁，俱以近有丁产者充任。"在全国各盐区，普遍编佥盐场附近"丁田相应"的"有力民户"，入灶籍办盐。同时，明朝政府每五年对灶丁、荡地进行一次"清审"，即对灶户人口、荡地、家产、课盐额、应免杂役田额等，登记造册，作为灶丁办盐的根据，其实质是对灶户进行的一次人口普查。此外，明朝政府还为灶户提供草场，提供必要的燃料，"每丁拨与草荡一段"，被称为"官拨荡地"制度；国家铸盘铁，为灶户提供煎盐工具，以及实行官支工本制，"以四百斤为一引，官给工本米一石，兼支钱钞，以资灶民"②。这都是国家对盐业生产进行控制的重要制度，确立了国家对盐产品的占有与分配形式，是对盐业进行垄断的重要措施。

（三）盐专卖实行盐引制

1. 官收盐制

明朝由于是官府提供盐生产工具和所需的生产资料，灶户负责煎盐，官府收购，这是官收盐制形成的经济基础，其基本内容包括灶户盐课的征收、储存、放支三大部分，是整个盐业仓储制度的核心内容。盐业仓储由盐仓、便仓、赡盐仓组成，而官收盐仓发挥了调节盐生产和协调官、商、灶三者关系的作用。洪武十二（1379）

① 《万历会典》卷 19《户部六·逃户》。

② 朱廷立：《盐政志》卷四，《制度下·工本米》。

年，明政府开始实施仓盐制，即官盐仓，专门收储官收正额盐课，官方仓库收储的盐被称为“仓盐”，地址都设在各盐场盐课司，只有经过户部核实奏准才能迁址。此外，还有盐囤，始于弘治二年，朝廷“令两淮各场盐囤地方，皆东、西、南、北为界，如南、北为门为路，则东堆存积，西堆常股，定立石碑。每囤一千引。如总催名下有一千五百引者，一千为大囤，五百为小囤。先尽存积足数，然后收常股。一年盐课皆完，方征收下年者”。这里所说的“囤”是以总催为单位堆收盐课的场所，所收的盐，按比例划分存积、常股，以便客商支盐。正统十二年，明朝政府始设便仓，是盐运司为收买灶户余盐而设立的仓廒，作为官收灶盐的仓储机构，其性质与正盐盐仓一致。官收盐的具体办法是，运司派官员监督，逐引称盘：“各场置立廒经一扇[①]，顺总牌甲第几总催某人名下，甲首几十名，计开某人额盐几引，五日一次，将该纳盐几引，担负本场，听候收盐。官吏、总催眼同灶丁，以次唱名，用官降木桶盛盐，每桶二百斤，为一小引，抬至廪上堆放，散与木筹收执。收盐毕，照筹算数，就于廒经簿内，写某年月日收盐几桶，用印钤盖，给予小票一纸存照。每一总堆放做一廪，各自看守支放。该场总催收完正盐，出给通关。次年二月中，运司类总造册，赍送户部奏缴，听候勘合。至日，派商关支。”[②] 盐课征完后，盐运司将“总足通关，转缴布政司考查”，同时“仍造册，差役赍报奏缴，赴户部户科注销”。

正统年间，随着盐业经济的发展，出现了灶课折银制，即按照地方州县征发民户田赋办法，盐运司向各盐场征收盐课银。万历四十五年（1617 年），设立商人纲盐制后，两淮开始推行纲运法，便逐步废除了官盐仓与便仓，实行商建垣收盐制。商人在各盐产区支盐必须取得“纲册”，在册盐商遂与盐业灶户形成了密切的关系，盐业的商业化程度进一步提高，形成了商人行销纲盐、食盐、票盐三大商盐的格局。尽管整个盐业经济商品化的程度非常缓慢，但由于商人资本的加入，自汉朝以来的官收盐制最终走到了尽头，并对后世盐业经济的商品化产生了深远的影响，这也是中国传统盐业经济制度中收购制度的一场革命，具有重大意义。

2. 实行盐引制

盐引制指的是商人向官府交纳相应的钱、粮，取得运输、销售的许可证，被称为“盐引”，凭盐引到产盐地领盐后，将盐贩至指定地区出售的一种制度。明朝政府为了获得最大的利润，增加国家财政收入，在法律上建立了系统严密的控制和盐业运输和销售的制度。明朝建立之前，食盐运输制度一般采取商税制度，当时规定物货

---

① “扇”是两浙运司收盐单位，如同总催团灶之类。

② 陈仁锡：《皇明世法录》卷 29《盐法·盐法条约》。

税率为“二十取一”，其中的“物货”即包括盐在内。明朝政权建立后，由于在运输过程中，“官运盐”成本太高，朱元璋沿用宋代旧制，实行食盐开中制度。洪武三年，北方省份的一些官员奏请朝廷，要求实行食盐开中制度，即“召商运盐”。《明太祖实录》“洪武三年六月”条记载:“山西行省言:大同粮储自陵县、长芦运至太和岭，路远费重，若令商人于大同仓入米一石，太原仓入米一石三斗者，给淮盐一引，引二百斤。商人鬻毕，即以原给引目赴所在官司缴之，如此则转输之费省，而军储之用充矣。”[①] 该上言得到了皇帝的批准。《盐引条例》规定:“客商贩卖盐货，每二百斤为一引，运司给放半印引目，每引纳官本米若干，收入仓，随即给引支盐。”此时，商人每引纳米的数量，是根据运米的脚价确定的，因为是转输税粮，明朝初期的开中法不包括米价。这种召商转运税粮、以盐偿付脚价的开中制度，是明朝初年主要的食盐运输形式。需要指出的是，盐引有大小之分，朱元璋时，两淮每年办理的大引盐有 302 000 千引，每一大引 400 斤。弘治后开始办理小盐引，每引 200 斤。在运输时，每引一袋，口袋必须向官府购买，只能使用一次，装盐之后，严密封印，编制引目号簿，每引一号，一式两卷。发给商人支盐运销的称为“引纸”，官府保留的称“引根”，以备查验。对于无引而私贩者处以绞刑，商人不在指定地区而越界贩卖等行为都被视为犯罪，处以重罚。可见，盐引制度是明朝盐政的一项重要内容。其重要性和重视程度表现在盐引虽然为户部掌管，却受制于内府。如《诸司职掌》规定:“凡天下办盐去处，每岁盐课，各有定额，年终各该运司并盐课提举司，将周岁办给盐课，出给印信通关，具本入递奏缴。本部委官于内府户科领出，立案附卷作数。”[②] 内府户科职责之一就是“请出纳号簿”，印刷盐引。在《诸司职掌·盐法》中记载:“合用引目，各运司申报本部，委官关领，本部将来文立案，委付于内府印造。候毕日，将造完引目呈堂，关领回部，督匠编号，用印完备，明立文案，给付差来官收领回还，取领状入卷备照。”即使明成祖朱棣迁都北京后，引目刷印、印好的引目，也由南京的户部收贮，各盐运司、提举司，每年委派首领官、边商和典吏各一名，到南京户部领取，而每年印造的盐引数额，则由北京户部决定，即明人所说的“盐法开中制之北部，引目发自南部，互为稽察，即古内外相准意也”。明朝政府通过实行盐引制，将盐业经济纳入国家控制的轨道，规范了盐业经营秩序。在这种制度下，政府通过出让食盐的运输权利，吸引商人资本于开中，纳粮米运输，也可以上纳谷、粟、豆、麦、草、茶、铁等等，既解决了边防卫所军队的供应问题，又减轻了政

① 《明实录》卷 53，洪武三年六月辛巳。

② 《诸司职掌》卷 3《户部职掌》。

府负担，增加了国家财政收入，是一种“双赢”的结果。洪武二十二年，云南普安军民指挥使周冀在给皇帝的奏折中说：“自中盐之法兴，虽边陲远在万里，商人图利，运粮时至，于边陲不为无补。”[①] 从中可见，开中制度实行的前期，无论对政府还是对商人来说，取得了极大的成功。

3. 票盐行销制度

嘉靖十六（1537年）年开始，明朝盐政发生了一个重大变化，就是从前期的盐引制转变为票盐制。其中的原因是由于“商人苦于风潮漂没之险，山岭搬运之难”，于是朝廷将两浙盐运司所辖黄岩、杜渎、长亭三场盐课折价给商人，又因“官商不通，而盐课如故，灶丁穷绝，私贩盛行，莫有盛于三场者”，于是将该三场的运销权，下放给沿海灶户军民人等，发放票证让他们参与贩运，但与引盐不同的是，票盐销售时，有司在交通要道设官收税。据雍正《两浙盐法志》卷3《沿革》引《浙江通志》的记载：“嘉靖十六年题准：两浙官商不到之处，立为山商。”山商就是从承运盐货到府县的“散商”中分化出来的地方性商人群体，他们在运输食盐时，手中持有的是“票”而不是“引”，因此被称为“票商”。与引盐一样，票商仅仅是承担从盐运司运输到指定县分的运输任务，然后由地方有司正官掣验发给铺户拆卖，但并不参与票盐的销售，票商仍然没有太大的行销自由。在票盐制度下，票商的利益，只是纳税至场买补盐斤的价格低于行销县分的价格，扣除其运输的成本，才是票商所得。明朝后期，在引盐运输不畅的情况下，政府借鉴开中制度，在交通不便的地区，实行票盐制度，以便把社会上的中小商贩吸引到官方盐货运输体系中来，而不是主动适应明朝中后商品经济发展的规律，所以票盐制并不能改变盐业经济所处的困境。

三、明朝盐政的历史经验和教训

盐是国家财政收入的主要来源，又是百姓日常生活必需的产品，关系国计民生。在以农立国、工业不甚发达的古代，由于社会生产力低下，国家的财政收入在很大程度上更需要依赖于盐利税，所谓“天下之赋，盐利居半”。正因为如此，历代政府都十分重视对食盐制度的规范，采取多种措施，遏制私盐的泛滥与发展。明朝政权建立之初，由于元代的法制废弛以及元末农民起义对统治秩序的冲击，食盐专卖制度遭到进一步的破坏，而且随着明代余盐的开禁，灶户突破政府额定量，大量生产、交易余盐，私盐泛滥之势较前代更为严峻。加之明中后期商品经济的进一步发展，出现了资本主义的生产关系，传统的“义利观”、人们的财富观均发生了一定

① 《明太祖实录》卷197，洪武二十二年九月丙寅朔。

的变化，由于买卖食盐有利可图，以及当时民众对财富的追求，导致了明代私盐问题持续恶化，对明朝官盐生产、运销体制的解体产生了直接冲击和影响。

（一）国家对盐业经济进行垄断

1. 实行盐官营制度

利用国家政治权力对商品生产和交换的全过程实行超经济控制，借以获取超额利润，表现在对食盐产品实行垄断上。明朝政府对食盐进行垄断，在政治上起到抑制商人的作用，在经济上能获取巨额的财政收入。与此同时，也具有许多消极作用，因为普通百姓是食盐的主要消费者，政府垄断了食盐的生产和销售，更加剧了百姓的经济负担，人民生活更加艰难。因此，实行盐官营制度，一是限制了产品的商品化，使得刚刚开始萌芽的资本主义生产关系发展更加缓慢，甚至迟滞；二是由于政府独家经营，排斥市场竞争，实行国家经营，生产效率低下，政府提供的生产工具、费用昂贵，这样必然导致生产成本高，产品价格高，人民消费负担更加沉重；三是严重影响了盐业生产，明前期，严管户籍。政府通过“路引”“里甲”“鱼鳞图册”，把老百姓控制在土地上，并用“户帖”“黄册”，把居民分为军户、民户、匠户、灶户，不许窜籍改易。整个生产活动都处于政府的控制之下，灶户没有人身自由，缺乏生产的积极性，生产效率非常低下。

2. 对食盐市场进行垄断

从文献记载的情况看，在周代就有所谓“分肆”制度，唐朝有“坊市”，明朝的“坊厢”制等则是“分肆”制度的延续和发展。在这种制度下，各类商品只能在规定的“肆”中出售，对商品放置的地点、交易的方法、价格、时间进行严格控制，违反者要进行严厉处罚。如明朝规定“土司皆不许立城”。国家设立城市大多是根据政治、军事的需要，致使具有相当规模的工商业市镇得不到承认，大大抑制了城市工商业的发展。明政府为解决“九边”80多万驻军的粮饷供给，实施了军屯、民运粮、开中法3套制度。亦即军士屯种自给，百姓向边镇输纳，商人纳粮中盐办法，习惯上称为屯粮、民粮、盐粮。然而，北部长城一线地处高寒，屯田产量有限。因此，政府每年征调北直隶、晋、陕、豫、鲁数省农民将交纳后的粮食运送到指定边镇。但在交通不便、运输工具简陋的条件下，要把数十万石粮食转运到边塞绝非易事，既妨碍农作，又成本很高。洪武三年六月，山西行省将此普遍性问题奏报明廷，建议政府通过国家所控制的食盐专卖权，让商人到大同仓交米1石，太原仓交米1石3斗，给淮盐一小引（200斤），然后凭盐引换盐运销获利。这样既省运费，又能使边储充足。朱元璋觉得此法利国、便民、惠商，下令全国推行。

3. 实行价格垄断

明朝制度规定召商由户部定例，出榜后方许中纳，不得奏请皇帝特批。但成化二年(1466)奸商吕铭等8人投托权要，欲中两淮盐5万引，得旨允准。成化三年，又有4名宦官奏中两淮盐8万多引，获取暴利。当时马昂为户部尚书，未能严格把关。弘治十六年(1503年)，商人朱达请中盐6.9万引，户部不允，孝宗旨准，因朱达是寿宁侯张鹤龄家人，张鹤龄是张敬皇后弟，孝宗妻弟。不久，户部郎中李梦阳上奏批评孝宗容忍张鹤龄是赤裸裸地滥用皇恩给国家造成的损害，结果被下狱。两年后，外戚庆云侯、寿宁侯家人和奸商谭景清奏请买补残盐180万引。户部尚书韩文说："国家盐法，专以备边。今山、陕大饥，寇方大入，财政紧张，运输艰难。为何坏祖宗成法，忽视边防大政。"孝宗未批身死，二侯复奏，韩文坚决反对，武宗竟然允准。明中后期，官以贿得，将以赂升。普通中小商人祖孙三代空持引票支不到盐卖，而靠贿赂权势的不法奸商却能纳粮掺假，甚至虚出"通关"。按明制，商人纳米到边镇，由仓官验收，在法票上注明纳粮品种、数量及应支盐引，并加盖骑缝印章，称作"通关"。但到正统时，奸商通过贿赂管仓官吏，不纳米却能盖印支盐获利。这使仓库未收到粮，盐场却支付了盐，国家遭受双倍的损失。此外，由于贩卖食盐利润巨大，走私越来越猖獗。正统末年，"三杨"去世，法弛贿兴，走私日甚。成化时公然发展到武装走私，"结党朋，操利器，与官司捕役抗争夺利"。在边镇权力与盐引交易十分猖獗，在大同，权贵每得一张盐引，便可坐收高利。"一引白得银六钱，积而千引，则坐致六百金，万引可得六千金。"这种靠特权倒卖当时敢造"遮洋大船，列械贩盐"者已非中小商人，而是富商巨贾、名门世族、军卫土豪组成的走私集团，造成国家税收大量流失。明成祖迁都北京，增置武卫百司等官僚机构，派郑和下西洋，费用以亿万计，全由户部尚书夏元吉筹措，他设立盐务衙门，以盐卡收税。在明人宋应星《野议·盐政议》称："商之有本者，大抵属秦、晋与徽郡三方之人。万历盛时，资本在广陵者不啻三千万两。每年子息可生九百万两，只以百万输帑，而以三百万充无妄费，公私俱足，波及僧、道、丐、佣、桥梁、楼宇，当余五百万，各商肥家润身，使之不尽，而用之不竭。至今可想见其盛也。"由于明朝疆域广大，所运之盐粮，大多从沿海产盐地运往边境卫所，这又增加了盐的成本。而商运税粮给盐之制，终明之世都没有改变。嘉靖元年，巡盐御史刘寓生上奏召商运粮科索事，就深刻地指出："天下卫所运粮四百万石，额外加耗有曰太仓茶课，每石三厘九毫；有曰经司，曰该年仓官，曰门官门吏，曰各年仓官，曰新旧军斗，俱每石各一厘。有曰会钱。上粮之时，有曰小荡儿银，俱每石一分；又有曰救斛面银，每石五厘，通共分外用银一十四万两。”[①] 在运输的过程中，商人、势要与参加运粮的民工形成了高利贷关系，共同营私舞弊，谋取私利。正统元年八月，行在户部主事侯复在谈到陕西边务之事时就说道：“民运粮至甘州各卫者，多因路远费繁，上纳不足出息，富室以偿之。富室要取厚利，有一倍至五倍者。宜令官司禁革，止许子母相侔，庶几民不重困。”[②] 运粮的民工由于无力支付高昂的运输成本，而同当地的豪强富户互相勾结。随着盐业经济的发展，如果朝廷不以高于运价的盐引补偿运输米粮的商人和民工费用等，召商运粮支盐制度也很难维持，最后增加的费用都转移到了盐价上。尤其是因为政府垄断了食盐的生产和销售，本来就由于经营腐败而造成质次价高，但国家利用食盐的稀缺性和对产品的控制权，任意抬高价格，盐税税收的损失，最终转嫁到了人民的头上，百姓怨声载道，苦不堪言。

(二)用超经济的掠夺方式取代商品交换

马克思指出：“总督之类的暴主是主要的东方式的剥削者，而商人与律师则是现代的西方式的剥削者。”这种“东方式”的剥削往往是剥削者利用种种特权对广大的被剥削者实行掠夺性的巧取豪夺，代替了正常的商品交换。在中国古代这种皇权至上、专制统治十分专横的封建国度里，表现得尤为突出。中国古代社会到了明朝时期，经过各项制度建设，最终达到了地方集权于中央，中央集权于皇帝，使“天子居至尊之位，操可致之权，赏罚予夺，得以自专”，封建专制达到了登峰造极的地步。政治上的高度集权，对正在产生的商品生产关系起到了打压的作用。在漫长的中国封建社会中，商业一直被统治阶级视为是造成天下不稳定的行业，被称作“末作”，商人是“市井小人”。秦朝有所谓的“谪戍”，将商人和罪犯列为一律；汉代刘邦开始起，就规定商人不能穿丝绸衣服，不能坐马车，不能参加政府举行的考试，不能做官等等。明朝“洪武十四年令：农民之家许穿细纱绢布，商贾之家，止穿绢布。如农民家但有一人为商贾，亦不许穿细纱。”违者，处以笞刑。商人在政治、经济和道德上受到社会歧视，甚至人身侮辱，其社会地位是非常低下的。明前期政府的开中法和后期的通商政策卓有成效，但封建专制政体和市场经济的矛盾不可调和，资本主义萌芽终究未能发育成长。以致整个明代社会呈现出从洪武朝“局部放权和严管”，永乐朝“全面放权和能管”，到了正统、景泰、天顺(1451—1464)朝“开始失控和调整”，再到成化朝严重失控的趋势，导致弘治朝清理盐法、叶淇变法。明朝的“南倭北虏”危机到弘治和嘉靖时全面暴露，军卫缺员，盐法阻滞。正

①《明大政纂要》卷45，嘉靖元年三月。

②《明英宗实录》卷21，正统元年八月戊辰。

德年间，太监王瓒、崔通去南京，要长芦盐引一万二千引，户部只给一半，正德皇帝朱厚照不满，责问户部，户部坚持说，宁可多给宦官银子，不能多给盐引。朱厚照追问是什么缘故，户部回答："彼既得旨，沿岸骚扰，朝廷岂得闻知？"宦官以钦差大臣为幌子，贩卖私盐，无人敢管，所以"宗藩、贵戚之求土田夺盐利者，亦数千万计"。有的甚至以皇帝"钦赐"为招牌，横行霸道，"勋内官奏乞盐利，满载南行，所至张钦赐黄旗，商旅不行，边储亏损"。私盐充斥市场，官盐存积日多，军需不足。为了扭转危局，孝宗大力整顿盐茶、马政，决定从全国最大的两淮盐场入手清理盐法。不久，户部左侍郎李嗣奏：两淮运司连年称过引盐一百余万，而商人所缴截角引目十无二三，如不严禁，则奸商投机不已，盐法更坏。户部宏观管理失控，换句话说，两淮盐场的引盐实际只有20%用于开中商人纳米中盐，其余大半已为官商攫取侵夺。所以，户部建议各盐政机关，每年除将称过引盐数额造册上报外，必须将商人所缴截角骑缝引票同时造册缴部，防止盐政衙门欺上瞒下，搞两本账。弘治四年，明廷罢户部尚书李敏，升侍郎叶淇。叶淇上任后，变开中之法，"请召商纳银运司，类解太仓，分给各边"。此后，商人不再纳粮而是给盐运司交银，统一提解国库，每年通过财政转移支付方式，将饷银调拨到边镇发给将士籴买粮食。辩证地看，叶淇变法，一方面商人免去了先到边镇纳粮、再到盐场支盐的劳苦，国家财政收入也骤增；另一方面，边地盐商举家内迁，商屯迅速破坏，粮价飞涨，边军粮食储备也因此大减。不难看出，边镇供给体制由纳米为主向纳银转变是变法的内核，但前提是国内市场兴盛，在边镇市场拿钱能买到粮食。至于粮价波动，势必受供求影响，也说明专制政体下盐政腐败难除，政府管理失控。尽管张居正改革力挽狂澜，但盐政之弊积重难返，利益集团的固化、腐败土壤的硬化、寻租行为的常态化格局很难被打破。看不见的手和看得见的手博弈的结局是封建专制政治母体内的腐败根基难被以消除，盐业市场继续走向垄断，以魏忠贤为代表的宦官专权更加肆无忌惮，整个明朝社会险象环生，政府垄断走向解体就是必然的了。

（三）明朝盐政的简单评价

中国古代的盐专卖制度在封建社会长期盛行不衰，有其深刻的历史条件。在中国封建社会中，一家一户为单位的小农生产方式始终占据主导地位，盐铁官营制度正是这种自然经济占支配地位而商品经济极不发达的产物，是这种极其分散的自然经济和高度集中的专制皇权相互结合的必然结果。在整个封建社会经济结构中，商品经济是最活跃、最有生命力的因素，是唯一能促使这种近似凝固僵化的封建生产方式和社会关系发生变化的因素。对于这样一个在母体中成长而又能够摧毁母体的异化因素，在封建统治阶级看来，是一个危险的东西，他们有一种本能的恐惧感。他们认为："今举世舍农桑，趋商贾，牛马在舆，填塞道路，游手为巧，充盈都邑，治本者少，游食者众，商邑翼翼，四方是极，则国危矣"，有所谓"避农，则民轻其舍，轻其居，则不必为上守战也"的说法。因此，"凡为国之急者，必先禁末作文巧"。重农抑商就成了封建统治者治理国家的基本国策，官营制度就是这种"国策"的必然结论。明朝政权建立初期，通过制定一系列盐业基本法，实行了高度的国家垄断。进入中后期，随着商品关系的发展，明朝政府开始调整盐事关系，万历四十五年(1617)，袁世振创立了"纲法"，改用钱买盐引，并以世袭制度吸引盐商。"盐引"让明政府仍然牢牢地控制了盐业生产和经营。有明一代，盐税收入占了明王朝财政收入的一半，所以，明朝对盐业的控制十分严格，商人没有盐引售盐，就以私盐论处。明王朝认为：除谋反外，罪莫大于贩卖私盐，格杀勿论。而且对罪犯不称匪而称"枭"，是说帝王以孝治天下，故不孝之罪通于天，称之为"枭"，以示其罪大恶极。这是明王朝为了垄断盐业、保证财政收入所采取的严厉措施。

固然，明朝政府推行盐业官营制度，在一定时期内一定程度上起到了打击不法商人，遏止食盐走私，增加国家财政收入，巩固封建统治的作用。但从总体上考察，它主要是作为一种落后的经济制度而存在。食盐专营对整个盐业经济的发展起了极大的损害作用，它本来就不是社会经济发展的必然产物，不是商业内部自然生成的结果，而是一种外部的力量，即政治强权强加于商品经济之上的，它的强制性干预必然窒息商品经济的生机与活力，从而窒息整个社会经济的活力，使中国封建社会的经济发展始终处于一种保守的状态。本来，明朝中期已经出现了资本主义萌芽，而且这种新的生产关系最有可能在盐业经济中得到发展。同样的，中国封建社会时期的工商业者也始终匍匐于专制主义皇权之下，任其宰割，才能求得生存。一句话，政府垄断阻碍了盐业经济和整个社会生产力的发展和生产方式的更新，是中国封建社会长期停滞不前、资本主义生产关系发展步履蹒跚的一个重要原因，而且越到后期，这种消极作用就越明显。

抗战时期山东盐业的曲折发展

宋志东[①]
（潍坊学院历史文化与旅游学院）

1937年“七七事变”爆发后，日本侵略军大举南下，山东的国民党军队仓皇逃窜，广大盐田沦陷，日本及其扶植的日伪势力对山东盐区进行了残酷统治。没有来得及逃跑的大部分国民党盐务官吏投降了敌人，战前的一套盐务管理机构完整保留了下来，帮助敌人进行系统的掠夺。在中国共产党领导下，山东成立了抗日民主政府，领导山东人民进行了艰苦卓绝的反抗斗争，不断收复失地；同时，赶跑国民党反动派，积极发展盐业经济，有力地支援了抗日战争，至抗战结束时收复了山东的大部分盐田。

一、日本侵略者对山东盐业的控制和掠夺

（一）日伪盐务管理机构建置

日本占领山东盐区后，任用日本人、投降的国民党盐务官吏并招募部分汉奸，于1938年1月成立了伪山东省盐务管理局，直属华北政务委员会财务总署管理。伪山东省盐务管理局设正、副局长各一人，刘仑任首任伪局长，日本人日吉朔郎任首任伪副局长，实权操纵在日本人的手中。伪山东省盐务管理局内设秘书室、总务科、产销科、警务科、会计科、硝磺处等6个科室处，下设王官、莱州、永利、金口、石岛、威宁及代管淮北涛雒盐场等7个盐场公署，胶澳场“由青岛设立专局管理”。[②]伪山东盐务管理局及其下属机构的主要职责是全面控制和掠夺山东的盐业资源，

① 作者简介：宋志东，潍坊学院历史文化与旅游学院讲师，历史学博士。

② 刘仑、日吉朔郎：《新年之回顾》，《鲁鹾月刊》1941年第2期，第61页。

搜刮盐税，为侵略活动提供资金支持，强制推行食盐统制配给制度，推行“治安强化运动”，镇压盐民、抗日人士和普通民众的反抗斗争，封锁解放区的食盐供应渠道，严禁食盐流入解放区，妄图使解放区发生盐荒，削弱抗日力量。各盐场公署内设产销、盐务、会计3科，下设若干场务所，场务所设主任一人、书记一人、司称员若干人。山东盐区总计有盐警官佐士兵2 260人，共有64支手枪、1 261支步枪、5挺轻机枪、5挺重机枪，每个盐场配备一个盐警大队，并于济南特别配备了一个盐警预备队。此外，在济宁、潍县、泰安、烟台、淄博、滕县、禹城、徐州等八个硝磺产地分别设立硝磺处，管理硝磺产业。在青岛、潍县、德县、济宁、徐州等地分别设立了办事处，在黄台桥设立验放处，在河南商邱设立移坨办事处，形成了完备的盐务管理机构体系。[①]现将伪山东盐务机构系统列表如表1所示。

表1　伪山东盐务机构系统表

伪山东省盐务管理局

硝磺处	会计科	警务科	产销科	总务科	秘书室

盐警大队	青岛办事处	河南商邱移坨办事处	黄台桥验放处	潍县办事处	德县办事处	济宁办事处	徐州办事处	代管涛雒盐场公署	永利盐场公署	莱州盐场公署	石岛盐场公署	金口盐场公署	王官盐场公署	威宁盐场公署

资料来源：山东省档案馆、山东社会科学院历史研究所编：《山东革命历史档案资料选编》（第二十一辑），第425页。

1938年1月，日本海军侵入青岛后，与当地维持会策划成立了伪青岛盐务管理局，直属华北政务委员会财务总署管理，范楚生任首任伪局长，但是实权操纵在日本人手中。伪青岛盐务管理局内设总务、产销、盐警、检定、会计和硝磺处6个科处，除永裕精盐公司外，青岛盐区的盐务统归其管理。[②]永裕精盐公司由伪山东盐业

① 山东省档案馆、山东社会科学院历史研究所编：《山东革命历史档案资料选编》（第二十一辑），济南：山东人民出版社，1986年，第425-426页；山东省盐务局编著：《山东省盐业志》，济南：齐鲁书社，1992年，第64页。

② 山东省盐务局编著：《山东省盐业志》，第64页。

株式会社经营。伪青岛盐务管理局的管理职能与伪山东盐务管理局相似，这是由其侵略属性决定的。需要指出的是，伪山东盐务管理局和伪青岛盐务管理局同为直属于华北政务委员会财务总署的平行机构，没有隶属关系，只是管辖地域不同，前者大于后者而已。伪山东盐务管理局和伪青岛盐务管理局从成立之日起便成为山东盐区凶恶的敌人，严重摧残了山东盐业的发展。

各盐场等伪基层机构是随着日本侵略魔爪的延伸而逐步建立的。以伪王官盐场机构为例：1939 年 1 月，日本侵略军的铃木部队侵占寿光羊角沟。2 月 5 日，侵占了王官盐场，非法任命史公箸担任临时代理场长，唐承玺为临时盐警大队长，并成立日伪滩业公会，加强对盐民的控制。第二年春，日伪在羊角沟正式成立伪王官盐场公署和盐警大队，首任伪场长为苏英洲，日本驻在员为吉田正雄，共有 35 名职员、11 名使员；唐承玺出任伪盐警大队长，李典荣任伪副大队长，吉田猷生、大滨益己担任日本盐警指导官，招募 26 名盐警。[①] 日本不但侵占了王官盐场，而且攫取了当地的盐务管理权、警察权。在伪盐场和盐警机构中，行政长官都由中国人担任，但是均为傀儡，仅为“以华治华”的招牌而已，实权完全被日本人掌握。

（二）强化盐业侵略掠夺

抗日战争时期，山东盐田大部分陷入敌手，直至 1944 年敌人仍掌握着胶澳、威宁、莱州、永利、金口场的全部，王官场、涛青场的大部分，石岛场的一小部分。日本还控制了大部分重要的盐业运销通道，如王官场产的盐沿小清河移运黄台桥后，行销黄河沿岸济南市及其周围各县的运，便掌控在日本手中。日本掠夺胶澳、金口、石岛等场的食盐大部分运往日本、朝鲜等地；莱州场、涛青场民运行销内地。敌伪征收苛重的盐税，实行低价收买、抵押贷款、抵押借粮、屯驻押运等措施公开掠夺盐业资源，致使盐民纷纷破产。1942 年以前，海运畅通，盐可供大量出口，内销数量也较大，盐业生产尚能勉强维持。1942 年以后，海运遭美国等反法西斯盟军封锁，敌占区的盐外销量锐减，加之我抗日根据地不断扩大，对敌占区盐滩形成包围、挤压，食盐内销量不断减少，盐业经营日益恶化。敌人由于财政经济发生危机，变本加厉地掠夺盐业资源，拼命搜刮盐民，敌占区的盐民遂陷入饥寒交迫的境地，相率弃滩逃亡，山东盐业迅速衰败。[②]

日本侵略者对山东盐区横征暴敛，盐税税额增幅惊人，严重超出了盐业的承受

---

① 潍坊市盐业公司编:《潍坊市盐业志》,潍坊:潍坊市盐业公司,1988 年,第 10 页。

② 山东省档案馆、山东社会科学院历史研究所编:《山东革命历史档案资料选编》(第二十一辑),第 426 页。

能力。1938年，因为日本的侵略破坏，山东盐税征收不足30万元，但是次年征收达140万元；1940年，计划征收530万元，至年底竟然征收了700万元。[①]抗战期间，山东盐业发展迟滞，根本无力支撑盐税的爆发式增长。但是，日本侵略者却采取了“杀鸡取卵”的掠夺方式，根本不顾盐民和盐商的死活。1941年以前，敌占区的山东盐田实行的税率与国民党统治时期大致相同，因为这一税率给予了日本不可思议的巨大优惠，规定出口日本每担盐仅征税0.03元，近乎免税，而内地食盐税额每担高达6.6元。从1942年1月1日起，执行所谓“新税率”，内销盐每担加税3.4元，增幅达51.5%，每担盐征税额达10元。此后，伪钞狂跌，盐税随时增加，完全处于失控状态。[②]

尽管盐税的征收非常残暴，但仅为日本掠夺的“副业”，“主业”在于全面控制和掠夺山东的盐业资源，其控制和掠夺方式主要有以下3种。

其一，日本侵略者公开抢劫盐业资源。在敌占各盐场，敌人无一例外地以低价收购的名义公开掠夺盐产。抗战时期，山东沿海产盐地区由北向东再向东南可分为渤海、胶东、滨海三个区域，都备受敌人低价购盐之苦。在敌占区，日本实行食盐统制配给制度，按户口配给食盐，仅满足维持最低生理需要的供给量，以便最大限度地掠夺山东的盐业资源。1938—1945年，日本侵占青岛期间，共计掠夺原盐3 873.1万担，其中运往日本2 999.9万担。[③]在王官场羊角沟产区，日伪军采取低价收购、高价出售的策略疯狂掠夺盐产。日伪军以每担伪币0.62元的低价收购盐民生产的原盐，再以每担6.6元的高价转售鲁中南、鲁西和黄河沿岸地区。还勾结封建军阀势力、地方恶霸势力设立伪滩业公会，在购销环节上层层盘剥盐民，扣留盐民盐款20%作“工薪费”，再加上各种盐业苛捐杂税，不计其数的暗中巧取豪夺，致使盐民不堪忍受剥削压榨，纷纷弃滩逃走，盐业生产一落千丈。[④]

抗战前，山东食盐平均每担成本为0.62元。[⑤]抗战期间，敌占区滥发伪币，物价飞涨，食盐生产成本翻倍狂涨，盐民生产的食盐被日伪以低于成本的价格强行收购。盐民其实是在做亏本的生意，民不聊生的状况可以想象。

---

① 刘仑、日吉朔郎:《新年之回顾》,《鲁鹾月刊》,1941年第2期,第62页。

② 山东省档案馆、山东社会科学院历史研究所编:《山东革命历史档案资料选编》(第二十一辑),第426页。

③ 山东省盐务局编著:《山东省盐业志》,第84页。

④《寿光县盐业志》编写组编:《寿光县盐业志》,潍坊:寿光盐业公司,1987年,第196页。

⑤ 财政部财政年鉴编纂处编:《财政年鉴续编》(中),南京:财政部财政年鉴编纂处,1945年,第73页。

表 2 抗战期间部分年份食盐生产成本及其物价指数

年 份	1939	1940	1941	1942	1943	1944
每担食盐成本(元)	18	24	46	71	421	2 900
伪钞物价总指数	300	400	750	1 150	6 800	47 000

资料来源:山东省档案馆、山东社会科学院历史研究所编:《山东革命历史档案资料选编》(第二十一辑),第 427 页。

其二,日本侵略者千方百计诱骗盐民,洗劫盐业资源。敌人成立盐业组合、盐业社,以低息贷款、抵押借粮等方式诱骗盐民交出生产的全部原盐,从而进一步洗劫盐产。“贷款或借粮后食盐一定要交盐业社,盐价低于市价百分之二十”。1942年后,日伪又增加了定量配给粮食等花招,与公开抢劫相配合,最大限度地掠夺盐民生产的原盐,以达到将山东盐区的盐产掠夺殆尽的目标。①1940—1942 年,日军侵占威海盐区期间,日伪盐业组合以低价收买(每吨 20 斤棒子面)、抵押借粮、抵押贷款、屯驻押运等方式,将威海、荣成的存盐洗劫一空。据不完全统计,1940 年 6 月至 1944 年 11 月,掠往日本、朝鲜的食盐达 4. 55 万余吨。日军还严密封锁各盐场和相关盐业通道,严禁原盐流入解放区,妄图使解放区发生淡食危机,困死抗日军民。②

其三,日本侵略者还对山东盐区实行了多次野蛮的“治安强化运动”,配合经济掠夺,加强政治军事控制,镇压人民的反抗斗争,妄图瓦解人民的抗日斗志。以第三次治安强化运动为例:1941 年,伪山东盐务管理局发布了第三次治安强化运动委员实施要纲,规定设立委员长、副委员长各一名、委员 13 名,配备 6 个“治安强化运动班”(每个班设班长 1 人,副班长若干人),实行分工合作,全面落实所谓的“治安强化运动”。该运动有明确的目的:“总会委员基于此次运动实施要领,当与现地及各机关取密切联络,综合检讨各班实施成绩而期推进积极的工作,以贡献此次运动卓越之成绩而使之提拔。”各执行班分工明确,对盐务的控制密不透风,令人窒息,其中包括了剿灭中共领导的抗日武装的罪恶政策。该运动实施要领的主要内容如下:“警务委员得与现地各皇军警备队及县方其他警备机关应取紧密联络,率盐场警备班、私盐取缔班、特别工作班、配给取缔班以达此次治安强化运动之重要目的,而树立有效适正之方策及其实施。”“运销委员得率配给取缔班、运输监督班举其经济封锁之实际,而树立所谓有效适正之策及其实施监督之。”“硝磺委员应督励各县地硝磺机关使之彻底此次运动之趣旨。”“会计委员得整理各地场公

① 山东省档案馆、山东社会科学院历史研究所编:《山东革命历史档案资料选编》(第二十一辑),第 428 页。

② 威海市盐务局编:《威海市盐业志》,北京:中国轻工业出版社,1993 年,第 232 页。

署盐警队之会计以合法的处理监督之各班实施要纲。""盐场警备班当与现地皇军紧密联络,以盐警队之大部分而确保盐场之警备、改修警备道路、扩充通信网,于王官场、莱州场尤应积极建设遮断壕堡垒。""私盐取缔班应率所属盐警队调查私盐走路,得关于研究私盐之获取、私盐之流出,积极防止之。""特别工作班、场公署职员、盐警队当于皇军警备部队及其他协力为剿除共党强化治安起见,须确立情报网宣传、宣抚及其他特别工作。""配给取缔班应立足于食盐配给统制经济封锁之精神,实际调查取缔不法之配给,加以完全努力,使之绝灭。""运输监督班关于食盐运输关系所谓调查改良监督以期运输圆滑。""警察班即场公署盐警队员,关系各商人之成绩,素行督察之。""各班应将业务成绩于每周一次向委员长提出之。"除了规定执行力量的分工合作,还规定了"委员长、副委员长得于每月于济南招(召)开实绩报告检讨会一次"。① 抗日战争时期,日本侵略军在占领区到处设置关卡,对私盐一经查获者,轻则重罚,重则没收,甚至处死。②

(三)残酷的侵略掠夺导致盐业大萧条

日本侵占山东盐区后,盐业生产便进入了一年停顿期。敌伪盐务机关陆续设立,强迫盐民恢复盐业生产,低价掠夺大量食盐供应出口。盐民的生存状况日益恶化,生活难以为继,大批走向破产。1938 年 3 月,日本海军大举入侵威海,盐场惨遭毁灭性破坏,大部分存盐被抢劫到日本,盐业生产全面停滞,不但盐民失去生计,普通民众也无盐可食,只得自取海水熬盐食用。③

表 3　日军掠夺威海原盐统计表

年　份	起运盐场或港口	数量(吨)	抵达口岸
1940	石岛港华成坨	21 190.00	日本福冈、大阪
1941	石岛港华成坨	16 400.00	日本宇部、德山
1941	荣成县张濛港各场	989.00	朝鲜仁川
1941	荣成县龙家盐场	911.70	由威海港转运日本
1941	荣成县曲格盐场	440.55	由威海港转运日本
1942	石岛港华成坨	1 180.00	朝鲜仁川
1942	荣成县张濛港各场	844.00	朝鲜仁川
1942	荣成县大泊子盐场	170.50	朝鲜仁川

① 《山东盐务管理局第三次治安强化运动委员实施要纲》,《鲁鹾月刊》1941 年第 12 期,第 5-6 页。

② 山东省盐务局编著:《山东省盐业志》,第 325 页。

③ 山东省盐务局编著:《山东省盐业志》,第 84 页。

续表

年　份	起运盐场或港口	数量(吨)	抵达口岸
1944	荣成县张濛港各场	2 567.00	朝鲜仁川、群山
1944	荣成县大泊子盐场	835.00	朝鲜仁川、群山
合　计		45 527.75	

资料来源:威海市盐务局编:《威海市盐业志》,第233页。

1942年以后,海运困难,食盐出口停滞,盐业发展急剧恶化。日本侵略者停止收购盐民生产的原盐,并严禁走私,造成大量食盐积压,盐民生产陷于绝境。广大盐民食不果腹,被迫改行转业,大量逃亡,敌占区各盐场的盐产量锐减,盐业呈现出空前的大萧条。日军侵占各盐场后,为便于对盐民进行掠夺和控制,普遍招募汉奸组织伪滩业公会,作为其代理人,负责组织盐业生产,传达日本侵略者的旨意,供其驱使,要求所有盐民、滩户必须全部加入,美其名曰"盐民自治",走"以华治华"的罪恶道路。盐业产供销等环节,均由伪滩业公会负责组织实施。由于日伪统治严酷,剥削掠夺日益严重,越来越多的盐民弃滩转农。1944年,日伪统治下的王官场盐民全部弃滩停晒。敌占区的其他盐场经历了与王官场相同的命运,产业的浮沉完全操控在日本侵略者手中,至1944年各盐场的生产大部分或全部停顿了。[①]

综上所述,日本的侵略掠夺使山东的盐业生产遭受毁灭性的破坏,山东盐业出现了史无前例的大倒退,给山东人民带来了深重灾难。

二、抗日民主政府恢复和发展盐业生产

抗战开始后,国民党军队闻风逃窜,山东的主要产盐区均沦陷敌手。中国共产党领导的山东各地抗日民主政府相继成立,开展武装斗争,狠狠打击日本侵略者,积极收复失地,把收复盐田和发展盐业列为重要的经济任务。

(一)建立盐务管理机构

在中国共产党领导下,坚持收复失地与建设盐务机构并行,开展了摧毁旧机构、旧制度的斗争,逐步建立了各级盐务机构,最初由抗日民主政府直接管理,后来改由各地工商局管理,高效开展盐务工作,并不断进行调整优化,努力实现管理效能最大化。

1940年7月26日,在中国共产党的领导下,山东省各界救国联合会成立大会等的联合大会胜利召开,成立了全省统一的行政领导机构"山东省战时工作委员

① 山东省档案馆、山东社会科学院历史研究所编:《山东革命历史档案资料选编》(第二十一辑),第428–429页。

会推行委员会”(简称省战工会),下设政治、军事、教育、民众动员、财政经济5个工作组。第二年底,省战工会出台了《盐业交易所组织暂行办法》,指导各地整顿旧盐槽子(盐业运销线上的转运站和交易场所)和建立盐业交易所,规范盐业交易,推行自由交易、公平买卖。[①] 滨海解放区在赣榆、临沭、海陵等7县设立了32处盐业交易所,负责盐业交易和盐税征收,共有237名工作人员。[②]

在中国共产党的领导下,山东各地逐步组建抗日民主政权,成立盐务管理机构,努力探索高效的管理设置,大力发展盐业生产。以掖县为例:1938年3月,胶东游击三支队设立盐务征收处,负责发展盐业和征收盐税,从此掖县盐业被抗日民主政府控制。1940年,抗日民主政府财政科下设盐务股,接管了盐务管理事宜。同年,掖县抗日民主政府设立了崔家盐务所,下辖崔家、朱家、仓上3个征收卡;设立土家盐务所,下辖海沧、李家、于家、孙家4个征收卡。1941年3月,西海专署工商局正式成立,接管了南北掖盐务。1945年11月,胶东区昌掖工商局在沙河镇设立贸易公司,附设盐务股,对外称盐业公司,负责盐业产销和盐税征收。[③] 潍坊地区的盐务管理机构不断成长壮大。1941年1月,昌邑县抗日民主政府设立利渔盐务所,管理盐业事务并征收盐税。第二年7月,潍北县抗日民主政府设立央子盐务所,后来迁到泊子村,改称泊子盐务所,管理盐业生产和盐税征收。1943年,清河专署工商局在寿光县马家庄等多个地方设立盐店,经销食盐,征收盐税。1945年8月,渤海行署工商局第三分局在寿光县和羊角沟市分设了两个支局,各置经理1人,负责盐务管理。同年,胶东区西海专署工商局接管了潍县崔家央子、昌邑县利渔两个盐务所,管理两县盐业事务。[④] 文登县于1940年6月成立了抗日民主政府,设二科管理盐务在内的财政经济工作。第二年春,成立货税稽征所及分卡,负责沿海分卡并兼管盐税征收,还设立税务大队负责缉私护税,所、卡、大队均归文登县抗日民主政府二科管理。根据1943年山东省抗日民主政府颁布的《全省各级工商局管理条例》的规定,文威县和牟海县工商局于第二年3月成立。为适应战争需要,文西、文东县的高村、侯家、泽头一线以南的沿海地区,划归牟海县工商局管理。牟海县工商局根据形势发展变化,下设了垒子盐站、慈家盐站。[⑤]

---

① 朱玉湘:《山东革命根据地财政史稿》,济南:山东人民出版社,1989年,第67、68、83页。

② 日照市盐务局编:《日照市盐业志》,1989年,日照:日照市盐务局第46页。

③ 莱州市盐业公司编志办公室编:《莱州市盐业志》,烟台:莱州市盐业公司编志办公室,1988年,第10、58、59页。

④ 潍坊市盐业公司编:《潍坊市盐业志》,第53页。

⑤ 文登市盐务局编:《文登市盐业志》,威海:文登市盐务局,1991年,第6、31页。

（二）采取措施恢复和发展盐业生产

抗战时期，山东解放区盐务管理的基本原则："组织发动群众发展盐业生产，安排和改善盐民生活；调剂运销，组织运输，保证解放区人民的食盐供应；查验产盐数量，分配各盐滩的销售数量，代民卖盐，盐民不得直接向购盐者出售，由工商盐务人员过称放销；掌握盐价，收取盐税；用盐向敌占区换取解放区紧缺的医药、布疋、弹药等物资"[①]，从而支援抗日战争。

抗日民主政府采取多种措施，大力发展盐业生产，发动盐民广开盐田，取消以往的苛捐杂税，减轻盐田主和高利贷的盘剥，组织盐民建立自己的组织，使盐民翻身成为盐业生产的主人，生产积极性空前提高，盐业生产迅猛发展，盐税大幅增加，有力地支援了抗日战争。同时，取消旧有的运销制度，鼓励农民参与盐业运销，为数十万农民提供了生计；推行价格公平，减轻了民众的食盐负担，赢得了民众的拥护，为抗日战争的胜利提供了良好条件。[②]

山东抗日根据地在有条件的地方积极发展盐业生产，打破日寇的盐业封锁禁运，逐步解决了食盐供应问题，同时提供了大量盐税，为支援抗日战争发挥了重要作用。抗战期间，抗日民主政府在青岛盐区扶植盐民广泛发展盐业生产，实行原盐轻税倾销，减少日伪和国民党反动派的盐税收入，并将盐税收入用于支援革命战争。[③]1942年冬，日本侵略者对解放区实行严密的经济封锁，断绝食盐供应，给抗日斗争带来很大困难。山东军区、滨海军分区及八路军六团、十九团、教导团等机关决定"自己动手，丰衣足食"，积极发展盐业生产。在罗荣桓、陈士榘等的领导下，调集3 000多战士和民工，在日照安东卫南海滩上新开辟盐田8 000公亩，满足了军需民食，打破了日寇的食盐封锁禁运。[④]抗战期间，特别是1940年以后，威海盐区原盐长时间严重滞销，盐民生计异常艰难。胶东行政公署为了扶植盐业生产，实行了专买专卖政策，由政府包揽收购、销售，打开了销路，盐业经济空前繁荣，改善了盐民生计，换回了大量军用物资和生活用品，为抗日战争的胜利做出了重要贡献。[⑤]1945年秋，渤海行政公署命令广饶、寿光、益北等县人民政府，组织5 600多

---

① 山东省盐务局编著:《山东省盐业志》，第78—79页。

② 山东省盐务局编著:《山东省盐业志》，第64页；山东省档案馆、山东社会科学院历史研究所编:《山东革命历史档案资料选编》（第二十一辑），第429–430页。

③ 青岛市史志办公室著:《青岛市志·盐业志》，北京：中国大百科全书出版社，1996年，第168页。

④ 山东省盐务局编著:《山东省盐业志》，第457页。

⑤ 威海市盐务局编:《威海市盐业志》，第232页。

辆车、3 000 多只船运盐，共运出原盐 111 万多担。又发放 300 万元贷款，扶持盐民恢复盐滩生产。10 月，渤海贸易公司在羊角沟西面小清河的北岸新建盐田 8 副，年产盐 2 400 吨左右。[①]尽管大力恢复盐业生产，但是日本侵略造成的创伤短时间内难以抚平，直至 1948 年潍坊盐区仅有 812 副盐滩，年产 4. 9 万吨原盐，发展速度甚至不及清朝末期。[②]

山东军民在共产党的领导下英勇奋战，从敌伪手中解放了大片盐区，截至 1944 年底，除滨海区一部外，大部分盐田回到人民手中，盐业得到较好的恢复和发展，共有盐滩 4 640 付，计 64 970. 25 亩。这一年，渤海、胶东、滨海三大解放区的盐产量达 240 多万担。[③]“1939 至 1946 年，上述三个解放区的盐田共发展至 10. 70 万亩，年产盐达 39 万吨，不仅保障了解放区的军需民食，而且有力地支援了抗日战争和解放战争。”[④]

恢复和发展盐业生产的同时，山东各地抗日民主政府积极开展缉私护税行动，全力支援抗日战争。出台规定，查获的私盐责令补缴应纳税款，并按情节轻重，处以应补税款额 1～10 倍的罚金，但最多不超过其所罚款物价值的 60%。凡匿报与运载的盐货非全部偷税的，按上项规定惩处未完税的部分。凡偷税走私者，如有抗税、拒检或武装走私等情况，按情节轻重，没收货物全部或一部分，并送当地政府依法惩处。凡私刻“验讫戳记”、伪造《验讫证》或改填税票、仓单者，一经查获，处以补税、罚款，并送当地政府依法惩处。为做好护税工作，对缉私有功人员以予适当奖励。[⑤]山东革命根据地的盐务缉私进入了法制化轨道，为盐税征收提供了有力保障。为了发展盐业生产，方便对敌斗争，抗日民主政府曾采取减税措施。1943 年 6 月 13 日，胶东行署发出通知，为便于对敌开展经济斗争，盐税由每百斤 3 元减为 2 元。[⑥]

盐税是山东各地抗日民主政府财政收入的重要来源，对支援抗战发挥了重要作用。抗日民主政府取消了盐业交易统制，实行自由买卖。胶东区一开始便实行就场征税，并设立关卡进行稽查。1940 年，滨海区改造旧盐槽并设立盐业交易所，

① 潍坊市盐业公司编:《潍坊市盐业志》,第 11 页。

② 潍坊市盐业公司编:《潍坊市盐业志》,第 67–68 页。

③ 山东省档案馆、山东社会科学院历史研究所编:《山东革命历史档案资料选编》(第二十一辑),第 430–433 页。

④ 山东省盐务局编著:《山东省盐业志》,第 162 页。

⑤ 山东省盐务局编著:《山东省盐业志》,第 325 页。

⑥ 莱州市盐业公司编志办公室编:《莱州市盐业志》,第 222 页。

减少了中间环节的盘剥，增加了抗日民主政府财政收入。同年，山东省盐税收入占财政总收入的9%，居各单项财政收入的第五位。1944年，渤海、胶东、滨海三大解放区的盐税收入达1 165. 5万元，占全区财政总收入的比重达11%。第二年，上述三区的盐税收入达2 556. 3万元，占全区财政总收入的10%。①

（三）开展盐业领域对敌斗争

鉴于盐和盐税关系国计民生，抗战时期敌我双方的争夺非常激烈。在中国共产党的领导下，广大抗日军民同日伪军、国民党反动派进行了不屈不挠的斗争，取得了辉煌的战果。

针对日本侵略者采取的盐业侵略掠夺和封锁禁运，中国共产党领导山东抗日军民和广大盐民，开展了反侵略掠夺、反封锁禁运的斗争，封锁日伪军运盐，并多次深入敌占区组织抢盐，给日伪军以沉重打击。1940年4月，在抗日游击队的掩护下，中共寿光县委组织发动群众4 000多人，在夜色掩护下将当地盐坨存盐抢运一空。次年6月，昌潍县大队长林瑞五率领34人夜袭昌邑东冢日伪据点，俘虏伪盐警队员90余人，并全部缴械，拆除了据点。1942夏，八路军清河部队夜袭羊角沟，收缴了日伪两艘官船。同年秋，放火焚烧了日伪华北交通株式会社的油库。②

抗战期间，盐场盐田的地盘争夺格外激烈，很多情况下是日伪、国民党反动势力、中国共产党领导的人民武装等多种力量交织在一起。1940年5月，国民党张景月部配合驻寿光南河的日伪军，捣毁了寿光八、九区群众新建的全部小盐滩，并向滩户敲诈巨款。1943年11月，八路军清东独立团解放了王官场郭垣，俘敌100多人，缴枪80多支，缴获44万多斤存盐，全部分给了当地老百姓。1944年8月，日军撤离羊角沟，国民党张景月部孟祝三团尾随抢占羊角沟盐区。10月，八路军一部攻占王官场三里沟坨基，歼灭孟祝三团的一个排。1945年4月，渤海军区部队解放了羊角沟，俘获了全部伪盐警，孟祝三率部仓皇逃窜。伪王官盐场公署、盐警队等机构被全部废除，抗日军民缴获存盐200万担。③

抗战时期，广大盐区民众目睹日本侵略者的暴行，怀着与之不共戴天的仇恨，不放过任何消灭日本侵略者的时机，使其完全陷入人民战争的汪洋大海。1943年9月，一架日本侵略军的教练机在从青岛飞往天津的途中发生故障，迫降在昌邑县境内的虞河边上，被东利渔村的盐民发现，立即报告了该村党支部。该村党支部书

① 刘大可:《山东解放区盐务工作纪略》,《盐业史研究》1992年第2期，第70页。

② 潍坊市盐业公司编:《潍坊市盐业志》,第10-11页。

③ 潍坊市盐业公司编:《潍坊市盐业志》,第10-11页。

记孙法年带领13名民兵火速赶往现场，将飞机驾驶员活捉，并将这一情况向渤海军分区司令部作了汇报。渤海军分区司令员赵寄舟率领一连干部战士赶到，俘获了迫降的飞机和驾驶员。[①] 这一事件成为山东军民同仇敌忾、一致抗日的佳话。

抗日民主政府顺应了人民群众的要求，开展了“打伪、锄奸、惩霸”的斗争，狠狠打击了日伪、汉奸和恶霸势力的嚣张气焰。1937年10月，掖县盐业奸商勾结官府哄抬盐价。中共地下组织为避免存盐落入日军手里，劝其廉价出售存盐，以免资敌，遭其蛮横拒绝。中共迫不得已组织当地群众数千人将崔家、仓上盐场的存盐全部运走，并缴了盐警的枪。1939年5月，掖县抗日民主政府征收处主任赵沂川率领30多人到土山一带开展工作。由于叛徒告密，不幸被引来的80多名敌伪军包围。幸亏抗日武装五支队六十三团及时赶到，击溃了敌伪军，征收队从海上安全撤回掖北。7月，渔盐业群众响应中共号召，成立了掖县渔盐业职工大队，充当抗日武装的后备军，保卫渔盐工人利益，打击日伪军。10月，掖县抗日民主政府顺应民众呼声召开公审大会，依法枪决了仓上渔盐恶霸曲振武，有力地震慑了封建恶霸势力欺行霸市的行为。1941年11月，掖县独立营300多人在西北障村伏击了进行扫荡的平里店伪盐警大队，俘获中队长以下36人，收缴步枪30多支，及其他军用物资一宗。[②]

中国共产党号召盐民不给日伪军晒盐，起到了良好效果。1939年，日伪军占领王官盐场后，中国共产党领导当地盐民群众对日伪军开展反侵略反掠夺斗争，大量盐民弃滩转农，不给敌人晒盐。至1943年，盐滩骤降到不足100副，在滩仅有四五百名盐民。至1944年，所有盐民弃晒停产。[③] 从产量看，1939年羊角沟敌占区仅产盐320吨，1942年恢复到3 510吨，1944年产量为零。与之形成鲜明对比的是，在抗日民主政府的领导下，寿光、昌邑、潍县三县解放区的盐业采取了扶持发展的措施，产量、质量均有提高。1944年，这三县产盐量达30 350吨。[④]

值得一提的是，国民政府所属的部分爱国的山东盐务税警积极投身到抗日战争的洪流中，英勇抗敌，不怕牺牲，给日本侵略者以沉重打击。他们的功绩同样彪炳史册。据记载：“最初淞沪之役，总局税警总团开沪参战，颇具功绩。以后战区扩大，松江、两淮、山东等区所属税警部队，亦先后在各该防区随同国军参加作战，其中以山东税警最著劳绩。因鲁区沦陷，石岛、威宁两区税警无法撤退，当由该区长

① 山东省盐务局编著：《山东省盐业志》，第457页。

② 莱州市盐业公司编志办公室编：《莱州市盐业志》，1988年，第9–11页。

③《寿光县盐业志》编写组编：《寿光县盐业志》，第233页。

④ 潍坊市盐业公司编：《潍坊市盐业志》，第114页。

王兴仁等将所有税警改编为游击队，继续抗战，毙敌甚众，一面并维护盐场，征收盐税，维持民食。”①

从抗战期间山东盐业从沉沦到曲折发展的艰难历程看，中国共产党领导的抗日民主政府紧紧依靠人民群众的力量，团结带领社会各界力量，英勇抗击日本侵略者，打击汉奸势力和国民党反动派。至抗战结束时，除胶澳盐场三分之二被国民党接收外，收复了山东境内其他所有盐场，②大力恢复和发展盐业生产，发挥了中流砥柱的作用。在全民抗战的感召下，部分爱国的国民政府所属山东盐务税警也投身到抗日斗争的洪流中，形成了抗日救国的时代大合唱。最终，中国共产党领导抗日军民把山东盐业从日本侵略者的魔掌中解放出来，使其从破产衰败中获得了新生，在近现代山东盐业发展史上谱写了光辉的篇章。

① 财政部财政年鉴编纂处:《财政年鉴续编》,第 22 页。

② 财政部盐务署、盐务稽核总所编:《中国盐政实录》(第四辑上册),南京:财政部盐务署、盐务稽核总所 1948 年铅印本,第 1 页。

清朝两浙地区食盐掣验问题

王　珍[①]

（中国海洋大学文学与新闻传播学院）

盐，食肴之将。上至王公贵族下至黎民百姓，为免口淡之虞，皆离之不得。

因此清政府对盐业的管理有着严格的章程和规定，特别是为了治理盐业腐败和杜绝私盐贩卖，清政府严厉反腐和大力缉私，但是收效甚微。然而，雍正六年（1728年）浙江巡抚兼理两浙盐务的李卫对两浙盐政进行改革，特别是李卫为整顿两浙食盐掣验而采取的措施，起到了打击私盐和反腐的双重作用。

一、掣验的时间、地点、官员

（一）掣验时间——夏冬两掣

清初，掣验为每季一次。因巡盐御史亲临掣验，时间紧迫且不能完全掣验完毕，顺治三年（1646年）两浙巡盐御史王显疏上奏："一岁两掣，每掣两季，首掣以孟冬月为期，次掣以仲夏月为期。"[②]即冬季以农历十月和夏季以农历五月为食盐掣验之时。至乾隆二十六年（1761年），两浙巡抚兼管盐政庄有恭上奏："……夏冬两掣，夏掣定于六月，冬掣定于十二月……"[③]此后，成为定例。

盐商过掣所时，有的"观望以待市价之高"，有的"漏掣以酿重照之弊"，有的"越渡以开影射之门"。盐商或在掣所附近徘徊游荡，或成群结队同时进入掣所，严重影响夏冬两掣的掣验过程。为解决此情形，夏冬两掣验规定了期限："……今

---

① 作者简介：王珍，中国海洋大学文学与新闻传播学院2013级硕士研究生。

② （清）延丰：《钦定重修两浙盐法志》卷9《掣验》，同治十三年（1874年）刻本，第2页。

③ （清）延丰：《钦定重修两浙盐法志》卷9《掣验》，第2页。

臣立法，掣盐过限半月者，铳引目十分之二；过限一月者，铳引目十分之五，此外免铳。如此，则各商既惮铳毁之法，又怀免铳之仁，庶掣放依期。”[①]将食盐掣验时间和期限列为定制，一方面，清政府对各盐场出产盐斤数目和引地有严格规定，更便于统计数据预测各场盐业状况和引岸每年销盐情况，进一步管理两浙盐务；另一方面节省盐商的商业资本，降低盐价。每年两掣大大减少盐商所花费的贿赂官吏和运输费用，使得成本降低，进而盐价下降，私盐与官盐之间的价格距离被缩短，私盐利润的减少必然遏制私盐猖獗之风气。

（二）掣验场所——盐引批验所

食盐从出场到分销各地，盐商必须要将所运之盐载至盐引批验所掣验，谓之所掣。而后盐商凭单引将盐运至江边装船，此时将大包换小包，官吏将数目登记在册，然后盐商举行祭江仪式后发船，分销各地，谓之江掣。两浙地区食盐掣验基本上是所掣，官署为盐引批验所。

“盐引批验所大使长芦、山东、两淮各两人，两浙四人，两广一人，掌批验盐引之出入。”[②]可知两浙地区的盐引批验所大使有 4 人，但盐引批验所所在地在各时间段不一。顺治三年（1646 年）两浙巡盐御史王显疏上奏：“浙江滨海，私贩繁多，旧设杭、嘉、绍、温等四所，四季委官专司掣验，杜绝私盐。”[③]又“（掣挚）本朝顺治初年杭、嘉、绍、松等所，四季委官掣验”[④]。上述两条皆出自雍正《浙江通志》，在杭州、嘉兴、绍兴三地设立盐引批验所毋庸置疑，但是温、松两地何处为盐引批验所，据《钦定重修两浙盐法志》：“（顺治三年）杭、嘉、绍、温等四所，四季委官掣验”[⑤]和“自雍正六年，浙江总督兼管盐政李卫题定锁卖袁浦、青村、下砂三场帑盐向系随时交营，只由松江府称掣”[⑥]。“嘉庆六年（1801 年），两浙盐政延丰曾经奏明请旨赴松亲掣”[⑦]。由此可知，在顺治年间温州为 4 所之一。从雍正年间起松江府则为两浙地区盐引批验所之一，原因在于一是温州“僻处山陬海澨”之地，各官员掣验皆不

① （清）延丰：《钦定重修两浙盐法志》卷 9《掣验》，第 3 页。

② （清）嵇璜、刘墉编：《皇朝通典》卷 39《职官十三·盐政》，上海：上海古籍出版社，2003，第 2 214 页。

③ 雍正《浙江通志》卷 83《盐法上》，《文渊阁四库全书》本，台北：台湾商务印书馆，1983 年，第 22 页。

④ 雍正《浙江通志》卷 85《盐法下》，第 33 页。

⑤ （清）延丰：《钦定重修两浙盐法志》卷 9《掣验》，第 2 页。

⑥ （清）延丰：《钦定重修两浙盐法志》卷 9《掣验》，第 6 页。

⑦ （清）延丰：《钦定重修两浙盐法志》卷 9《掣验》，第 6 页。

方便；二是松江府掣为两浙和江苏之盐，恐其日久生弊，遂在松江府置盐引批验所。台州盐引批验所的具体时间未知，但从史料记载来看，温、台两所在雍正六年时被浙江总督兼管盐政李卫奏明在案，台州盐引批验所至少在雍正六年就已存在。[①]

（三）掣验官员——盐政大使

每年夏冬两掣时，盐政大使亲临监掣，两浙地区的盐政大使由两浙巡抚兼任，其主要职责是“掌理盐政而纠其属吏征收督催之不如法者，以时审其价而酌剂之，凡盐赋之奏课与盐法之宜，更者以闻……”[②]盐政大使主要是监督之责，而真正参与掣验活动的是盐引批验所大使、库大使和掣盐官。盐引批验所大使掌批验盐引之出入，库大使掌盐课之收纳兼理库贮，掣盐官掌掣盐之政令。由此可以看出，掣验官员各司其职，相互之间互不干涉，避免了平级之间沆瀣一气、蒙蔽上级和上下级之间推诿的情况，形成良性循环。

上述3个概念是解决掣验的基本问题，而掣验一系列的规章制度除了加强盐务管理、防止私盐猖獗之外，对于官员腐败以及官员充当盐商贩私盐的保护伞也起到一定的制止作用。掣验流程是本文阐述的重点。

二、掣验流程

掣验为食盐运销过程中关键性的一环，掣验即为“掣以掣盐，验以验引”，这是两个步骤。“掣盐”为在食盐出场和到所时，在盐政官员的监督下，用专门的工具挚子称量。“验引”是将称量的食盐斤数与引单上数目核实，核实无误“截验”，即可行销各地。换句话说，盐商将出场之盐运至所掣或江掣或桥掣抽包称重，并与单引上的数目相符的情况下，盐政大使盖章后分销各地。但这一过程遵循严格的规章制度。[③]

（一）出场

首先食盐出场时由该场伍保全力稽查，严防私盐透漏和奸商夹带，该场场官亲自验明盐引相符合才可截角，然后填注出场日期并呈报院司，并让盐商签署承诺书。等到食盐离开盐场时，先验明官盐的印信、号票等文书，并注明“某所某商船共若干只，盐共若干引”以防盐商多带盐斤和不到指定的盐引批验所去掣验。如

---

① （清）延丰：《钦定重修两浙盐法志》卷9《掣验》，第5页。

② （清）嵇璜、刘墉编：《皇朝通典》卷39《职官十三·盐政》，第313页。

③ 周庆云：《盐法通志》，《稀见明清经济史料丛刊》（第二辑），北京：国家图书馆出版社，2012年。

临平、沙河、东新关3处盐场出场的盐船规定走运道去杭州掣验，但是沿途巡盐员役及防汛官兵发现盐船没有去杭州或走捷径去杭州掣验，全船人员一并追究责任。

（二）到所

当盐船抵达批验所，大使掣盐并与盐引上的数目相符，登记在册，及时上报院司，以便院司核查该所应掣之盐数额与各场捆运盐数是否相符。如若数目不符，则令还在盐场捆运者尽快出场，在途中的盐船不要沿途逗留，尽快赶到掣所，使额引如期配足。如果盐商出现盐引不符情况，一经查出，盐商问罪，所运之盐尽数由官所没收，并计入考成之中，以鼓励官员严厉稽核；如果官商合力串谋，则被人首告或查访得实，一并坐赃查办。盐船停泊在岸时，仍有差役日夜巡查，一方面是防止盐商偷运食盐，另一方面是防止当地民众偷盐情况的发生。从上述可以看出，清政府对于盐船掣验的规定还是比较完备的。

（三）捆掣

根据《钦定重修两浙盐法志》所载："在场捆出之盐，轻重自难划一。各商遵照掣所部搫及奉加盐斤，逐包秤准，按引捆齐。然后开单报明批验所，列号上掣，此定制也。"即出场之盐，按照规定的斤数加斤后逐包称掣，并按引捆齐，盐商根据盐引由盐场出具单据，并按规定掣验。因此，捆掣在出场和到所两个环节中是必不可少的，而"搫子"和"加斤"有着重要的作用。

1. 搫子

"掣用搫子，盐法之权衡也。"搫子为掣验时的衡量工具，清朝官方颁布的法定掣用衡具，按重量分为200斤、50斤、30斤、10斤、5斤。重200斤者为大搫子，其余为小搫子。其铸造要由运司和盐政共同监管，以防搫子有"轻重之患"。搫子由掣所官员请大使验明有无舞弊，再逐一秤掣。搫子外形和用法与现代秤砣相似，搫子上有环扣可以穿钩锁，悬于秤木上作为平衡用具。有关钩锁的重量在康熙五十八年（1719年）张廷枢将杭州批验所钩锁定为锁重1斤8两，钩重17斤6两。衡量工具法制化去除因衡量工具轻重之患的弊端，衡量工具的轻重会导致盐船盐斤与单引数目相差甚大，官员可以借此掯勒和受贿，以致私盐猖獗。如康熙五十八年巡盐御史哈尔金及笔帖式阎三格借钩锁勒索一案，搫子固定不变，奸猾官员使钩锁重量变化，导致称量不准以此勒索盐商。

2. 加斤

清政府对出场之盐有着严格的重量规定，"课出于引盐，引有定额，则盐有定斤"，为获取利润，"定斤"也会"加斤"。

清顺治三年，规定“以二引改为三引，遂以二百斤为定额，外加包索卤耗二十五斤，共二百二十五斤”[①]。康熙十六年，引户部给事中余司仁上奏将“割没溢斤公罪名色等银”均摊入盐引中，户部回复：“比照两淮，每一引均加盐二十五斤”。国家规定每引予盐250斤，但是由于“巡盐御史并笔帖式应得公费银二钱五分，每引予盐三十五斤”，在事实上，每引予盐285斤。乾隆元年，两浙盐区的“加斤”出现新的变化，在杭、嘉、绍3所，因“寻照两淮旧额，每引加增盐五十斤，连包索共重三百三十五斤”；在松、温、台3所，“增斤改引……温、台等处之例，每引给盐四百斤”。[②]

探究两浙盐区“加斤”不同，首因在于包索和卤耗，在盐船上多装25斤，一方面不至于损害盐商的利益，另一方面是有效防止奸猾盐商以包索和卤耗为由多运食盐。其次，禁止盐官贪污和打击官吏以各种名目索取银两，以保障盐商的利益。最后，考虑到地理位置、运输条件等环境因素，对地处偏远的地区盐引直接“定斤”高于其余各地，是另一种形式的“加斤”。

当按照引单将盐包装载到盐船上，盐船按照规定驶向各批验所，根据《盐法议略·两浙盐务议略》记载杭州、嘉兴、绍兴、松江、温州、台州6处批验所分别掣验来自不同盐场的食盐。

表1　杭嘉绍松温台六处批验所所掣盐场[③]

批验所	位　置	所掣盐场	时　间	主持官员
杭州所	东北艮山门内	仁和、许村2场	夏、冬	批验所大使
绍兴所	西北60里山阴县白鹭塘地方	钱清、三江、东江、曹娥、金山、石堰、鸣鹤、清泉、龙头、穿长、大嵩、玉泉12场	夏、冬	批验所大使
嘉兴所	宋玉霄万寿宫遗址	西路、黄湾、鲍郎、海沙、芦沥5场	夏、冬	批验所大使
松江所	西南2里娄县地方	横浦、浦东、袁浦、青村、下砂5场	夏、冬	批验所大使
台州所		长亭、黄岩、杜3场	随运随掣	州县地方官
温州所		长林、双穗、永嘉3场	随运随掣	

从表1中可以看出杭、嘉、绍、松四4处为掣验主要场所，而台、温两处批验所由地方官主持，并且随运随掣，主要原因在于“温、台二所僻处山陬海澨，去省城六七百里，水路则线溪小港，陆路则重岗复岭。”[④]巡盐御史难以亲临掣验，只好委

① （清）延丰：《钦定重修两浙盐法志》卷9《掣验》，第210页。

② （清）延丰：《钦定重修两浙盐法志》卷9《掣验》，第212页。

③ （清）王守基：《盐法议略·两浙盐务议略》[M]，北京中华书局，1991年，第48页。

④ （清）延丰：《钦定重修两浙盐法志》卷9《掣验》，第2页。

地方官主持。

盐船抵达批验所后，批验大使就要根据引单进行核实，经过再次的掣子秤准，方可行销各地，但是盐船集中于夏冬两掣，考虑到盐船久驻水面和天气因素等自然原因以及船户偷盗盐斤，即在四处所掣之地建立仓廒暂时堆贮盐包，一切由专人看管，并由库大使登记管理。如嘉兴批验所建有正、票两仓停贮盐船，正仓建在虹泾桥外，票仓建在双鸡桥外。仓廒的建立既有利于盐官稽查透漏者，又有利于防止食盐因贮存不当导致缺损。

（四）分销

盐引批验所对盐船掣验完毕，盐商缴纳商课之后，批验所令给予盐商挂、限帖和水程，和引目相符，将停贮盐船开封放行，令其限时之内将盐运往各州县销售。

在整个掣验的过程中，盐商需要将引目的4角全部截验完毕，这是杜绝私盐的方式。截验分为引目截验、肩引截验、买盐单帖截验3种，但实质上依次截去4个角的过程是相似的，所以，以引目截验为例阐述截验概念。盐商拿到引目时即截去第一角；盐船自盐场配运时必须出具单引，盐包捆运完毕，出场查验完毕截去第二角；在批验所掣验完毕后截去第三角；盐船运往卖地，州县验明即截去第四角。4次截角分别在掣验的4个关键点处，引目数目、出场查验、掣验完毕、州县验明这4个关键点是贩卖私盐者容易入侵之处，而以截验四角方法杜绝影射重照之弊。

上述4个步骤清晰地显示了清朝盐船掣验所要遵循的规章制度，可以看出，如果掣验环节不出现营私舞弊和透漏盐斤的情况，私盐最大的来源将在源头上被遏制。

三、李卫杭州批验所改革

批验所将盐船验明正确无误，开栅放行，盐船分销各引岸，但是在这一途中最易滋生奸弊，食盐出关后任其航行，而且奸弊胆大之徒有的将单引和挂帖分作两船，有的无引无帖在水路畅行无阻，盐政官员对此无应对之法，任其恣意妄为。

雍正六年，浙江总督兼管盐政李卫对此进行改革，最先改革杭州批验所。一方面规定批验所官员用木印填注某年月日出关字样，作为杭州批验所的标志，不许重复秤掣，对盐船进行滋扰；另一方面规定盐船行走路线，杭州批验所运往浙东地区的盐船必须从猪圈坝进入武林门，在护城河的凤山门抵达江口，如果径直抵达江口由别门过船，按照“越行”的罪名治罪。按照李卫对杭州批验所改革的成效来看，首先简化掣验的手续，使得遵纪守法的盐商不会受到贪官污吏的苛扰，又将心存侥幸的私盐贩卖者利用掣验时混乱局面而逃脱缴纳商课的行为从根本上扼杀;其次,盐船从掣所出关至江口的路程,贩卖私盐者最容易钻漏洞,而规定盐船在固定的路线上行走,沿途有官员巡查,既节省兵力,又使得私盐者无机可乘。

结　论

掣验是食盐运销过程中的重要环节,而且对缉私和惩治私盐贩卖有着深远影响。

首先,掣验对私盐的猖獗之风有遏制作用。私盐贩卖最直接是要求获得利润,而掣验一系列的规章制度使得官盐和商盐的费用减少,节制资本有利于降低盐价,私盐获利减少则贩卖者减少,自然而然,遏制私盐贩卖之风。

其次,掣验严格的规章制度对官员腐败以及官员充当盐商贩私盐的保护伞行为起到禁止作用。比如,挚子有国家法律规定的斤重,官员不能因此勒索正规盐商和收取贿赂。

最后,在食盐运销过程中应该注意到掣验环节对清政府盐政所产生的作用,盐政是清政府重要管理政务之一,将掣验的关键性作用发挥到极致,才能更好地认清清朝盐政的本质。

海盐文化与旅游开发

中国盐业民间歌谣研究

张银河　张孜辰[①]

（河南省盐务管理局、北京师范大学）

华夏盐业历史久，文化记载五千年。炎帝尝咸识盐味，黄帝蚩尤战阪泉。
夙沙煮盐宿海边，夏禹盐贡青州先。姜尚齐盐兴大业，猗顿行盬富等闲。
春秋管仲创盐法，西汉武帝实专营。唐朝税赋盐过半，宋代盐钞便商贩。
元朝全国多盐场，明代盐制固边关。清朝盐商兴世袭，民初盐税落洋圈。
全国解放乾坤新，人民盐务自掌权。发展生产保供给，轻税促销聚财源。
新朝至今近七旬，中盐巨变实可观。以销定产搞减转，管理生产抓两环。
盐民生活幸福化，封建制度一扫完。盐业技改讲科学，原盐产量翻几番。
改革开放换新貌，盐业化工齐发展。食盐加碘防地病，中国盐业谱新篇。

笔者写在上面的文字，记述了中国盐业的发展历史，是标准的民歌体，而不属于古体诗。因为古体诗讲求平仄韵角，用词比较考究，讲求意境和"起、承、转、合"；而民歌多为平白直叙、浅显易懂，只要大致朗朗顺口，不讲究绝对韵律和"起、承、转、合"。

我国自古以来，民间歌谣创作就特别繁荣，因而有不少古代学者对民间歌谣进行过很多研究。例如，《诗经》毛注："曲合乐曰歌，徒歌曰谣"；《礼记》中说："歌、咏其声也"。换而言之，民间歌谣是各个民族、各个行业的劳动人民在生产劳动与社会斗争过程中创作的韵文形式口头文学。更确切地说，民间歌谣是广大人民的

① 作者简介：张银河，河南省盐务管理局研究员、中国盐文化研究中心客座研究员；张孜辰，北京师范大学博士研究生。

生活、思想感情在富有音乐性的语言形式中的真实反映。民间歌谣也是产生很早的一种口头艺术形式，具有自然和谐的民间艺术语言的节奏与韵律，它是民间土生土长的朗诵诗歌，是吟育体的“顺口溜”或“打油诗”。

一、中国盐业民间歌谣的类别

盐业民间歌谣，大致可划分为劳动歌、生活歌、言情歌及故事歌4种。从内容方面看，这4种几乎都可以泛称之为生活歌，因为劳动歌与劳动生活有关，生活歌也总是关系到人民生活的愿望，言情歌也是反映爱情生活，故事歌也是真实反映盐业劳动者生活的事件。但是，如果把这些内容与它们的艺术特色密切结合起来看，这4种歌谣自然都有独立成类的必要：劳动歌与劳动动作有直接关联，而其他歌谣不具备其特点；故事歌的叙事特点也是为其他抒情歌谣所没有的；唯有言情歌与生活歌关系密切、特点相近，但是由于言情歌在数量上、艺术质量上有自己独特点，生活歌包括的内容较复杂多样，所以把言情歌单列一类与其他歌并列。

我们知道，盐业民间歌谣是由盐区人们创作并且口耳相传的抒情性的韵文作品，是民间文学的重要组成部分。它全面而深刻地反映了盐业劳动人民的人生观与世界观，生动地传达了盐业民众的爱与憎，是盐业人民物质世界与精神世界的真情流露与艺术再现，具有弥足珍贵的研究与艺术价值。

（一）盐业劳动歌谣

盐业劳动歌在原始时期的产生以及到后来它之所以能继续存在，是有社会原因的。原始人赖以生存的条件，首先是劳动，其次是伴随劳动而产生的语言。当时的盐业生产劳动异常艰苦，劳动工具也极为简单、粗糙。在这个时期，任何一个个体人想单独来谋取生活资料都是很困难的，甚至是不可能的，因此，必须依靠集体劳动。在集体劳动的过程中，由于劳动本身的需要，即为了提高劳动效率，就必然要借助语言的某种集体呼声来组织劳动动作；同时，也借助语言的声音或有节奏、韵律的歌声鼓舞劳动情绪和精神，减轻沉重的劳动负担。由此可知，盐业劳动歌在最古代就已经理所当然地成为最普遍的一种盐业歌谣形式了。高尔基说：“如果不知道人民的口头创作，那就不可能懂得劳动人民的真正的历史”；[①] 又说：“最深刻、最鲜明、在艺术上十分完美的英雄典型乃民谣、劳动人民的口头创作所创造的。”[②]

---

① ［苏］高尔基：《苏联的文学》，氏著《高尔基文学论文选》，孟昌、曹葆华译，北京：人民文学出版社，1958年，第336页。

② ［苏］高尔基：《苏联的文学》，氏著《高尔基文学论文选》，孟昌、曹葆华译，第327页。

1. 中国盐业最早的劳动歌

中国盐业最早的劳动歌，是黄帝时期的《弹歌》。原始民歌与劳动生活有着密切联系。东汉赵晔《吴越春秋》所载的《弹歌》，相传是黄帝时期作的反映狩猎生活场景的民歌。《弹歌》云："断竹，续竹，飞土，逐宍。"意思是说，把竹子砍断，把竹子接好，发出土石弹丸追射猎物。

笔者认为，它理应是中国最早、最原始的盐业民歌。因为种种原因，当时人类不知道直接利用食盐，而"飞土，逐宍"，恰如其分地反映了原始社会时期人类"茹毛饮血"自野生动物体内汲取盐分的真实状况。

关于民间歌谣的起源，鲁迅先生直言来自于劳动，即劳动创造了民间歌谣。他认为古人在劳动过程中，比如在抬重木时，由于负重，便自然而然地从喉咙里发出一声先抑后扬的"杭育"来，这由初民所发出的第一声"杭育"，大约便成为民间歌谣的滥觞了。人类社会的文化，是不断地从劳动的基础上产生和发展起来的。人类社会第一首诗歌，便是口头创作的劳动歌。从远古时期歌谣一开始产生起，这种歌谣便独特地伴随着劳动动作和劳动生活。所以说，劳动歌是人类社会最早的民间诗歌形式，也是一种独特的民歌形式。

2. 流行在海盐区的劳动歌

盐业劳动歌的节奏异常鲜明，它往往与盐业劳动本身的节奏相适应。

天津盐业生产开始于西汉，兴起于后唐五代。据史料记载，天津盐区扩展到宁河一代发生在元末明初时期。当时宁河民间流传一句歌谣："金宝坻，银武清，不如宁河一五更。"煮盐、贮盐带动了宝坻、武清经济的繁荣。立夏五更正是宁河盐场劳作的时辰。歌谣中的"一五更"，道出宁河盐业的规模与宏大，早已超过宝坻与武清了。

在天津盐业众多劳动歌谣中，笔者觉得最具代表性的一首民间歌谣，应该是流传于汉沽盐场、宁河盐场的《拉礴歌》和《哭五更》。

每年开春到滩地拉六礴，是家境贫寒的盐家子弟找工作挣钱糊口的机会。每当春节过后，他们就相约为伴拜灶户、求管事、找埝头，谋求拉礴活计。轧六礴由轧碌礴演变而来。碌礴，原是宁河一带轧芦织席的工具，此后把它用来轧盐池。因由6人拉动，便成了拉六礴。后来发现由六礴轧过的盐池，还需压平、赶光，于是又出现了四人礴和二人礴。灶户为省钱计，这类小礴多雇佣十二三岁的男孩。轧六礴虽属笨重活计，却也有些讲究，如几个人步伐要一致，礴须作弧形运动等。初次拉礴不懂这些规矩，就难免被石礴碰伤腿脚。清末，流行在天津塘沽盐区的一首《拉礴歌》，道出了拉礴者的辛酸：

大年刚过断吃喝，只好滩地拉六碡；天寒地冻风嗖嗖，牙打颤来身发抖。

大年刚过断吃喝，只好滩地拉六碡；石碡滚滚走船型，轧在脚上钻心疼。

肚里少食腿无劲，不撞埝埂还不行。立夏扒盐起五更，抬盐正是日当头；

肚里少食腿无力，不撞埝埂还不行。日月轮回立了秋，一场大雨平了沟；

鸡鸭鱼肉摆满桌，灶户谢的是埝头。盐坨堆起一座座，东家满意管事乐；

愿意留下接着干秋活，谁管盐工衣裳破。

（《拉碡歌》）

这些歌被盐工们唱来唱去，越唱内容越丰富，渐渐形成了花会的一种形式。它与后来流行于宁河的《哭五更》有相似之处。

正月里来耍六碡，甩开膀子忘了愁；唱唱盐哥们的酸和苦，一边唱来一边走。

春寒袭人风搜骨，拉起六碡汗水流；口干舌燥真难受，只因妻儿要活口。

立夏扒盐起五更，抬盐正是日当头；跑起牌子不要命，十个牌子一碗粥。

日月轮回立了秋，一场大雨平了沟；鸡鸭鱼肉满桌摆，灶户谢的是埝头。

盐坨堆起一座座，东家满意管事乐；愿意留下接着干秋活，谁管盐工衣裳破。

冬季里来北风吼，盐工家里愁不愁？东家领着去“借年”，来年流水满滩流。

《拉碡歌》和《哭五更》不仅仅道说了盐工劳动的辛苦，同时记载了当地盐业的风俗。首先，每年盐业生产开工前的第一件事，就是钉鞋钉。开工这一天，账房发给每个盐工两元钱，盐工带着自己从家乡捎来的千层底纳帮鞋，老板让他们去找鞋匠在鞋底上钉满圆帽钉。这种加工好的布鞋，有较强的抗盐卤浸泡的能力，一般可穿用一年。如此，形成了开工前灶户（老板）放钱给盐工钉鞋的习俗。其次，每年农历五月十三，若天还不下雨，便会急坏农夫，到处焚香拜佛求雨。相反，盐家却高兴坏了，天越是旱，盐池里的卤水浓度越浓，产盐率就越高。盐家纷纷庆贺这大旱的喜庆之年。灶户家家吃捞面，有肉炸酱、芝麻酱、对虾卤，以及青豆、黄豆、豆芽菜等各种拌菜。大方讲究的灶户还在煮面的汤里放上蟹肉、虾籽，原汤化原食，吃喝完这海鲜汤，回味无穷。干苦力的盐工在农历五月十三的日子里，早早收工放假半天，拿着老板的犒劳钱，仨一群俩一伙，到街面上饮酒作乐去了。这一习俗一直延续至20世纪50年代初。埝头，挣的是“绝活”手艺钱。

3. 流行在湖盐区的劳动歌

山西运城属湖盐区，资本主义生产关系虽然萌芽比较早，但是，由于盐池长期处于封闭、禁锢状态，盐业资本主义发展的步伐异常缓慢，盐业工人在这种环境中，身受盐厂掌柜和把头的残酷封建专制统治。他们不惟劳动条件恶劣，劳动负荷沉重，生活极为贫苦；而且盐工的人身自由，甚至生命安全，也没有保障，即使历史进入20世纪，到了国民党统治时期，盐业工人的悲惨命运，也没有得到明显的改变。生活的情况如何呢？盐工这样描述在盐滩上劳动的情况：

头人挥鞭把工赶，盐工相伴四大件；受尽人间千般罪，饥寒交迫苦难言。

晨伴星星下盐田，夜扰盐盖荒野眠；驮铃声如断魂钟，熊吼狼嗥凄惨惨。

秃了铁耙和铁钻，断了漏勺和铁铲；弯了盐工脊梁骨，颗颗盐粒血泪染。

（《颗颗盐粒血泪染》）

盐工们每天天不明就下盐滩干活，直到天空布满星斗才收工，工人每天劳动时间长达10多个小时。他们在露天的盐滩上，冬天要经受凛冽寒风和冰雪的侵袭，夏日则要头顶烈日，冒着酷暑，赤脚站在炙热的硝板上晒盐。没有节假日，长期在这种条件下劳动，盐工的辛苦就可想而知了。因此，另有《盐工歌》唱道："上工天不明，下工满天星。有活没有活，家伙不能停。"

4. 流行在井矿盐区的劳动歌

四川自贡是中国有名的井矿盐区，历代从事井盐生产劳动的盐工，在繁重的凿井、采卤、煎盐、运盐之时，在艰窘、贫困、苦寂的生活之中，直抒胸臆，以歌谣宣泄自己的愤懑、慨叹人世的不平，表达他们对生活、对未来的希冀。下面是一首凿井号子：

哨子咕罗应齐点，应得齐来才好喊。

我喊哨子为哪般，为把盐井早打穿。

（《大哨子》）

劳动歌一般地说来大多采用"一领众和"的形式，有的是领唱在先，齐唱在后重复领唱者所唱的内容；也有的是领唱与齐唱构成二部或多部相互交叉地歌唱，这一点是劳动歌与其他歌谣形式不同的地方。古代在捣凿盐井的劳动中，盐工们都要喊号子，一方面为协调动作，一方面可以提神解乏。这反映了原始劳动过程中人们的生产和精神风貌。

盐船号子更是粗犷、悠扬，听起来仿佛在波涛上飞动，在峭壁间回荡。船行逆水，不进则退，但在久经风浪的船工面前，却面无难色，行起船来，仍是那样的逍遥，那样的潇洒：

天连地来地连天，龙恋沧海凤恋山，

佛祖爷曾把牟隐念，观音母练的普陀山。

读书人练的纸笔墨砚，生意买卖人练的打算盘。

当兵人练的枪杆杆，掌船人练的撑篙竿，

闲言几句随风散。

（《挽子歌·撑船号子》）

幺嫂幺嘞——死了男人好心焦，背起背篼捞柴烧，

路又窄来山又高，谨防遇到大头猫！

（《挽子歌·撑船号子》）

四川自贡盐场以人力挽车汲卤，俗称作“班房车”。在班房车推水的盐工，备受折磨。他们肩套“搭背”，伏地而行，脚下是无穷无尽的路，身上是无休无止的汗，在沉重的喘息中，曲曲《挽子歌》道出了他们的辛酸悲凉和无可奈何的情怀：

天辊辊转，地辊辊圆，老娘推水儿赚钱！

大的儿来看，小的儿来睃，老娘推水莫奈何！

（《挽子歌·天辊辊转》）

从字面上看，《撑船号子》和《天辊辊转》，反映的是盐业女性劳动者的声音。在暗无天日的年代，盐业工人（包括女性）生活在社会的最底层，他们痛苦地抗争着、呻吟着。常常在盐滩上和着打夯（盐池俗称砸大槌）劳动，唱出他们自编的号子，抒发他们的情感，倾诉生活的不幸，揭露资本家、封建把头欺压工人的种种罪恶；同时，也呼喊出对明天生活的向往。这些盐工号子，就是民歌。

《礼记》郑玄注：“古人劳役必讴歌，举大木者呼邪许。”《淮南子》中说：“今夫举大木者，前呼邪许，后亦应之，此举重劝力之歌也。”这些便是正确地揭示劳动歌与劳动的关系的真实记录。劳动歌在原始社会以后不断发展，虽然鲜明地标志出后世生活的种种特点，但由于各个时代仍然存在着许多简单、低级的笨重的人力劳动形式，所以，直到现在仍然保留着劳动歌固有的某些特点，保留着劳动歌中自古以来即已存在的某些原始形态。正如英国乔治·汤姆逊教授所说的：“即使在西欧，我们现在还听得到劳动时的歌唱。那就是纺纱歌、收获歌、摇船歌等等。它们的功用是促进生产劳动的进行，使它得到有节奏和令人沉醉的性质。纺纱人唱纺纱歌，相信她的歌能够帮助轮子旋转……全世界文化的各个阶段中，劳动歌都很丰富，除非在有机器的地方，那机器的轰声把这类歌赶跑了。它们对于我们的研究有特别的重要性；因为它们保存着语言和劳动之间的原来的关系，虽然已经有一些值得注意的变化。”①

法国学者拉法格说：民间诗歌是“人民灵魂的忠实、率真和自然的表现形式；是人民的知己朋友，人民向他倾吐悲欢苦乐的情怀；也是人民的科学、宗教和天文知识的备忘录”②。盐业劳动歌的产生与发展，对整个盐业文化的发展、繁荣有着很

① ［英］乔治·汤姆逊：《论诗歌源流》，袁水拍译，北京：作家出版社，1980 年，第 20 页。

② ［法］拉法格《关于婚姻的民间歌谣和礼俗》，氏著《拉法格文论集》，罗大纲译，北京：人民文学出版社，1979 年，第 8 页。

大作用，它的韵律与节奏，不断影响着各盐区文艺的发展方向和风格。

（二）盐业生活歌谣

盐业生活歌是民歌中最丰富、题材最广泛的口头诗歌作品。盐业民歌中的生活是现实主义诗歌的重要组成部分，也是现实主义诗歌的良好榜样。它反映了盐区劳苦民众在阶级压迫时代的悲惨境遇和斗争生活，表现了盐民对资本家等剥削者罪恶的揭露、诅咒和斗争，尖锐地讽刺了反动统治阶级的糜烂生活，揭穿了反动官府、反动制度的虚伪、野蛮的罪恶本质。另一方面，在暴政统治下大胆地表现了盐民对历代正义灵魂的赞颂。如元代后期流行于两淮盐区的《杨家畈》唱道："杨家畈，杨家畈，烧盐的好大胆。官兵来捕杀，盐民就造反。没有刀和枪，拿起鳓鱼绑上扁担，把个官兵都打散。"这些反映阶级斗争、政治斗争内容的盐业歌谣，成为生活歌的重要成分。

1. 中国盐业最早的生活歌

中国盐业最早的生活歌，是虞舜的《南风》歌。据古籍记载，最早直接歌颂盐民生活的诗歌是《南风》，传说其作者是上古帝王虞舜。据传说舜弹五弦琴吟唱《南风》歌，是他定都中原盐池附近（今山西永济）以后，到盐池视察的时候，在盐池北边卧云岗上的一篇即兴之作。

《南风》歌：

南风之熏兮，可以解吾民之愠兮；南风之时兮，可以阜吾民之财兮。

译文：

南风缓缓吹啊，可以解除万民的愁苦；南风适时吹啊，可以丰富万民的财物。

诗歌是感情的结晶，是人类思想的真实流露。《南风》诗歌共四句，但情思复杂。它借舜帝口吻，抒发了先民在盐业生产中对"南风"既赞美又祈盼的双重感情。《韩非子·外储说左上》及《淮南子·泰族训》载："昔者舜鼓五弦，歌《南风》之诗而天下治"。这话乍一听有些夸张，但细想起来，先民们对"南风"的赞颂和祈盼，也正反映了他们在自然力面前的无可奈何和无能为力。热烈虔诚的赞颂里，潜藏着忧郁无奈的心情。

由于对"南风"的赞颂和祈盼，是通过舜帝抚琴歌吟表达的。因此，经后世儒家的阐释，"南风"逐渐具有比兴之意，并成为帝王体恤百姓的象征意象；历代诗人也常以"南风"来称颂帝王对百姓生活的体恤之情和煦育之功。在中国汉语言学词汇中，"南风"成为最具美颂色彩的意象之一。

2. 流行于海盐区的生活歌

民国之初，盐税作为外债抵押，盐业生产外受帝国主义的操纵和把持，内遭封建主义和官僚主义的反动统治和破坏，盐业生产设备失修、技术落后、发展缓慢。广大盐工盐民生活更加困苦，过着饥寒交迫的牛马生活，没有任何劳动护具，弄得浑身泥浆，资本家还侮辱盐工盐民是“盐场猴”，他们年老体衰之后往往是无家可归。那时候，在江淮盐区流传着这样一首歌谣：

盐场猴，盐场猴，地瓜丝，咸菜头，身无衣，肚无油，

满身腥臭似牛马，终年累月实在苦，姑娘不嫁盐场猴。

（《盐场猴》）

苏北民谣《不平歌》唱道：“泥瓦匠，住草房；纺织娘，没衣裳；卖盐的老婆喝淡汤。”它尖锐地表现了广大劳动人民的痛苦生活，揭露了旧社会阶级不平、阶级剥削和压迫的实质；深刻地暴露了封建黑暗统治。它对于过去旧的吃人的社会说来，具有真实的意义。另有几组流行于江苏盐区的民歌唱道：

烧盐的苦楚世上少，世人哪里能知晓？三伏的太阳如火烧，晒得烧盐的背脊焦。

东方发白上盐场，亮月儿当头收工跑。杨树扁担两头翘，灰担压弯我的腰。

烧出盐花白如银，灶头见了嘻嘻笑。装了一包又一包，烧盐的哥哥眼泪抛。

种田的能够吃顿新米饭，这盐又不能去当饱。

（江苏《烧盐苦》）

龙游沟呀长又长，运盐船儿穿梭忙；扬子江口到黄海，清清水源通天下。

龙游沟呀深又深，盐民靠它活生命；天寒地冻不封冰，水灾旱涝船能行。

龙游沟呀弯又弯，七十二个望娘潭；青龙白龙来造福，留芳人间百世赞。

（江苏《龙游沟》三首）

长芦汉沽盐场场区自开滩晒盐迄今，已经有300多年历史。清代前期，汉沽共有民滩358副，分属于大小130家灶户所有。同是灶户，滩地的多寡、滩质的优劣却相差悬殊，各自经营的方式方法也各不相同，灶户阶层十分明显。1919年，穷灶户、前清秀才萧欣山编写了一首《十等灶户》歌，反映出各等灶户的不同面目。笔者觉得，在众多盐业生活歌中，它是最具代表性的一首。歌词内容如下：

一等灶户当灶首，甘为盐商当走狗，全为自己有。

二等灶户富家翁，不等盐款就上工，常年乐融融。

三等灶户卖“久大”，不等年终就发价，新老盐剩不下。

四等灶户当军师，见了盐款任意支，帮喝又帮吃。

五等灶户跳了槽，自卖自晒自逍遥，盐商管不着。

六等灶户逞英豪，找到灶首就不饶，好似老鼠见狸猫。

七等灶户真松蛋，找到灶首不见面，趟趟白蹲店。

八等灶户怕惹祸，守着盐坨干挨饿，脚步不敢错。

九等灶户晚驳盐，天寒水浅难雇船，充公在眼前。

十等灶户卖盐滩，有几副都一盘端，新老债还不完。

接下来，我们再看看流传于江苏南通盐区的《盐民生活写照》，反映当地盐民在新中国成立前后不同阶段的三种生活状况：

新中国成立前："一去二三里，盐民四五家；楼亭无一座，到处白花花。"

新中国成立初："一去二三里，盐墩无几家；造桥没人走，浪费是国家。"

新中国成立后："一去二三里，楼房四五家；滩棚六七座，八九十处花。"

3. 流行于湖盐区的生活歌

作为产业工人来说，运城盐湖盐工队伍的形成是很早的，清朝顺治六年（1659年）畦归商种以后，盐湖出现了资本主义生产关系的萌芽，专门从事盐业生产的盐业产业工人队伍开始形成，至今已有340多年的历史。期间，盐工悲惨的命运，使他们不禁疾声呼喊，并用浅显易懂的民歌，诉说了盐湖工人不堪其苦的心声：

池下活，不能干，不如守在家要饭。不挨打，不受气，就是死了也心甘。

想起池下活，实在难熬煎；吃的仓谷米，做的牛马活。

（《池下活》二首）

盐工不满于他们悲惨的处境，便进行反抗斗争，这在盐工歌谣里也有所反映：

长工活，慢慢磨，做得多了合不着，暗使劲，坏家伙，等到晌午吃老馍。

（《长工活》）

常年受雇于资本家，约定必须劳动满一年以上的为长工。《长工活》反映了盐湖工人那种原始的、消极的、无可奈何的心声，是一种对劳多利少剥削制度的反抗。只不过这种反抗、斗争是比较原始的、消极的，慢慢地磨工时，暗地里使劲损坏劳动工具（家伙），借以发泄他们的不满情绪。同时，盐工们盼望着有朝一日能出人头地。因此歌唱说：

仓谷米，难下咽；一天三顿白蒸馍，赛过天上的活神仙。

（《仓谷米》）

在旧社会，山西运城所有盐工生活都是非常艰苦的，很多盐工都是被绑架、强抓来的。他们过着一种非人的生活。在盐工中流行着这样几句话："过去替资本家干活，吃的是仓谷米（虫咬过的），咸菜是臭的，虾酱是腥的。""仓谷米"指的是储存多年的陈仓小米。盐厂掌柜廉价买来，做成小米捞饭（稠粥）给工人们吃。这种仓谷米质量低劣，做成的捞饭淡而寡味，盐工难以下咽，可是资本家却说那米是

“龙凤米”。饭食如此的差，却要干牛马般重的活，所以日子是受熬煎的。他们认为一天只要能吃上三顿白蒸馍，那生活就赛过神仙了。

解放前，来山西运城盐湖当工人的，有当地的农民和贫苦市民，而其多数是从河南逃荒来的灾民。他们渡过黄河，徒步跋涉，翻越过中条山，看见盐湖后，便产生一种进退两难的复杂心情。进盐湖，惧怕封建把头的疙瘩鞭（用牛皮制成，鞭鞘结以疙瘩，故名）的抽打，退回家，路途遥远，腰里已经没有了盘缠（路费）。即使能回去，又何以为生？此时此刻，贫苦的逃荒农民只好硬着头皮往前走，下盐池当工人。《盐工歌》表达了在生活的历程中，农民当盐工是无可奈何的选择，反映的是河南黄河沿岸地区的农民，跋山涉水来到盐湖干活时进退两难的心境：

下了中条山，两眼泪不干；有心下盐池，怕挨疙瘩鞭；有心回家转，没有盘缠钱。

（《盐工歌》）

过去，在运城盐湖一般都把盐厂（或称盐号）的资本家称为掌柜。柜房是掌柜和其他管理人员办公、居住的地方，不允许盐工进入，在盐工眼里，柜房是阎王殿，掌柜就是阎罗王了。跨过禁门，步入盐池，成了一名产盐工人，他们面前的资本家（掌柜）、工头（老和尚、老伴等）是一种什么形象？盐工是这样形容的：

柜房好比阎王殿，掌柜好比阎罗王；老和尚好比勾命鬼，老伴好比叫明鸡。

（《柜房好比阎王殿》）

盐池的封建把头共分6级，即老和尚、老伴、二掌锨、三甲曹、四排子、小师傅，盐工称他们为压在工人头上的6层洋楼。老和尚是最大的工头，也是盐厂掌柜，依靠统治盐工的忠实走卒。至于老伴，是第二号工头。盐工每天早晨上班没有固定时间，完全由老伴掌握；老伴天不明就站在大院里连声呼叫：“起——起——起……”，如公鸡打鸣一样，命令盐工下盐滩干活。歌谣《柜房好比阎王殿》，对柜房、掌柜、老和尚、老伴的形容确切、形象、生动，活活勾勒出一幅盐厂人间地狱的画图。盐工用低沉、悲哀的声调唱出来，让人心灵不禁为之颤抖。

穿得烂，走得慢，手里提个牛蛋罐。走到城里吃碗面，回去买点辣葱蒜。

（《盐池工》）

苏联文学家高尔基说：“要深切地注意民间创作……要寻求朴素、简洁、用三言两语就创造出形象来的健壮力量。”[①] 如前所述，在盐湖干活的盐工中，有相当一部

① ［苏］高尔基：《高尔基文学书简》（上册），曹葆华、渠建明译，北京：人民文学出版社，1962年，第132页。

分是当地百姓。他们在上工的时候，盐场主人只供他们吃两顿储存多年的陈仓小米粥，3次黑面馍（盐湖称老馍），一年四季如此不变。为了促使下咽，盐工们只好用小罐子自备一些咸菜调味。这些民歌，正是用“三言两语”形象地刻画出了盐湖工人衣不遮体、有气无力、生活没有着落的形象。同样内容的盐业民谣有：

长工忧，长工有身不自由：白天累一天，晚上关进监。想出出不去，屎尿房里边。

（《长工忧》）

盐厂掌柜怕盐工逃跑，每天上工下工，都由工头整队带出带进，晚上回厂便关进大宿舍，门外还要加锁，宿舍成了“牢房”，盐工如同“囚犯”，没有人身自由。封建工头打骂工人是家常便饭，他们视盐工生命如草芥。盐工类似的苦衷有许多，不妨再听听他们如何诉说：

长工叹：长工性命不值钱，掌柜骂，老伴打，浑身上下伤受遍。

长工叹：冬天到，盐号闲，掌柜的回家去团圆。

工人啊，遥望老家回不去，路上没有盘缠钱。

长工叹，做长活，没结果，一辈子没钱娶老婆。

长工叹，得重病好比进了鬼门关，

气没断，一页席子两头线，把你埋在禁墙脚下边。

人死没人给捎信，家中老小哭苍天！

（《长工叹》）

《长工叹》如实地记录了盐工长期流落盐滩：不能与家人团聚，无钱娶亲成家享受人生的欢乐；待到被榨干了血汗，人老体衰，便会被赶出盐厂，只能去乞讨流落；更为悲惨的是，因过度劳累患病的工人气还没断，便会被狠心的掌柜用一页苇席和两根斗线（麻绳）捆上，埋到禁墙下的乱坟场里去。从这一组歌谣里，我们可以看出盐工生与死的悲哀画面。

4. 流行于井矿盐地区的生活歌

在丰富多彩的生活歌中，一般地看来，大多数的作品是采取了“谣”的表现形式的。这种不合乐曲的生活歌形式富于自然的韵律，虽有长短句的语言结构，但节奏鲜明，往往很适于口头诵读。这类民谣的形体，一般比较短小，没有固定的结构形式，句子参差不齐，更有的两三行不等。云南是有名的井矿盐区，流转在该地区的盐业民歌，反映的就是矿盐工人（俗称砂丁）的切肤之痛：

块块矿石含血泪，担担盐巴有怨声。砂丁苦，砂丁恨，砂丁冤仇似海深。

（《砂丁歌》）

井盐在制作过程中，熬盐是其产品净化必不可缺的一道程序。熬盐工整天面对的是沸腾的盐锅和烟熏火燎，工作环境相当恶劣，但并不一定工作都有保障。

熬盐工，真是苦，油水榨干被开除。全家生活无出路，老婆儿女床头哭。

（《熬盐工》）

5. 生活歌的浪漫情怀

生活歌的内容很丰富，题材很广阔，它概括了生活中的重大题材及生活中的各个侧面，甚至包括劳动群众中各个阶层生活的各种细节部分在内。它认为只有表现阶级之分的歌谣才能称为生活歌的见解，是狭隘的、片面的、教条主义的，是不理解人民生活的丰富、多样的特点的表现。虽然，关于阶级之分生活的歌谣是主要的，是生活歌的基本核心，但它们终归不是生活歌的唯一内容。俄国作家车尔尼雪夫斯基说："民歌中有很多新鲜和纯朴的地方，而这就足够供我们的美感来欣赏。"① 中国许多地区有关盐的民歌，表现的多是如此情调。

首先，我们通过《盐的宝源》，看看西藏牧民歌谣中的浪漫情怀：

我的家乡在天湖边，那儿遍地都是盐；幽深的湖水似云天，洁白的盐滩像云田。

其次，我们通过《买盐巴》，看看云南少数民族地区百姓的浪漫情怀：

走过一村又一乡，翻山越岭到凤岗。白白盐巴买两块，闪闪扁担回澜沧。

历史上，在云南少数民族地区盐一直被视为珍品。阿昌族称食盐为"盐宝"，傣族把食盐称为"白色的金子"。在上述民歌中，我们不仅看到了边疆少数民族地区购买盐巴的不易，同时也可以看出他们获得生活必需品后的喜悦。

其三，我们通过《挽子歌·月亮》，看看四川地区盐民的浪漫情怀：

月亮像只船，沉香木做的船，桉罗树做篙竿，江水滔滔往东流，一颗明珠落火海。

其四，我们通过儿歌《天上星，地下盐》，看看天津地区盐民的浪漫情怀：

天上星颗颗晶莹明亮，地上盐粒粒剔透玲珑。

天上星有那么多梦幻，地上盐有那么多憧憬。

天上星眼睛总闪甜蜜，地上盐眼睛常含温情。

天上星有时也伤感，地下盐有时也愁容。

天上星迷恋地上盐，地上盐爱慕天上星。

天上星谁也难计算，地上盐谁也数不清。

---

① ［俄］车尔尼雪夫斯基：《艺术与现实的美学关系（学位论文）》，氏著《车尔尼雪夫斯基选集》（上卷），周扬、缪灵珠、辛未艾译，北京：生活·读书·新知三联书店，1958年，第40页。

天上星一点儿也不寂寞，地上盐一点儿也不孤零。

天上星落到地下是盐，地下盐飞到天上是星。

其五，我们通过《请到中国死海来》，看看山西地区盐民的浪漫情怀：

请到中国死海来，以体作舟好自在。

黑泥营养润肌肤，明月轻松醉心爱。

请到中国死海来，神话传说难忘怀。

古湖风华情无限，游人极乐赛蓬莱。

波兰作家密茨凯维支说："从各个方面看，无论是整个浪漫主义文学，还是它的个别部门，民间诗歌都是重要的，深深吸引人的。"[①] 从上述盐业民歌中，我们可以验证巨匠语言的真谛。

（三）盐业言情歌谣

我国盐业民间歌谣中，言情歌占有相当大的比例，历来受到盐区群众尤其是广大青年盐工的喜爱。这类民歌在漫长的流传过程中，经过不断地丰富、提炼和加工，形成特具魅力的民歌形式。它以其炽热的情感、生动的比喻、洗练的语言，表现了青年们对爱情的追求、对幸福的憧憬、对封建礼教的蔑视、对封建婚姻的反抗。

1. 中国盐业最早的言情歌

中国盐业最早的言情歌，是宋玉的《高唐赋》。宋玉是著名的辞赋家，战国楚人，时代稍后于屈原。主要代表作有《九辩》《高唐赋》《神女赋》《风赋》《登徒子好色赋》等。宋玉在《九辩》中，有3处引用了黄河流域早期的食盐文化典故，涉及有姜太公（吕望）、千里马、尧舜。而其真正和盐文化有关的作品是《高唐赋》《神女赋》。赋是介于诗和散文之间的一种文体，加之《高唐赋》取材于当地民间神话，因此说它是民歌不为错误。

《高唐赋》序文写巫山神女与楚怀王交媾后，因人神殊隔，不能相伴，不得已与怀王相约："旦为朝云，暮为行雨，朝朝暮暮，阳台之下"的经过。《神女赋》可视为《高唐赋》续篇。宋玉为楚襄王赋高唐之事，当夜襄王梦中与神女相遇。宋玉又奉命作赋，描写其梦中情事。

有关神女的传说，很早就在楚地民间流布了。有关这两篇辞赋中所描写的女神形象，历史上多有争议。首先提出巫山神女是盐水女神的领军人物是任乃强先生，他在《华阳国志·校补图注》中认为，宋玉的《高唐赋》《神女赋》是把食盐比作

① ［波］密茨凯维支：《论浪漫主义诗歌》，《古典文艺学理论译丛》（第四册），北京：人民文学出版社，1962年，第14页。

“神女”，是歌颂巫盐人楚的诗赋。《高唐赋》《神女赋》是珠联璧合的整体，两赋实有着文断而神连的绝妙构思：从作者展开梦遇巫山神女的缤纷奇境来说，《高唐赋》恰似一支悠然而奏、牵人情魄的序曲。

2. 流行于四川盐区的言情歌

言情歌是我国文化宝库中一颗熠熠生光的瑰宝，是优美的艺术结晶，是历代作家优秀爱情诗作的肥沃土壤，至今仍给人以美好的艺术享受。例如四川自贡盐区《挽子歌·送郎》中，表现出一种缠绵悱恻、柔肠寸断、被压抑的爱情：

太阳落坡渐渐梭，留郎不住早烧锅；娘问女儿做啥子，湿柴烧火烟子多。

送郎送在屋当头，手把屋檐眼泪流；娘问女儿哭啥子，渣渣落在眼睛头。

送郎送在坝子边，一朵乌云遮满天，唯愿老天落大雨，多多留郎住几天。

（《挽子歌·送郎》三首）

言情歌的内容所表现出来的思想感情是复杂多样的。但是，从根本上看来，这些思想感情的表现，总是与封建道德观念相对立的。首先，在情歌中坦白地表现了男女青年之间互相爱慕、彼此追求的真挚感情。从《挽子歌·送郎》三首盐业民歌里，可以看到盐业劳动青年男女之恋情的真挚表现，这种感情往往很细致、很深刻地表现在歌词里对于恋爱心理状态的描绘方面，“留郎不住早烧锅”“唯愿老天落大雨”这些心理活动都是健康的。因此，当他（她）们之间的爱情不得已地被加上离别之苦的时候，也往往表现出了忠贞可贵的深情，这在那些表现离别与相思之情的歌中可以听到。《挽子歌·送郎》，写了女子追求爱情的情感像一团烈火，并描写了女方心如火燎、不禁落泪的过程。这些民间情歌坦率、热切，感人肺腑，表现出盐家女子对待爱情的朴实无华和情真意切，贯穿着一种炽热、滚烫的感情。

昔日的四川自贡盐场，大型的设备很多，如千斤锅、方锅乃至蒸汽锅炉，都是靠人工抬运。每次搬运都得用数十甚至百余名工人来抬，为了协调工人抬动的步伐统一，必须有一位专职人员高坐盐锅或锅炉之上指挥并领唱，让抬动设备的工人边按节奏挪动脚步，边与领唱者唱和，扛运号子由此而生。这种扛运号子节奏明快，音韵铿锵，内容广泛，充满生活情趣：

抛抛起闪哟，闪闪起抛哎；闪起那些好，越闪越轻巧。

闪起又不重，越闪越轻松；幺妹你请坐，瓜子由你剥。

瓜子你在剥，看你那双脚；幺妹年纪轻，手拿绣花针。

幺妹年又大，明年要打发；打发婆家去，喂奶带娃娃。

手提四两油，梳个分分头；头戴栀子花，花儿香喷喷。

手拿芙蓉花，花儿红彤彤；面容桃花色，眼儿闪秋波。

身穿月白衫，滚的大栏杆；青布来滚领，白布来滚边。

（《扛运号子·抛呀抛起闪》）

丝巾围腰双飘带，灯笼裤脚红绣鞋。

幺妹来不来，幺妹要做鞋：做鞋何处用，婆家开庚来。

看看期程满，花花轿儿抬；抬在婆家去，牵出新人来。

先拜天，后拜地，再拜祖宗入绣围。

鸳鸯枕上去，红罗帐上来；三年并两载，生下姣儿来。

姣儿乖不乖？姣儿逗人爱。

（《扛运号子·幺妹来不来》）

前面一枝花，两眼瞧着她；她也瞧着我，我也瞧着她。

她也难舍我，我也难舍她；难割也难舍，小冤家！

天上落点雨，地下有点滑；鞋儿有点烂，脚儿有点软；

掉了一只鞋，落了一枝花。情哥前面走，慢慢等奴家。

好生走几步，步步现莲花。什么子花哟？栀子花，用手讨，送冤家。

（《扛运号子·前面一枝花》）

青菜薹，白菜薹，情妹下河洗菜薹；

你要菜薹拿把去，你要玩耍天黑来。

（《扛运号子·青菜苔》）

言情歌是盐业民歌中数量较多、艺术性较高的口头文学。《诗经》里所采录编选的民歌中，就有很多都是言情歌。这些言情歌是经过封建文人的严格选择而后保留下来的所谓“乐而不淫，哀而不伤”的作品，但它们仍然能够显示出中国古代人民健康而真挚的情感。有人往往不恰当地认为言情歌只不过是一些男女私情、男女关系方之情的反映，因此也往往轻视了它们，回避了它们。这些人还没有能够更进一步看到，言情歌往往真实而强烈地反映出盐区劳动人民的阶级感情，往往也表现了盐区人民对旧社会制度的强烈不满和反抗。这种反抗精神通过男女爱情的具体描绘来表现，往往更大胆、更尖锐、更赤裸。

3. 言情歌中的代表作《卖私盐郎》

在鉴赏言情歌时要注意品味其中健康、质朴的情感和高尚的情操。民歌中有很多新鲜和纯朴的地方，而这就需要我们用足够我们的美感来欣赏。当我们鉴赏优秀的言情歌时，会觉得一种清新之气扑面而来，炽热的爱慕之情给人以健康的美感。这些民歌或大胆表白、热烈奔放，或含蓄委婉、娓娓动听，表现出劳动青年高尚的恋爱观。在众多盐业言情民歌中，笔者认为，无论从思想、从文化、从艺术、从语言角度，流行于江苏两淮地区的《卖私盐郎》，都是一首当之无愧的代表作：

天上星月十三行，家中姑娘不嫁卖盐郎。月大月小三十夜，二十九夜守空房。只有一夜郎归来，我高挂明灯替郎绣汗巾。

一件汗巾未绣得完，三朋四友喊开船。“郎啊，你今朝开船三更过，何时归来伴洞房？”郎说：“我顺风顺水仨俩月，顶风落水半年多。”谁知一去三年零六月，你一封书信未到家。

郎啊！我开仔南窗望一望，看看郎君有否回。我开仔西窗望一望，不见我郎回家中；我开仔北窗望一望，不见郎君小船来进港；我开仔东窗望一望，只见东海东滩小小花船有一只，船头站的是我卖私盐郎！

我八仙桌子朝南摆，四把梳子排成行；五架镜子对面照，欢欢喜喜忙梳妆：前头梳的硬角鸡，后头梳的凤凰尾；左边梳的荷叶把，右边梳的插花行；四面八方都梳到，中间腰里还梳七七四十九个花园塘。

我上身穿起五色花夹袄，下身穿起八褶美罗裙；绫罗裙里嵌金铃，左一走来铃铃响，右一走来响铃铃；描金线裤穿上身，火红丝带乘风飘；衣白裹脚绕绕道，紫色花鞋低头瞧；我转弯抹角跑得快，一直寻到郎君小船旁。

撑船哥哥来得多，不看见卖私盐哥哥人一个；睁睁眼睛细细看，看见踏船前头一个撑船人：头带风凉帽，脚穿五洲鞋，腰里系的白汗巾呀，是我亲手绣的鸳鸯情。我左手接郎一把五叶苏州伞，右手挽郎到奴家。

我端张板凳哥哥堂中坐，轻言巧语把情哥问；高问三声郎不睬，低问三声郎不应。“郎啊，你阿是船小浪大经勿起风浪颠？阿是盐货买卖事不顺？阿是撑船哥哥欺待你？还是生意清淡赚不得好铜细？”

郎道一声：“妹妹呀，你不问，我不说；问起我来说给你听：我勿是船小浪大经勿起风浪颠，勿是盐货买卖事不顺，勿是哥哥弟兄期待我，也勿是生意清淡赚不到好铜细；我昨天走东海滩沈百万家花园过，他三姑娘手执五色花丝线，打起十二把金梭子银梭子绣花石：一绣天上星和月，二绣罗罗树上果子多，三绣老龙朝南坐，四绣玉皇伴金房，五绣东海红日出，六绣薛仁贵跨海去征东，七绣小小花船浪里飘，八绣珍珠和玛瑙，九绣燕子叨根灵芝草，十绣白马过小桥。妹呀，你说三姑娘纤手巧不巧？众弟兄都把她来夸。”

妹道一声：“郎哇！你去买七十二只金梭子银梭子，到苏州城里买五色花绒线，到杭州城里买真丝套真绸，我当即绣给郎你看：我一绣天上星和月，二绣罗罗树上果子多，三绣老龙朝南坐，四绣玉皇伴金房，五绣东海出红日，六绣薛仁贵跨海去征东，七绣小小花船浪里飘，八绣珍珠和玛瑙，九绣燕子叨根灵芝草，十绣白马过小桥，十一绣三十六只鸡狼狗，十二绣两只狮子把绣球抛；十二只绣品端端正正放在荷花袋，荷花袋子不要给你三亲六眷朋友兄弟看；有人要拉开来，抽开来，问你是哪个绣？你就说家中小妹妹绣。”

郎听奴奴一番话，云开日出笑开颜：“沈百万家纵有姑娘十八个，怎及我家妹妹人一个？！后朝开船卖盐去，再不胡乱想颠颠。”

这首言情歌里所表现的相思、离愁，都很纯真、朴素而健康，所表现的感情也是真挚的。尽管中间表现出男子别有恋情，但那只是为了反衬所爱女子的能工巧技更高一筹，因此，这首言情歌中所有的这些健康成分，是与盐业劳动者健康的恋爱标准分不开的。盐行业劳动者的恋爱标准总是牢固地建筑在劳动阶级的基础上的。他们常常以男女劳动者所具的优点为恋爱条件，从来很少对剥削者、游手好闲的人表示好感，可见是阶级关系决定了他们的爱情生活基础。

言情歌《卖私盐郎》具有许多艺术优点，仅就一般艺术表现方法看来，就已经显示出它的优异之处。它通过好的比喻、双关来抒情，这些比喻构成很美或很生动的形象，产生巨大的感染力量。除此以外，言情歌《卖私盐郎》用夸张、想象的手法进行爱情的描写。在那些以表现爱慕之切、思念之深为内容的盐业言情歌中常有这种艺术表现。总之，言情歌《卖私盐郎》的艺术特色是盐业民歌中突出的特色，对这些特色给以重视和研究是很有必要的。

（四）盐业故事歌谣

1. 最早的盐业故事歌

中国盐业最早的故事歌是《楚辞》中的相关作品。《楚辞》是在地方民间歌谣的基础上创作的一种新的诗歌体裁。和之前流传在北方黄河流域《诗经》中的民歌相比，《楚辞》的篇幅较大，句式较长，不断采取回环复沓的形式，富有浪漫主义色彩，具有“书楚语、作楚声、纪楚地、名楚物”的浓厚地方特色，以其为楚人独创而又有特殊形式的民歌，代表着南方汉水及长江流域当时民歌创作的最高造诣。

在屈原的《离骚》中，笔者简单梳理了一下，涉及盐文化典故方面的句子约30处，大多借助历史中与盐业有关的人物故事，来表达自己怀才不遇、生不逢时的苦闷心情。其中提及与盐业物质文化功勋卓著有关的人物有黄帝、虞舜、吕望，与盐业精神文化有关的人物有商汤、伊尹、周文王、周武王、周穆王、傅说、百里奚、伯乐等。这些人物中：虞舜是盐诗《南风》的作者，对盐业生产开发十分重视；商汤重用伊尹，对盐等五味的论述高屋建瓴；武丁在修建运盐古道上寻得傅说以盐相赞，傅说为武王鞠躬尽瘁；周文王渭水河边发现吕望，武略文韬治盐造福周齐等等。他们的故事，为屈原《离骚》增添了不少文化色彩。

在屈原的《天问》中，涉及的盐典故的人故事多达十余处，其人物事件亦是《离骚》中所提及的虞舜、伊尹、商汤、吕望、武王等名君名相。《九章·怀沙》中，作者又列举出百乐盐道相马的故事："怀质抱情，独无匹兮。伯乐既没，骥焉程兮？"意思即我为人诚心诚意，但有谁为我佐证。伯乐已经死了，拉盐车的千里马有谁能品评？《招魂》中说道："大苦咸酸，辛甘行些。"意思是，苦与咸的酸的有滋有味，辣的甜的也都用上。

2. 古代少数民族的故事歌

古代的故事歌，主要是以古代民间传说为题材的故事歌。这类作品中的人物、故事情节基本上是从民间传说中来的，只不过在诗歌的再创作过程中，又进一步丰富了形象、锤炼了语言，使故事在诗歌形式的表现过程中，更加富有抒情性，更加有效地刻画人物性格、心理状态。在西南少数民族地区流传着的《格萨尔王传·保卫盐海》就是较好的案例。

在我国西南少数民族地区，历史上曾出现过因争夺食盐自然资源而引发的多次大规模战争。自古流传在我国藏族、蒙古族、土族、普米族、纳西族、傈僳族等少数民族地区的藏族英雄史诗《格萨尔王传·保卫盐海》，形象地描述了该地区姜国与岭国为争夺盐海(湖)而发生的战争故事。它以散韵说唱形式，被人们世代相传，延续至今。该史诗内涵丰富，卷帙浩繁，具有很高的艺术成就，成为民族文化中不可多得的重要遗产，被载入文学史册。同时，也为我们认识和了解中国古代盐文化，打开了一扇门扉。

在《格萨尔王传·保卫盐海》这首故事歌中，不仅像关于它们的传说那样，在人物与情节上都做了细致的刻画和描述；同时，还充分地发挥了民歌的艺术特色，根据故事发展的需要，恰当地在各个情节部分套用了民歌的种种格调。这些格调的运用不是偶然的无意义的，它们的作用首先是大大增强了故事歌的抒情性；其次更加丰富了故事内容，更加突现了作品中的人物性格。因此，使这篇故事歌更具有感人的力量。这种情形在其他一些故事歌中也比较常见。此前，笔者对此已经作过研究并写过论文，这里就不再详细举证和阐述了。

3. 当代的盐业故事歌

当代的盐业故事歌，主要是以当代盐区所发生的事件为题材依据的故事歌，也可以说是以真人真事为基础的叙事歌。首先，这种作品所依据的真实事件本身就具有反映生活的典型意义，没有了这种意义，这种歌在人民生活中就没有什么流传价值了。其次，这类作品并不是事实的原始记载，而是经过加工、润色的艺术作品。

在它们的流传过程中，形式也不断地变化，故事内容也不断地被修改，有的情节甚至与原事实不同而形成好几种异文。这类故事歌既然与曾经在特定的地区发生过的事件有关联，因此，它们的流传范围总有一定的地方局限性。

例一，流传于"大跃进时期"的两首故事歌《铁姑娘王玉兰》《夫妻赛推车》，记述了在那个火热的年代里的女性劳动英模代表和夫妻劳动模范代表：

滩池闪光像银河，桃花盐堆似星多，红旗飘扬渤海湾，建场工地像战场，

男女老幼齐上阵，与海争地建盐滩。工地有个铁姑娘，名字叫作王玉兰。

为了渔盐大丰产，昼夜苦战在海滩。心热哪怕北风冷，赤脚踏水抬土筐。

干劲冲天人人夸，英雄美名震全场。

（《铁姑娘王玉兰》）

不是牛郎会织女，夫妻比赛推盐车。盐车装得满又尖，好汉推起赛火箭。

巾帼英雄忙追赶，天上嫦娥来评判。妻子称夫英雄汉，丈夫称妻不简单。

太阳虽已落西山，比赛战斗还没完。干劲一天大一天，堆成盐山冲九天。

嫦娥越评心越喜，下凡一瞅红旗展。

（《夫妻赛推车》）

例二，流传于"文化大革命时期"的故事歌《采盐工，陈宝林》《场长赵德宽》和《党委书记》，记述了在那个火热的年代里栩栩如生的勤俭节约代表、盐场场长和党委书记形象：

采盐工陈宝林，五十二岁的老工人。毛主席的书随身带，勤俭节约记在心。

只要稍稍有闲空，他背着破筐满地寻。破闸竹签烂麻绳，拾到筐里热在心。

别看这破筐不起眼，捡破烂就是在拣黄金。

（《采盐工，陈宝林》）

花白头发一老汉，干起活来顶个半；边钻冰，边擦汗，细观看，原来场长赵德宽。

（《场长赵德宽》）

我们的党委书记，背着行李来到滩房，和大家同苦同甘，与盐工平坐平起。

我们的党委书记，已经上了年纪，不让他干重活，他还总"发脾气"。

我们的党委书记，很熟悉生产技术，只要看看天色，就知道刮风下雨。

我们党委书记，很熟悉每人的心事，他有一把钥匙，专开职工的"心事"。

（《党委书记》）

例三，看看流传于"文化大革命时期"的《盐场红旗谱》，你会更加受到启发：

朵朵梅花对雪开，困难面前英雄来，共产党员李西合，誓把撩码操作改。

昼夜思索不能眠，大创奇迹破难关，远撩高来近撩低，提高效率一倍半。

（《盐场红旗谱·撩码标兵》）

共产党员李西会，推起盐车快如飞；巧改推盐小车箱，工作效率增三倍。

（《盐场红旗谱·推盐能手》）

翟玉林，导卤工，满脸周围含春风，手挥铁锨轻如燕，日日夜夜守滩中，
白发缕缕如银丝，一颗雄心火样红，冬夏干劲如一日，生产日日放卫星。

（《盐场红旗谱·老导卤工》）

以上题材所表现的内容，往往都是以通过盐业生产、生活的描绘来反映广阔的社会生活为主要特色的。每个故事歌的篇幅不是很长，在结构的安排、形象的描绘方面比起即兴的抒情歌谣显然稍加复杂、曲折、丰富、多样。民间歌手在创作故事歌的过程中，往往根据叙事的需要或表现性格的需要，自然而然地安排成章节，以表现故事发展的一定段落或小的情节单位。

盐业故事歌，往往最初是民间歌手的精心制作然后流传开去的。也有些作品往往就是通俗的说唱文学的最初形态，它们在内容与形式两方面都具有与一般故事歌极其相似的具体特点。如上述言情歌中流行于江苏两淮盐区的《卖私盐郎》，也可谓一首当之无愧的盐业故事歌代表作。

在盐区汉民族人民生活中，自古以来就以抒情歌谣最丰富、最繁荣，而且得到了较充分的发展；至于故事歌，在生活中虽有所流传，但不是很多。我国古代遗留下来的《格萨尔王传·保卫盐海》就是著名的古代民间故事歌；虽然它们早已经过文人之手加以改动，但是，它们仍然基本上保持了民间故事歌的特点。《格萨尔王传·保卫盐海》故事歌具有浓厚的抒情成分，在故事歌中往往插入整节整节的抒情歌，以表现出人民对正面主人公命运的无限同情、热爱，对恶人、压迫者的无比憎恨；同时，这种抒情色彩也成为刻画故事人物的情感、性格、心理状态的最好手段，没有了这些抒情成分，故事歌将是无血无肉的，不可想象的。

二、中国盐业民间歌谣创作的黄金时期

中国民间歌谣历史悠长，早在公元前6世纪就产生了第一部诗歌总集《诗经》，其中有一半是收集的各地民歌，称为“国风”。《诗经》中的民歌，多采用复式的方法反复咏叹，“饥者歌其食，劳者歌其事”，反映了人民的生活。这些民歌的现实精神和艺术特点，对后代民歌产生了深远的影响。从黄帝时期流传的《弹歌》看，民歌的历史几乎与人类语言的历史一样悠久，它是人类文学的起源。

《史记·五帝本纪》中载：炎帝“尝百草酸咸之味”，这个“咸”就是我们今天所

说的盐；如前所述，黄帝时期的歌谣《弹歌》是中国最早反映人类从事采盐劳动的歌；《南风》歌是中国最早反映盐民生活期盼的歌。换而言之，中国盐业民歌的传承从远古时期开始，就一直没有间断过，但从目前保存下来的文字看，却不是很系统。中国是世界上盐业资源最丰富的国家之一。从时间方面看，有五千年的历史；从盐类品种看，有海盐、湖盐、矿盐等；从文化方面看，内容丰富多彩。目前，根据笔者梳理出现存盐业民歌数量来看，旧中国的暂且不说，就新中国盐业民歌创作辉煌状况而言，大致经过以下 4 个时期。

（一）解放初期

1949 年 10 月新中国建立前后，随着全国各地的陆续解放，海盐、湖盐、矿盐等盐产区的盐资源开发权属，由资本家手中络绎变为由共产党接管，新中国政府对盐业工人的社会地位给予了莫大的提高。继而不少地方盐场成立工人工会组织，使盐工由被奴隶变成主人翁；与此同时，盐业工人的生活面貌发生了翻天覆地的变化。这个期间的民歌呈现特点比较复杂。

1. 歌颂毛主席、共产党、解放军

1948 年 2 月，山西运城得到了解放，盐区盐工出头的日子终于来到了。百里盐滩回到了人民的手中，做牛做马的盐工从此成了盐滩的主人，他们奔走相告，喜笑颜开，编唱了新的歌谣，反映他们兴奋、欢乐的心情。

滩水清，工人迎来救命星：
毛主席，大好人，派来解放军打运城。
运城开，天大明，工人从此翻了身。

（《工人迎来救命星》）

山西运城解放战役中，盐厂掌柜纷纷离开盐厂，撇下工人不管，盐工生活极为困难。盐湖一解放，人民政府立即给工人发钱、发粮，解除他们生活上的后顾之忧。盐工极为感动，编了歌谣《毛主席真是好》：“毛主席，真是好，工人不干活，照样吃得饱。”

1948 年 5 月 1 日，运城潞盐总工会成立，这是山西盐区有史以来第一个盐工自己的组织。潞盐总工会组织和发动盐工，响应党和毛主席的号召，发展生产，支援前线，为打倒蒋家王朝，解放全中国贡献自己的力量：

工会成立喜洋洋，盐工当家做主人。三座大山齐搬掉，牛马生活大变样。
主席号召搞生产，翻身盐工斗志扬。保质保量大增产，积极支前打老蒋。

（《工会成立喜洋洋》）

湖盐区的盐民在歌颂毛主席、共产党、解放军，与此同时，海盐区的盐民同样在感谢毛主席、共产党。

例一，浙江盐区流行的歌谣：

天上星，数不清，海里水，量不尽，海水会涨也会落，星星忽暗又忽明。

共产党的恩情呦，数不清也量不尽，永远涨来永远明。

（《共产党的恩情数不清》）

鱼离不开水，蚕离不开桑，天上的星星跟月亮，盐工永远跟着共产党。

（《盐工永远跟着党》）

例二，天津盐区流行的歌谣：

千条溪水流大江，万条江河向海洋。千万盐工一颗心，心心向着共产党。

（《心心向着共产党》）

制卤离不开海水，晒盐离不开太阳。翻了身的盐工盐民，永远离不开共产党。

（《永远离不开共产党》）

当盐工盐民们住上新房屋，挂着伟大领袖毛主席画像时由衷地唱出：

从前住的茅草房，阴暗漏雨刺心肠。自从有了毛主席，新瓦房里挂太阳。

注：太阳指毛主席像。

（《新瓦房里挂太阳》）

例三：我们再看三首《身在盐滩把歌唱》，唱得多么热情洋溢：

身在盐滩把歌唱，放声歌唱红太阳，太阳就是毛主席，太阳就是共产党。

身在盐滩把歌唱，海水低头把路让，百里盐滩皆白盐，座座盐山平地长。

身在盐滩把歌唱，党的恩情永不忘，大江滔滔流渤海，渤海滚滚向太阳。

2. 歌颂盐民幸福生活

获得解放、得到新生的工人，迸发出极大的劳动生产积极性，民歌表达了他们对共产党、毛主席、人民政府感恩戴德的心情。

例一，流传在山西湖盐区的民歌。

盐湖工人长期生活在社会最底层，在新的时代里耳闻目睹，亲身经历了与旧社会完全不同的生活，倍感新鲜，倍增激情，他们放开歌喉，唱出了一首又一首赞歌：

工人喜，只见过掌柜害死工人年年有，没见过工人不挨打来不受气！

工人喜，滩水干的见了底，一天三顿白蒸馍，再不吃那仓谷米。

（《工人喜》）

滩水干得见了底，意味着天气好，潞盐丰产，盐工生活得到改善，他们一天三顿吃上白蒸馍的梦想变成了现实；而且，不挨打，不受气；这种生活和旧社会相比，天渊之别：

工人乐，只见过牡丹花儿年年开，没见过千年枯树活过来。

工人乐，只见过掌柜剥削工人发横财，没见过千年石头把口开。

工人乐，只见过有钱人抖威风，没见过工人能当主人翁。

工人乐，只听过王孙公子中状元；没见过工人还能当劳模。

（《工人乐》）

枯树活过来是极少有的现象，石头开口也是不现实的事情。但是，如今在新社会里，工人苦难的生活成为过去，幸福的日子就在眼前。犹如枯树复活，千年石头（指在旧时代没有发言权的盐工）也把口了。工人当了主人翁，而且因为劳动好，还能被选上劳动模范，比王孙公子中状元还荣耀。遇到这种千古以来难得的新鲜事，工人怎么能不乐？这就是中国盐业民歌的精髓所在。

工人欢，过去富家公子把书念，今天大老粗能上识字班。

工人欢，池下做活没人看，越干越欢心舒坦。

工人欢，得了病来有人管，组长问、厂长看，又问寒来又问暖。

工人欢，姑娘愿嫁盐池汉，盐池再不是光棍滩。

工人欢，一家老小不艰难，分了房子又分地，里里外外把身翻。

（《工人欢》）

从《工人欢》中可以看出，盐工的欢乐在于党和人民政府给予了他们多方面的关怀，使他们真正成为盐区的主人。“做活没人看”，再不像旧社会有把头监督劳动；而且可以进“扫盲班”学文化，得了疾病有人嘘寒问暖。由于盐工地位的提高，生活改变，过去流传的“有女不嫁盐池汉”的情况有了改变，姑娘们愿意嫁给盐工了。许多盐工家在农村，在土改运动中分到了房屋和土地，家里厂里都得以翻身，生活不再艰难了。

过去下到盐池滩，好比犯了重罪进了监。每天吃穿受饥寒，干得少了还得挨皮鞭。

受尽苦难干一年，算来算去几文钱；有心不干回家转，可怜盘缠都凑不全。

现在走进盐池滩，好似到了西湖边；风光景色无限好，还产各地国家宝；

有硝有盐有硫酸，还有烧碱和卤盐；盐工生活大改善，产量日日上云端。

（《新旧盐池》）

例二，流传在四川井矿盐区邓井黄坡岭的几首民歌：

黄坡岭呀遍山黄，黄泥乱石盖山冈，有女莫嫁黄坡岭，一年难吃一顿粮。

黄坡岭呀遍山黄，吃尽草根饿断肠，坡下地主天天胖，人人恨死“活阎王”。

黄坡岭呀不再黄，救星降临黄岭上，黄桷树下开农会，坡上办起新学堂。

黄坡岭呀不再黄，哪年谷穗这样长？姑娘穿袄又穿裙，黄岭而今永不黄！

黄坡岭呀喷喷香，钻机顶天高声唱，荒山献出无价宝，卤水喷的哗哗响。

（《万年枯岭飞凤凰》3首）

例三，流传在天津海盐区的民歌：

昔日盐工住茅寮，墙穿顶破象巢巢，夏天雨水床上洒，冬身身边风萧萧。

今天建起新盐村，红瓦白墙映绿荫，晚间电光如白昼，家家户户读书声。

（《盐工新村》）

身在寒冬盼春暖，苦水泡大知蜜甜，盐工身上阶级仇，化作干劲冲云天。

（《阶级仇》）

解放前，盐工都是文盲，别说文艺创作，就是一般的文娱活动也没有。由于盐田的工作性质特殊，越是下雨的天气他们越忙，因为雨天要收盐，不然，已经晒好的盐一见雨水就化完了。在严寒的冬天，是越冷越忙的时候，因为越冷出硝越多。夏天天气越热，盐工也越忙，因为这时正是出盐多的时候。可是资本家们不顾工人的死活。盐工们常年是风里来雨里去，食不饱腹，衣不遮体。因此他们在那苦难的年代里，对反动统治者也展开了各种斗争：吃不饱，他们组织起来分掉资本家的大盐坨；有时把大盐坨埋在地下怠工，少给他们出盐。那时他们生活虽然苦，但也需要精神食粮，尽管学文化搞创作的权利也被剥夺了，可是他们中间却流传着很多歌颂盐工的口头创作和传说。

解放后，他们做了盐田的主人，在党的领导下，在政治觉悟上、文化水平上都有了很大的提高。许多已经提前完成了扫盲培训，盐工们精神面貌也大为改观，他们用民歌写出了对盐田的深厚感情。

鲁迅先生说："大众并无旧文学的修养，比起士大夫文学的细致来，或者会显得所谓低落的，但也未染旧文学的痼疾，所以它又刚健、清新。"[①] 恩格斯说："民间故事书还有这样的使命，同圣经一样培养他的道德感，使他认清自己的力量、自己的权利、自己的自由，激起他的勇气，唤起他对祖国的爱。"[②] 的确，优秀的民歌哺育了历史上许多有成就的诗人，促进了诗歌的发展。解放后，盐区新民歌的创作、加工和流传已不同于旧时代的民歌，内容和形式都有了新的发展，对鼓舞盐区人民建设

① 鲁迅《门外文谈》，吴子敏、徐迺翔、马良春编：《鲁迅论文学与艺术》，北京：人民文学出版社，1980年，第727页。

② ［德］恩格斯：《德国的民间故事书》，［苏］米海伊尔·里夫希茨编：《马克思恩格斯论艺术》（第四卷），曹葆华译，北京：人民文学出版社，1966年，第401页。

社会主义和发展社会主义新诗歌有重要作用。上述盐业民间歌谣与解放前反映盐业衣不裹体、食不保腹、夜以继日被资本家压榨剥削的心态和生活状况，形成了鲜明的对比。

（二）“大跃进”时期

新中国成立后，我国制盐工业在党中央和国务院的领导下，在毛主席的亲切关怀下，经过三年国民经济恢复和第一个五年计划，有了很大发展，特别是在“大跃进”的年代里，我国制盐工业蓬蓬勃勃向前发展，获得辉煌的成就。随着盐业生产的发展，广大盐工盐民的生活也有了很大的改善。他们做了盐田的主人，在党的领导下，政治上文化上都有了很大的提高。广大盐工盐民情不自禁用民歌来表达对伟大的中国共产党和毛主席的恩情。当时郭沫若同志在《新民歌的新动向》中说道：“目前，全国大中小城市，都在大办城市人民公社，都在大闹技术革新，技术革命不仅工人的技术水平在跃进，工人的诗歌创作也在跃进。往年的新民歌多来自农村，今后的新民歌多会来自城市人民公社和里弄工场了。农村是新民歌的海洋，城市是新民歌的大陆。”

1. 海盐区的民歌

例一，长芦盐区：

白银滩，亮闪闪，英雄盐工推银山；支援工业大建设，烟囱满天绣牡丹。

（天津《英雄盐工推银山》）

海水滔滔波浪翻，滚滚流到盐田间；辛勤盐工双手创，制出银盐山连山。

（天津《海水变盐田》）

风吹盐池浪千层，日产海盐千万吨；万吨产量还不满，生产一刻值千金。

（天津《分秒必争》）

仰起头来不见尖，场里堆满大银山；不坐飞机和火箭，爬上银山能登天。

（天津《爬上银山能登天》）

渤海弯弯望无边，一层浪花一层盐，盐山矗立滩场上，疑是雪山挡面前。
盐花盛开渤海边，平地推起金银山，忙扒忙抬又忙苦，劳动双手战胜天。
白帆飞驰忙运盐，汽车火车齐支援，送往人民公社去，感谢英雄多晒盐。
今年跃进胜去年，任务提前半年完，党的路线象明灯，胜利丰收万万年。

（天津《盐花盛开渤海边》）

盐工奋战渤海边，欢欣鼓舞尹新年。英雄面前无难字，千方百计多产盐。
风吹雪飘不知寒，破冰纳潮海掏干。硬叫冰河吐咸水，盐坨如岭卤成塘。
鸟语花香到春天，提前开晒挑花盐。苦干实干加巧干，奋勇征服大自然。

一滴汗珠一粒盐，春夏秋冬不肯闲。英雄为啥这样干？就为原盐再加番。
盐场工人英雄多，盐场赛过长坂坡。海盐产的多又好，赵云他能顶什么，
如今你看活赵云，来了一个又一个。

（天津《盐场工人英雄多》）

海水无尽天没边，产量没顶只管翻，只要敢想又敢干，盐坨高过昆仑山。

（河北《盐坨高过昆仑山》）

甘蔗出土节节甜，海水进滩步步咸，地利天时加干劲，海潮成卤卤成盐。

（河北《海潮成卤卤成盐》）

例二，两淮盐区：

挖河挖到水晶殿，急得龙王团团转：如今盐民胆包天，逼我吐出万宝泉。

（浙江《挖纳潮河》）

大家一条心，荒地产黄金，大家齐跃进，海水变白银。

（江苏《大家齐跃进》）

车一辆来山一座，车辆滚动地哆嗦，一车银盐一车笑，一车银盐一车歌。

（江苏《一车银盐一车歌》）

睡觉想起夺红旗，五更三点清早起。水车想起夺红旗，出海蛟龙把水戏。
上滩想起夺红旗，干起活来有力气。堆盐想起夺红旗，脚步如飞不沾泥。
夺红旗来夺红旗，开动脑筋献妙计。卤度不断向上长，三天不睡不稀奇。

（江苏《三天不睡不稀奇》）

例三，两广盐区：

兰兰海，青青天，盐场丰收万里传。海滩结成银一片，一望无际到天边。

（广东《盐场丰收》）

盐业大跃进，盐民有干劲，海水要倒流，山上开盐町。
盐民好兄弟，高峰旗帜新，苦战两三年，海滩变盐町。
扩建新面积，复晒旧盐町，增产增收入，盐区面貌新。

（广东《盐区面貌新》三首）

一根扁担两头弯，两天挑去三座山。建成长堤堵海浪，喝令龙王割地盘。

（广东《一根扁担两头弯》）

金山银山盐屯山，好似太山顶云端。车呀船呀快来载，万座盐山搬不完。

（福建《万宝盐山顶云端》）

盐区清晨风车转，盐民跃进闹生产，海水引进水沟里，流进盐坎变银山。
盐民干劲直冲天，清晨盐坎来扒盐。一粒食盐一粒谷，一亩盐坎一亩田。

雪白食盐一堆堆，清晨之中闪光辉，海水变盐人力大，风车声响如春雷。

（福建《盐区清晨风车转》三首）

千军万马战海滩，搬沙运泥干得欢，盐民个个干劲大，要学愚公来移山。

长长队伍战海岸，盐民志坚不怕难，铺瓷铺硋来竞赛，海滩一下变盐坎。

（福建《千军万马战海滩》二首）

盐业工人干劲大，跃进声中开红花，丰收果实滩地结，多快好省把盐扒。

互助友爱搞协作，你帮我来我帮他，那里有事那里去，那里忙来那里抓。

人人争作多面手，学技术又学文化，能文能武本领大，一人跃进顶俩仨，

乘胜跃进再跃进，夺取丰收靠大家。

（福建《夺取丰收靠大家》）

2. 湖盐区的民歌

牛郎织女要下凡，一心生活在盐滩。天堂没有盐湖好，愿当盐工不羡仙。

（西藏《牛郎织女要下凡》）

制盐工人有决心，阳光海水炼白银；手托盐山上北京，十月产盐百万吨。

（西藏《手托盐山上北京》）

早上起来水珠多，滩地一片跃进歌。跃进汗珠一大串，露水那有汗珠多。

（青海《露水那有汗珠多》）

盐田片片相连，一望有界无边，群岛缠绕青盐，田里种满白盐。

道路条条如桥，屋宇鳞比如昉，湖水养活人们，人们爱着湖乡。

（青海《人们爱着湖乡》二首）

学会总路线，敢想又敢干。觉悟提的高，困难永不见。

高山低了头，湖水身旁站。卤水听指挥，滩地出硬汉。

跃进再跃进，突破五吨盐。力争占上游，红旗插满滩。

（山西《盐工跃进之歌》三首）

3. 井矿盐区的民歌

干劲一天大一天，堆成盐山冲云天，嫦娥越品心越喜，下凡一瞅红旗展。

（云南《堆成盐山冲云天》）

盐矿本来是咱家，盐工有权管理它。多快好省搞生产，加速国家工业化。

（云南《盐矿本来是咱家》）

盐田平坦肥美，盐井喷发卤气，四季开放白花，结出银子满地。

调羹款待客人，歌舞庆贺升平，姑娘问我来意，笑答煮盐求情。

（四川《煮盐》二首）

烧盐工人英雄多，车间赛过长坂坡。井盐产得多又好，个个一齐不“刁锅”
盐锅翻起千层浪，银铲铲出银川河。赵云他倒算什么？休说他大战长坂坡。
如今你问活赵云，看，来了一个又一个。

（四川《车间赛过长坂坡》）

我国中南部，岷江、沱江纵贯四川盆地两江之间的地下埋藏着丰富的井盐。由自流井和贡井两地合并而成的自贡市是我国著名的盛产井盐中心，自古就被誉为西南的“盐都”。这里已经有千年产盐的历史，卤水至今仍源源不绝。上面所选《煮盐》《车间赛过长坂坡》两首民歌，真实地反映着“大跃进”期间那里盐民的生产生活状况。

4. 民歌创作“大跃进”

根据历史文献记载，“大跃进”期间，全国各地盐区出现许多民歌创作小组及民间歌手。为了使他们掌握得更好，提高得更快，许多盐区党组织非常重视他们的创作活动。有些地方成立了创作委员会，由党委书记挂帅，给工人创作活动很大鼓舞。同时，许多分场建立了分会，许多生产组建立了创作组。为了解决工人写作上的困难，有的分会还规定了盐工的写作时间，给盐工的创作活动准备了条件。许多盐区总场和各分场都办了自己的油印刊物，使职工的作品有了发表的园地；许多盐业部门，都还出了文艺刊物、盐工画报。在这些文艺刊物上，每期都有盐工的民歌。从盐工的民歌创作大跃进，可以看到一支盐工组成的文艺队伍，在盐业战线上成长壮大。例如，当时报纸上刊登的福建省同安县盐山乡的盐民歌手张耕种，半年时间创作发表近500首民歌。

天津塘沽盐场获得大丰收，盐工们干劲十足，由于生产的大跃进，也促进了文艺的大跃进。他们当时是“人人写，人人编，人人演，人人唱”。在辽阔的盐滩上，到处能听到民歌，他们把文艺大跃进也变成了民歌：

过去盐工睁眼瞎，现在人人是作家；编的歌曲轮船载，文艺作品列车拉。
千篇万篇唱生产，唱的盐坨比山大。

（天津《唱的盐坨比山大》）

苦海沧桑几千年，盐田今日有文苑。谁言盐工多庸人，风流雅士星灿灿。

（天津《无题》）

从这些民歌里，可以看出盐工们不但政治上、思想上有了很大的变化和提高，而且在文艺战线上也要成为坚强的战士。从现有掌握的资料看，当时山东、江苏和四川盐区工人们的民歌创作激情同样火热：

人人都要学文化，个个都能当作家。文艺作品千千万，李白杜甫满天下。

（山东《人人当作家》）

李白斗酒诗百篇，咱们盐工也能编，古人吟诗谈风月，咱们作诗写生产。

一手拿着耙和锹，一手拿笔写诗篇，歌颂祖国歌颂党，歌唱盐业大丰收。

人民都是诗歌手，万人写诗万人传，英雄事迹写不尽，跃进歌声飘满滩。

（江苏《诗人遍满滩》）

产值放出大卫星，文艺卫星上天庭。双星高照齐歌舞，欢呼建设化工城。

革命奇迹如春笋，无处不是吟诗声。工农文采齐天下，骇倒唐朝众诗公。

（四川《“盐都”处处吟诗声》）

当然，歌颂我国制盐工业“大跃进”的民歌仍然有许多，如果置疑，不妨随时可以从天津、河北、山西、吉林、辽宁、西藏、青海、浙江、福建、广东等省市自治区民歌选集中搜集到的，以及散见在当时各地报刊上选登的歌颂盐田、盐工、盐民的民歌。周扬同志在为《红旗歌谣》作重版后记时指出：“今天我们为实现新时期的总任务，正面临着一个新的跃进的时代。这些诗歌将唤起我们的美好的回忆，鼓舞我们更信心百倍，脚踏实地地前进。”

（三）“文化大革命”时期

“文化大革命”时期，《人民日报》《人民文学》《大公报》《文化报》《天津日报》《盐务通报》《汉沽报》《盐工报》《运城盐业报》《辽宁盐场报》《福建盐民报》等全国众多中央、地方党政报刊和盐区报刊，对盐业民间歌谣十分重视，给了大量的园地来发表。到了“文化大革命”后期，众多政府机关报刊停办，盐业民歌多数是发表在民间刊物上，但是并没有影响盐工创作的积极性。

这个时期盐业民歌的特点，是以歌颂毛主席领导的“无产阶级文化大革命”及“抓革命，促生产”为主题，同时针对社风、民风、干风、场风的清正廉明为先导，再现了当时那个时代盐业工人与我国社会主义建设和发展紧密相连、血浓于水的风尚。

1. 歌颂伟大领袖毛主席

站在盐坨望北京，一轮红日心中升，笑脸迎着红太阳，放声高歌《东方红》

（天津《站在盐坨望北京》）

渤海盐城春常在，盐花烂漫向阳开。盐工心向毛主席，春从盐工心里来。

（天津《春从盐工心里来》）

盐工想念毛主席，红心似火照天地。千言万语齐祝颂，万寿无疆毛主席。

（河北《万寿无疆毛主席》）

光暖心窝，激情滚滚烫。满腹革命情，汇成万友歌。盐田作白纸，海水当作墨。
歌颂毛主席，越写诗越多。

（河北《越写诗越多》）

那个时代就是最壮丽的诗篇，毛泽东思想已经成为中国人民的太阳，照耀着祖国前进的路程。广大盐工盐民在广阔无边的盐区就是这样的纵情歌唱，唱着盐业人的幸福，唱着盐业人的梦想和希望。同时他们还歌唱自己的劳动，那豪迈的诗句，显示了盐工盐民向大自然开战的英雄气概。

2. 歌颂盐区产业工人劳动风貌

当时，在长芦盐区工作的盐工们，更是壮志凌云。在汉沽盐场的文艺刊物《战斗》第二期第一篇“诗画”里就画着一个魁梧的盐工，一手高举太阳来晒盐，一手提着龙头要给盐田送原料（俗称吐海水），并附有豪迈的诗句：

张羽煮海用火烧，盐工煮海用池熬。抓住太阳当烈火，强迫龙王送原料。
万丈海水浪滔滔，盐工看着哈哈笑。风车马达一起转，大海划成河千条。

（《煮海》）

东风吹来百花香，春到盐场生产忙。工人个个鼓干劲，池里坝上作战场。
技术文化双革命，一年任务半年完。多快好省干一番，看谁先上光荣榜。

（《看谁先上光荣榜》）

谁说盐场没有花？我看盐场遍地花；遍滩卤水起浪花，风车飞转象梅花，
结晶池内结银花，高高盐山似雪花；人人载上光荣花，乐的盐工心开花。

（《盐场遍地开鲜花》）

3. 描绘众多盐区场景场貌

双手推开千层浪，伸臂拉直渤海湾，英雄盐工奇迹多，平了龙宫建盐田。

（天津《平了龙宫建盐田》）

昼夜白帆如穿梭，盐山穿透白云波，云雀展翅团团转，千转万转飞不过。

（天津《云雀展翅团团转》）

甘蔗出土节节甜，海水进滩步步咸。一滴海水一滴汗，百滴汗水一粒盐。
盐工胸怀全世界，筑起盐山撑起天。

（天津《筑起盐山撑起天》）

不怕风雨不怕雷，解放思想破常规。大闹革新抓雨季，雨住天气盐万堆。

（河北《雨住天晴盐万堆》）

海水宽，海岸长，海边跃进歌声扬，唱得海水变了样，海滩上面闪银光，
人言江南鱼米乡，我说大海万宝仓，一百万吨大盐场，如同巨人立东方，

东风吹动红旗飘，南堡盐田世无双。

（河北《南堡盐田世无双》）

书记推盐破晨雾，豪情满怀身满卤。大庆精神车上载，轧出一条防修路。

（河北《轧出一条防修路》）

一根扁担两头弯，两天挑去三座山，建成长堤堵海浪，命令龙王割地盘。

（福建《一根扁担两头弯》）

雷声是我们的战鼓，闪电为我们照明；扒盐推运快如风，浓卤尽入卤井中，
今夜战胜风和雨，明日池内又漂盐。

（辽宁《抢盐》）

昨日上盐山，高过柳树梢，今日上盐山，站到半天腰。头上太阳照，脚下白云飘，
摘下满天星，夜里树中照。盐民干劲大，盐山日日高。

（广东《盐山日日高》儿歌）

齐心协力保发运，废寝忘食为青盐。已有群星夜半空，步履蹒跚把家还。

（青海《装卸工》）

咸盐筑路成稀罕，南望昆仑北祁连，咸盐架桥世无双；湖光山色引人恋；
盐桥横跨达布逊，风平浪静神气爽，桥身全长超万丈，平硬直宽比长安；
盐桥东西无边际，工程科学新发展，盐桥南北好风光；建筑史上创纪元！

（青海《盐桥》）

霹雷一声震天响，盐工翻身做主张，昂首高歌《东方红》，聚宝盆里摆战场。
天做被子地当床，披星戴月开采忙，架桥筑路搞会战，誓叫盐湖变新样。
诚实信誉永不忘，品种多样质优良，乌龙累得直喘气，输送奉献走四方。

（青海《盐湖闹春》三首）

“文化大革命”时期，盐区变化究竟是个什么样的状况？长芦盐区《新生盐场春意浓》或许更有说服力：

新生盐场春意浓，跃进红旗舞东风。党委领导神通广，群众路线力无穷。
此处原为荒海滩，四野茫茫少人烟。盐业化工大发展，海滩已变金银滩。
因陋就简办生产，白手起家建乐园。土洋结合不偏废，生产猛进屡加番。
化工创造屡翻新，生产争先不落后。土法经营优产品，劳力英雄一片人。
生产管教两结合，专政神威办法多。政工人员上火线，考核成绩看盐坨。
干部深入第一线，管理生产掌大权。技术革新攒业务，文武全才红又专。
歌声响遍渤海湾，波澜壮阔水连天。汉沽从此多个海，浩瀚汪洋诗万篇。

食堂工作更高潮，饭菜花样永无穷。粮食节余花钱少，精心巧手夺天工。
春风吹拂幼儿园，男女同工肩并肩。烂漫天真小天使，唱歌拍手舞翩翩。
安国麦畦如织棉，汉沽盐田似绿花。细作精耕大丰产，两相媲美各不差。
不是盐池是宝池，不是盐山是银山。大地回春开新面，今年跃进胜往年。
海水斗量永不尽，综合利用资源多。干劲冲天天欲破，龙王让位入南柯。
锣鼓喧天遍地敲，高跷狮子闹春宵。舒畅心情红四季，迎接生产新高潮。

（天津《新生盐场春意浓》十三首）

面对长芦盐区的重大变化，争强好胜的山东盐区人民不愿落后：

昔日滩田工艺旧，而今旧貌换新颜。塑料苫盖措施好，联合收盐景壮观。
扒盐机车池内转，运盐汽车往返欢。输盐泵站送盐快，管道催盐到震筛。
盐变银蛇随风跑，奔向梯塔入云端。昨天还是平川地，今日盐晶已成山。
汽车火车争先运，汉盐产品美名传。

（山东《观盐场新貌有感》）

盐滩无限美，蓝天映绿水，池阔鱼虾跃，天空凫鸥飞。
隆隆机器声，皑皑银盐堆。烟囱耸入云，铁龙卧道轨。
电线如罗网，车马似龙水。楼台亭阁立，奇花异草围。
盐工望美景，满面笑微微。莫道海边苦，胜过京津冀。

（山东《盐滩无限美》）

4. 描绘盐业技术更新和节约现象

千条银龙腾空翻，转眼吞个大盐船，一日吐出山几座，节约人力上万千。

（天津《装卸机》）

小风车，快快转，又拉水来又发电，拉上水来把盐晒，发出电来供生产。

（天津《小风车》）

历来挖沟要大铣，腰疼腿软胳膊酸，如今有了挖泥机，一天能挖泥成山。

（天津《挖泥机》）

气象台，真正好，风雨雷电先知道，盐场有了它，生产战线传捷报。

（河北《气象台》）

小小波美表，一刻不能少。卤水有几度，只有它知道。

（河北《波美表》）

在当时，毛主席提出“反对铺张浪费，提倡勤俭节约”的号召，立即成为一种社会风尚。因此这类盐业民歌自有很多。如前面介绍“盐业故事歌”时所选的《采盐工，陈宝林》等，这里再选一首，以示铭记此训：

滴水成河，粒盐成坨，一砖一瓦，积少成多，

一分一厘，勤俭节约，全力以赴，建设祖国。

（天津《节约小歌》）

据“文化大革命”时期的新闻报道显示，许多民歌的作者，大都是第一次写作，其中不少民歌是在生产劳动中产生的，有的老工人，先是把民歌诗句想好，回家口述给自己的子女，记录下来；有的随手记在香烟盒上，再请别人改正错字。虽然有些民歌现在看来还比较粗糙，但他们都是盐工通过亲身感受，用朴实的语言来表达自己的革命胸怀和思想感情，这是可贵的。

中国古代把流传各地民间的歌谣，直接称作风俗。《史记·乐书》称：“博采风俗，协比音律”。中国古代民歌是中国文化宝库中一颗璀璨的明珠。劳动群众徒歌为谣，词句简练、朴素清新，抒情言志，广为传唱。因此，古语云“夫街谈巷说，必有可采；击辕之歌，有应风雅。匹夫之思，未易轻弃也。”（三国魏曹植《与杨德祖书》）“欲探风雅之奥者，不妨先问谣谚之途。诚以言为心声，而谣谚皆天籁自鸣，直抒己志，如风行水上，自然成文，言有尽而意无穷，可以达下情而宣上德，其关系寄托，与风雅表里相符。”（清刘毓嵩《古谣谚序》）周扬先生说：“歌谣从来是人民心声的自然流露，它也是一个民族的社会历史、时代生活和风土人情的一面镜子。古人有审乐知政的说法。采风可以了解民间疾苦，虽然并不能由此而消除这种疾苦。这说明了民间歌谣的一个重要特点，就是从这些歌谣中可以听到人民的声音，特别是能听到群众的政治意见。”[①] 历史的进程不以人们的意志为转移，仅从现有保存下来的盐业民歌看，“大跃进”和“文化大革命”时期，的确是一个火热的时代，一个至今回忆起来仍让人热血沸腾的时代。

（四）改革开放时期

改革开放至今，已经36年。此间，盐业民歌的特点，主要以歌颂食盐加碘防治地方病、盐业现代化生产建设成就为主题。毋庸置疑，每个时代大潮来袭，都要触动相当一部分群众利益，同时也在触动人们的灵魂和生活及生产方式的转变。这些触动或多或少，或大或小，或长或短，影响着人们的思想。从严格的意义上说，改革开放初期，“辛辛苦苦三十年，一夜回到解放前”的阴影，时时笼罩着整个中国大地，同时也笼罩在全国盐业企业职工的心头。但是，这种担忧和顾虑经过验证之后，烟消云散了。比如盐业生产方式的转变及对生产力的解放，给盐业产业工人带来了物

① 周扬：《〈中国歌谣选〉序》，中国民间艺术研究会上海分会上海文艺出版社编：《中国民间文学论文选（1949—1979）》，上海：上海文艺出版社，1980年，第62页。

质上的丰盈和生活质量的极大改变。这在新时期民歌创作中,表现比较突出。首先,是歌颂食盐加碘防治地方病成功;其次,是歌颂当代盐业现代化生产建设成就。

1. 歌颂食盐加碘防治地方病成功

碘缺乏病不仅仅困扰着中国,也是一个世界性问题。碘缺乏病不仅会给病人带来痛苦,而且给国家和社会造成沉重的负担,阻碍社会和经济的进步,世界各国和相关组织都在积极采取各种措施改善人群碘营养状况,消除碘缺乏病。我国是一个普遍缺碘的国家,缺碘导致的甲状腺肿、克丁病等,在我国许多地方存在。"一代发、二代傻,三代四代断根芽",在很长时间里,碘缺乏病严重影响着人民的健康和民族的智力水平。20世纪五六十年代,中国就开展食盐加碘防治地方性甲状腺肿的试点工作,在一些省份开始用碘盐防治地方性甲状腺肿。1960年,成立了中央地方病防治领导小组,加大了部分省的食盐加碘工作推进力度。1973年,在北方病区全面推广碘盐;1980年后,南方病区也开始使用碘盐。1991年,中国政府签署了《儿童生存、保护和发展世界宣言》以及《执行90年代儿童生存、保护和发展世界宣言行动计划》,承诺中国2000年消除碘缺乏病。1994年实行食盐专营至今20年多来,食盐加碘防治地方病的手段无可替代,食盐专营"小行业、大功能"的作用无可比拟。中国食盐加碘防治地方病,得到了联合国教科文组织的认可,被称为"世界的典范""里程碑式的成就"。因此,这类盐业民歌很多,在此仅选两首:

瘿瘤弱智太横行,环球信誓除顽根。碘剂抗病为首选,盐作载体当先锋。

(《加碘盐》)

大脖瘿瘤疾太顽,肆虐人类上千年。一代二代成弱智,三代四代根苗断。
食盐加碘除病源,环球宣言总理签。欣闻高原降瘿魔,碘盐惠民功在先。

(《降瘿魔》)

2. 歌颂当代盐业现代化生产建设成就:

例一,歌颂盐化工企业合资民歌:

癸未伊始庆合资,青盐改革再创新。标新立异谋出路,吸纳外资优资本。
聚精会神强管理,转换机制活力增。品牌扩张增效益,逐鹿市场出国门。
发展才是硬道理,跨马着鞭启征程。

(《发展才是硬道理》)

例二,歌颂当代盐业企业巨大变化:

1979年,青海盐业战线上的民歌歌手田蕴林,到青海柯柯盐厂看到的场景是:"职工住窑洞,窗户纸条封。不见几棵树,黄沙堆厂门。"2010年9月,当他再次来到柯柯盐厂时,则是另一番景象:

一桥嘛飞架盐厂到，杨树钻天喜鹊叫。厂路嘛宽直盐山照，瓦蓝鸽子难飞绕。

寒梅花开盐坨扮，柳树招手蝴蝶旋。枸杞子红盐湖边，黄羊来到绿草滩。

楼嘛住上眼更宽，小伙摩托一溜烟。纯净水嘛来到甜又甜，姑娘歌声随风转。

（《盐湖潮》）

例三："改革开放"之后的功效到底是个什么情况？我们不妨通过民歌再听听山东、青海、深圳盐区的声音，或许更有说服力：

鲁盐，度过年轮五千，相伴世人亿万，为了民食税赋，做出巨大的贡献。

过去，生产工具落后，盐民生活艰难，受尽豺狼压榨，日夜盼望把身翻。

如今，工人当家做主，两个文明共建，盐区面貌一新，产销双超五百万。

（山东《赞鲁盐》）

创业向来艰难多，回首征途路嵯峨。玉龙腾起羌中道，晶花频传大漠歌。

盐桥飞架可揽月，满湖笑语惊龙蛰。劝君莫复怨杨柳，春潮无涯天语阔。

（青海《盐湖咏怀》）

盐业出杰英，敢为天下先。巧思夺天工，研制采盐船。采运机械化，铁龙似梭穿。

远望堆坨机，瀑布泻白练。峨峨耸盐岭，辉映大草原。产销百万吨，运输有专线。

质优价且廉，用户诚喜欢。大江南北地，食我青海盐。企业效益好，国库增金钱。

财政有支柱，为国做贡献。带动相关业，携手其发展。五十多年间，旧貌变新颜。

高楼拔地起，通衢大道宽。而今我盐业，如日正中天。西部开发曲，唱响莽高原。

（青海《盐湖抒怀》）

我恋盐湖老一辈，鞠躬尽瘁死不悔；盐湖是你的遗言，昆仑是你的墓碑。

我恋盐湖新一代，敢于拼搏有气派；继往开来犹胜前，风流潇洒是良才，

我恋盐湖铁姑娘，不爱红装爱工装；智慧能诱海龙王，热情敢于抱太阳。

（青海《盐湖恋情》3首）

中国盐业总公司一位在盐业战线上工作数十年的老同志、老诗人胡红江，写到深圳小渔村盐业公司的变化时这样描述：

十年创业不寻常，高厦凌云遍赤岗。机遇如春转眼过，盐业绩效费思量。

当他写到某《制盐车间》时，这样描述：

雪骨冰花映赤霞，银龙如瀑胜轻纱。千家调味情缘厚，贡献财源润华夏。

从目前看，尽管全国各地盐业公司及盐业企业办有众多报纸杂志，尽管“改革开放”之后中国有不少新的盐业民歌出现，但不容置疑的是，比之前“三个”时期盐业民歌的数量，仍然比较有限。究其根本原因：一是盐业民歌创作数量少；二是盐业民歌作者少；三是盐业民歌创作没有受到上层重视，没有掀起群众性创作高潮。这说明改革开放之后，在世俗文化的无情挤压下，盐业民歌创作已日渐式微；在商品经济高度发达，物质生活日益丰富，人们在享受膏腴之美的同时，远离了我们盐业民歌的精神家园；时至今日，许多人被物欲所惑，不仅已失去了对往日盐业民歌的记忆，而且忽略了新民歌寓教于乐的作用。如此下去，盐业民歌的缺失将不可避免，盐业文化断层势必形成，盐业民歌这朵民俗奇葩，终将要陨落于历史岁月之中。我们的下一代，将再也听不到这来自中国盐区最淳朴的天籁之音了。

三、中国盐业民间歌谣的特点

中国盐业民歌是中国文学艺术中的一个重要组成部分，是盐业劳动者自己创作、口头流传的具有民族形式、民族风格和盐业特点的诗体。比如，古老形态的盐业民歌《弹歌》和《南风歌》，产生于原始人民的集体生产劳动，反映了他们对减轻劳动的要求、征服自然或顺应自然的愿望。中国盐业民歌，内容质朴、格调刚健清晰、形式较为活泼，具有鲜明的行业特色和地方色彩，是诗歌大众化、口语化的典型。它虽无统一的、固定的语言格式，但音韵响亮、形象生动、形式活泼、语言新鲜、节奏强烈，是盐业生产生活的艺术化，具有鲜明的现实性和浓厚的浪漫气息，表达了盐业劳动者向往美好生活的愿望。就其特点看，可以概括如下 3 点。

（一）语言生动 朴实无华

中国盐业民歌是盐区历代劳动人民创作的通俗文学作品，它用富于音乐节奏感的语言，真实地反映了广大盐民的生活和思想，毫不雕琢地道出了盐民的理想和追求，十分贴切地反映了盐工生活的现状、盐工对旧社会、资本家和封建把头的仇恨、对抗、怨愤、诅咒；而对新社会，对党和毛主席的热爱、贴近、欢心歌颂，表达了盐业工作者爱与憎的真实情感。

（二）盐行企业 真实画卷

中国盐业民歌是盐业不同社会时期生活的折射和反映，生活是盐业民歌创作的源泉。中国盐业悠久的生产历史、独特的生产工艺、轰轰烈烈的生产场景，以及盐工们艰辛的劳动生活，也都成了盐业民间诗人们吟唱的对象。日积月累，也就汇集成了一幅反映历代盐区政治生活、社会经济生活的历史长卷。众多的盐业民歌，如实地记录了盐工生活的真实情景，让他们的苦难、他们的欢乐都表现得历历在目、栩栩如生，深深地刻印在人们的脑海里。

（三）紧跟时代 弥史不足

中国盐业民歌一直紧跟时代，生动、如实地反映广大盐区盐民每个时代的精神面貌，这其中既有盐工们豪放的歌啸，也有盐工们凄楚的呻吟；同时，也可体味历代盐工们艰辛的生活，世事沧桑，岁月风尘，盐业盛衰，盐工苦难都在历代的民歌中得到了真实的反映。其中一些作品，闪耀着盐业劳动人民智慧的光辉，还有一些留下了珍贵的记述，为研究盐业历史、政治、经济、文艺、科技等提供了真实可靠的依据，弥补了史乘记载的不足。

川盐古道文化遗产现状与保护研究

邓　军[①]

（自贡市盐业历史博物馆研究部）

川盐古道是一条可与茶马古道、南方丝绸之路媲美的重要战略性物资运输通道，是在历史时期形成的由多条水路运输系统和复杂的陆路运输系统组成的源于四川（含重庆）的产盐区，通过食盐的运销辐射到四川、重庆、湖北、湖南、贵州、云南、陕西等地的水陆混合型运盐古道，在沿线的许多地方，被当地老百姓叫作"盐大路"或"老大路"。川盐运销所经区域的自然生态环境复杂多样及土家族、苗族、彝族、纳西族等多民族聚居的社会文化特性，川盐古道沿线及周边地域留下了厚重而多样的文化遗产，形成了一条特色鲜明、内涵丰富具有自身文化特质的文化线路。但是，因缺乏对川盐古道文化遗产的系统梳理和调查研究，目前对其基本面貌还缺乏整体的认识。本研究在2014年4月至11月对川、渝、黔、滇、鄂、湘、陕七省（直辖市）境内的川盐古道进行田野调查的基础上，就川盐古道文化遗产的构成、保存现状及存在的问题和保护对策等方面展开论述，以期引起学界对川盐古道文化遗产应有的重视，推动其保护和合理利用。

一、川盐古道文化遗产的构成和现状

川盐古道沿线与盐运相关的物质形态的文化遗产在类型和构成上主要有古盐道、栈道遗址、驿站遗址、盐店遗址、盐号遗址、盐局遗址、盐仓遗址、税卡遗址、关隘、会馆、庙宇、祠堂、牌坊、水运码头、堰闸、船槽、古桥、古镇、古街、古村落、碑刻、摩崖石刻及水路和陆路运输系统的各类运盐器具等，及其与盐运相关的饮食、民俗

---

① 作者简介：邓军，四川自贡市盐业博物馆研究部副主任。

和劳动号子等方面的非物质文化遗产，形成了体系化的盐运文化聚集带。

（一）物质文化遗产

1. 古盐道遗址

川盐运输的部分古盐道遗迹至今仍清晰可寻，沿线保存得较为完好的就有四川自贡汇柴口、泸州雪山关、凉山喜德县孙水关、宜宾筠连县犀牛村及隐豹关的古盐道；贵州金沙县五里坡、毕节七星关、遵义鸭溪镇水淋岩的古盐道；云南盐津豆沙关、富源县胜境关、宣威可渡关的古盐道；重庆石柱西沱镇楠木垭、酉阳丁市镇的古盐道；湖北恩施建始县花坪镇石垭村、竹山柳林乡、神农架林区红举村的古盐道；陕西镇坪车湾、代安河及鸡心岭山垭的古盐道等遗址。

2. 盐号、盐店、盐仓遗址

专事盐业运输和贩卖的盐号及兼营盐业的各类商号遍布于川盐古道沿线。据笔者调查，在重要的盐运中转站均有从事食盐贩运的盐号或商号，遗憾的是相当数量的盐号遗址早已消失，如清代民国时期龚滩曾有大业盐号、永盛盐号、茂隆盐号及顺昌盐号等，仅大方县瓢儿井镇有十九家盐号①，叙永亦有十三家盐号之众②，但是遗存下来的盐号遗址极少。目前，保存得最为完好的当数思南周家盐号、仁怀马桑坪华家盐号、金沙县罗马街盐号、习水土城盐号及毕节大关盐号。作为食盐储存、转运和分销据点的盐仓和盐店，遗存的数量稀少，主要有西沱镇的上盐店、下盐店及龚滩半边仓盐仓等遗址。

3. 古镇、古街、古村落及驿站

川盐的运销，促进了大批古镇、古街、古村落及驿站的兴起和繁荣。考察发现，有如下一批具有代表性且保存相对较好的聚落：四川自贡仙市、牛佛、赵化及永安古镇等，泸州福宝、太平古镇及天仙镇乐道古村落、震东乡普市村，宜宾南广、横江古镇，西昌市礼州古镇、佑君古镇，盐源县金河古镇、卫城镇等；重庆石柱西沱镇、黄水镇，江津白沙古镇、支坪镇真武社区，綦江东溪、郭扶古镇，酉阳龚滩、龙潭古镇，黔江濯水古镇，巫山大昌古镇等；贵州沿河县淇滩古镇，赤水市丙安古镇，仁怀市茅台镇，习水县土城镇，大方县瓢井镇及金沙县清池古镇等；湖北恩施屯堡乡罗针田村，利川市柏杨镇、大水井、老屋基、纳水溪、张家寨、梅子水古村落，宣恩县沙道沟镇、椒园镇庆阳坝凉亭街、两河口镇彭家寨、上洞坪老街及盛家坝小溪村，建始

---

① 大方县瓢井镇志编纂委员会：《大方县瓢井镇志》，贵阳：精彩数字印刷有限公司，2011 年，第 2 页。

② 叙永县地方志编纂委员会：《叙永县志》，北京：方志出版社，1998 年，第 317 页。

县高坪镇石垭村及巴东野三关等；湖南龙山县洗车河、里耶古镇及苗儿滩镇捞车河古村落，桑植县苦竹寨、仓关裕老街、陈家河老街，凤凰古城及洪江古商城等；云南盐津盐井镇，会泽县娜故乡白雾村，永胜县三川镇，丽江大研古镇及束河古镇等。

川盐古道沿线大部分聚落在历史上均有为运盐的力夫提供食宿的驿站，湖北恩施穿心店驿站、沾益县的松林驿站、凉山州喜德县登相营古驿站、云南胜境关驿站、神农架林区猴子石驿站，从文化遗产和规模的角度看，是相当具有代表性的驿站遗址。

4. 庙宇、会馆及祠堂

川盐古道上分布着众多的寺庙和会馆建筑，最具有普遍性的是陕西庙[①]、南华宫、天上宫、川主庙、万寿宫、禹王宫、贵州庙、湖广庙、王爷庙及观音庙等。从这些规模宏大的建筑中，我们不仅可以看出陕西、四川、江苏、江西、福建、云南、贵州等各地盐商和民众在川盐古道沿线上从事盐业经营活动的“足迹”和影响，还可以反映出他们各自的信仰。如川盐古道上密布的陕西庙，就有自贡西秦会馆、叙永春秋祠、毕节陕西庙、龚滩的西秦会馆、会泽陕西庙、昭通陕西庙、瓢井镇陕西庙等，充分体现出陕西、山西籍盐商对川盐贩卖强有力的经营。此外，沿线还分布着较多精美的盐商宅邸和祠堂建筑。

5. 关隘、古桥

位于交通节点的关隘和古桥是川盐古道的重要组成部分。调查发现，泸州的雪山关和武定门、宜宾筠连的隐豹关和凌云关、盐津豆沙关、毕节七星关、宣威可渡关、富源县胜境关、酉阳西屏关及凉山冕宁县孙水关等是川盐运输通道上的主要关隘。沿线保存较完好的木制或石质古桥有沾益的黑桥和九孔桥、恩施的永顺桥和步青桥、开县七里谭廊桥、盐津县高桥村五尺道高桥、酉阳龙潭镇渤海桥、永胜县三川镇盟川桥、丽江束河古镇青龙桥、綦江东溪古镇太平桥及自贡艾叶镇平康桥等。值得注意的是，这些古桥在当地仍发挥着重要的交通作用。

6. 堰闸、码头、险滩

水路运输是旧时食盐运输的主要方式，与川盐水运系统相关的物质文化遗产主要有码头、堰闸及船槽、险滩等。川盐运销的西南和中南地区水运较为发达，食盐转运的码头数量甚多，自贡仙市盐运码头、宜宾榨子母码头、江津白沙镇朝天嘴码头、仁怀市沙滩乡马桑坪码头等是较具代表性的古盐运码头。为了提升盐运能力，部分重要的川盐水运河段在清代民国时期修建了堰闸，济运闸、庸公闸、金子凼

① 又有西秦会馆、春秋祠或关帝庙等指称。

堰闸、五皇洞堰闸、平康堰闸等是釜溪河流域食盐运输的重要堰闸,至今仍发挥着重要的水利功能。赤水河流域的吴公岩、二郎滩、葫市滩及乌江流域的龚滩、潮砥滩是川盐水路运输中著名的险滩,贡井艾叶滩船槽是旭水河盐运系统中为数不多的船槽。

7. 碑刻、摩崖石刻

川盐古道沿线有数量可观的反映川盐运销、盐道修建相关的碑刻,如自贡漆树乡遗存的《颜昌英李振亨二善人修路碑记》、牛佛镇的《牛佛义渡章程碑》、邓关的《富顺县邓关运盐船业同业公会会所修建碑》及旭水河"菩萨石"摩崖造像,凉山盐源县平川镇骡马堡"润盐古道"题刻;酉阳龙潭镇的《补修小盖山至山黛沟盐路碑》,石柱西沱楠木垭修路功德碑,开县七里潭廊桥记事碑,綦江的"盗盐反省碑"及"筑路功德碑",龚滩的《永定成规》及《永定章程》碑;竹溪卡门湾的《万古不朽五福桥》碑刻,神农架林区的"百步梯修路碑";赤水河流域的《整理赤水河航道碑》、《陛诏修河碑》及葫市摩崖造像[①],金沙县境的《万年碑》、《立德永年》、《万福桥碑》等修筑盐道的记事碑及鱼塘河碑刻群。

上述碑刻记载了川盐运销线路及广泛的社会文化影响等珍贵历史信息,是不可多得的实物资料。以贵州境内的碑刻为例,金沙县石场苗族彝族乡遗存的刻于清乾隆四年(1739)的《万年碑》碑文记载:"石革闹[②]缘属边隅川黔接壤,南来盐路所行,高山峻岭,崎岖狭窄,举步艰难;为民不食少味之餐排难,齐心修施,尽千辛万苦,终替庶民与行人解万千之患"[③],另一清道光二十五年(1845)立的《立德永年》碑刻文字显示:"因盐道之崎岖乃由茅台而修至安底[④]……不惜重金捐修盐道由仁邑[⑤]而至水西"[⑥],反映出当地人民运输食盐的艰辛、盐道修建的背景及其路线。

除此之外,沿线还遗存了金沙县大定坡盐硐遗址、湖南巴茅溪盐局旧址、神农架林区项家台税盐卡旧址及称盐石砝码、盐背篓、打杵等类型多样的实物。需要指出的是,历史时期的运盐凭证、器具、照片和影像资料等作为川盐运销的重要实物和记录,亦应成为川盐古道物质文化遗产的有机组成部分。

---

① 遵义地区文物管理委员会、遵义地区文化局:《遵义地区文物志》,深圳嘉年印刷有限公司,1984年,第150—170页。

② 即今石场苗族彝族乡。

③ 李庆阳:《金沙的川盐古道与文化遗产》,自贡市盐业历史博物馆编:《川盐古道与区域发展学术研讨会论文集》,自贡:自贡市华华广告印务有限公司,2014年。

④ 即今金沙县安底镇。

⑤ 即今仁怀。

⑥ 资料来源:金沙县文物管理所李庆阳所长提供的《立德永年》碑刻照片。

（二）非物质文化遗产

许多非物质文化遗产与川盐运输之间的关联非常密切，尤其体现在饮食、民俗和劳动号子等方面。贵州茅台酒、西沱盐运民俗、自贡水煮牛肉及放水节、泸州先市酱油和福宝豆腐干、五通桥龙舟会、涪陵榨菜、利川柏杨豆干、黄柏园桃花灯等均不同程度地与川盐运输促进其起源、发展和兴盛有深远的历史渊源。

古盐道上流布的部分船工号子、背盐歌、挑夫歌、山歌、民歌、竹枝词、诗词等，生动反映了食盐运销的情况，是盐运文化遗产的重要组成。根据水文特征的不同及地方文化的差异，川盐水路运输系统中的各流域孕育出各具特色的船工号子，具有代表性的就有釜溪河盐船号子、永宁河船工号子、乌江船工号子、赤水河船工号子、酉水船工号子、南广河船工号子等。

需要强调的是，反映川盐运销的古代诗歌、竹枝词等应纳入川盐古道文化遗产的范畴。例如清朝时号称“西南巨儒”的郑珍创作的《吴公岭》一诗，表现出吴公岭和赤水河的险恶形势及川盐贩运至黔境的纤夫、挑工艰苦卓绝的劳动，清代刘慎知在其《富荣场景诗•盐船》中反映出釜溪河盐运的盛况，明人杨慎在《竹枝词九首》中反映三峡地区盐运的艰险①。这些作品非常形象、生动地“描绘”了历史时期川盐运销的具体情景。

二、川盐古道文化遗产保护工作与存在的问题

当前川盐古道文化遗产的保护，是全球化过程中地方文化自觉的一种表现。在全球化浪潮下，地方的人们开始认识和理解本土文化，并且更加意识到本土文化的重要性。所谓“文化自觉”，按照费孝通先生的说法，其意义是指“生活在一定文化中的人对其文化有‘自知之明’，明白它的来历、形成过程、所具的特色和它发展的趋向”②。而正是这种文化的自觉，成为川盐古道文化遗产保护工作的重要推动力。

（一）川盐古道文化遗产保护回顾

近年来地方政府和相关部门围绕川盐古道文化遗产的保护，从文物普查、学术考察、旅游开发、“非遗”保护等方面做了大量工作，取得了一定的成效。

---

① 王慎之、王子今:《四川竹枝词中的盐业史信息》,《盐业史研究》2004 年第 4 期,第 33-35 页。

② 费孝通:《反思•对话•文化自觉》,《北京大学学报》(哲学社会科学版) 1997 年第 3 期,第 22 页。

1. 文物普查

自贡、镇坪、神农架及金沙等地区结合第三次全国文物普查工作，开展了对古盐道及盐运文化遗址的调查和认定工作。自贡市文物部门在“三普”工作中，对古盐道遗址及相关文物点进行了专题文物普查，新发现了盐运碑刻、古盐道等文化遗存，并将汇柴口古盐道、贡井老街古盐道等五处盐运文化遗存成功申报为第七批全国重点文物保护单位“茶马古道”线性文物保护点。陕西镇坪县文物部门在普查中发现了主要由车湾盐道、代安河盐道及鸡心岭山垭盐道组成的镇坪古盐道，2010年该遗址被国家文物局列为第三次全国文物普查重要新发现之一[①]，并于2014年申报成为第六批陕西省文物保护单位[②]。湖北神农架林区文体局在2008年启动了对巫溪至神农架段古盐道的专项普查，较全面地摸清了神农架境内的运盐线路及盐运文化遗产的赋存情况，同年神农架段古盐道被申报为湖北省文物保护单位。金沙县文物管理所在“三普”工作中，发现了几段保存完好的古盐道及多块重要的盐运碑刻，金沙古盐道亦被整体纳入“茶马古道”线性文物保护点。江津区文物管理所近几年对白沙古镇、中山古镇、真武场码头、江口码头等进行了考察，发现和核定了中沙盐店、白沙盐店、津岸分局库称校准砝码等盐运文化遗存[③]。此外，石柱、綦江、泸州、遵义、毕节、竹溪、恩施、酉阳等地也不同程度地开展了盐运文化遗存的调查。通过上述工作，文物部门对古盐道文物遗迹进行了认定和登记，进一步摸清了盐道的走向、路线、辐射范围和相关文物遗迹的组成情况。

2. 学术考察

近10年来，以文博单位、高校为主体，对川盐古道渐次展开了相关学术考察活动。早在2005年，华中师范大学博士研究生赵逵便对鄂西南、川南、渝东南、渝东北地区的古盐道及其沿线的聚落进行了学术考察，完成了《川盐古道上的传统聚落与建筑研究》[④]博士论文的撰写。竹山县在2007年组织研究人员对巫溪至竹山段的古盐道进行了较为翔实的考察，并公开出版了《秦巴古盐道》一书，对该段古

① 张才芳:《镇坪古盐道被列为全国文物普查重要发现》,《安康日报》2010年5月18日，第4版。

② 陕西省人民政府:《陕西省人民政府关于公布第六批省文物保护单位的通知》(陕政发〔2014〕19号),2014年6月9日，http://www.shaanxi.gov.cn/0/103/10464.htm,2014年6月20日。

③ 张亮:《江津盐运古道、盐商刍议》，自贡市盐业历史博物馆编:《川盐古道与区域发展学术研讨会论文集》。

④ 赵逵:《川盐古道上的传统聚落与建筑研究》，博士学位论文，华中科技大学建筑与城市规划学院，2007年。

盐道上的盐运历史文化、盐运民俗及文物遗迹等作了较全面、鲜活的介绍。[①]思南县政府在2009年6月组织专家学者，顺乌江而下，对沿河、酉阳、龚滩、彭水、涪陵等地的古盐道进行了实地考察[②]，并结合考察资料汇编了《乌江盐油古道》一书[③]。2010年4月，由中国国家博物馆、四川省文物考古研究院、中央电视台联合组织，四川五粮液集团冠名赞助的“五尺道—石门道—盐道”考古调查活动启动[④]，考察组对自贡、宜宾、昭通、曲靖地区的部分古盐道遗迹进行了考古考察。2014年9月，自贡市文化广播影视新闻出版局邀请了北京大学、中国国家博物馆、故宫博物院及四川省文物考古研究院等单位的20余位专家，对自贡盐运古道进行了合作考察，累计考察文物点近100处，取得了重要的新发现和考察结论，专家们认为自贡盐运古道初步具备成为世界文化遗产预备名单的潜力。

对川盐古道的学术考察中，自贡市盐业历史博物馆组织的“寻访川盐古道”大型学术考察活动最具有代表性、系统性和针对性。2014年4月至11月，该馆组织研究人员开展了历时76天的田野调查，对四川自贡、乐山、泸州、宜宾、广元、遂宁、凉山，重庆江津、綦江、黔江、云阳、忠县、开县、巫溪、巫山、酉阳、石柱，贵州铜仁、遵义、毕节，湖北十堰、恩施、神农架林区，湖南张家界、湘西，云南昭通、曲靖、丽江，以及陕西镇坪等地区的古盐道及盐运文化遗产进行了系统考察，对川盐古道的历史和现状、分布和线路、价值和特征及其文化遗产的构成等基本问题有了全面的把握，产生了较大的学术和社会影响。[⑤]

3. 依托研究机构、高校开展保护和研究

自贡市盐业历史博物馆有一支稳定的研究中国盐业的学术队伍，2014年该馆确立以“川盐古道与区域发展”作为今后几年的重大专项科研课题。除对川盐古道进行学术考察外，该馆为推动川盐古道文化遗产的保护于2014年10月组织召开了全国性的“川盐古道与区域发展”学术研讨会，中国社会科学院、北京大学、华中科技大学、西南大学、遵义师范学院、重庆市文化遗产研究院、四川省文物考古研

① 明安生:《秦巴古盐道》,武汉:长江出版社,2008年。

② 田永红、袁莉:《思南组织专家对乌江盐油古道进行考察》,《贵州民族报》2009年6月29日,第2版。

③ 思南土家学研究会:《乌江盐油古道》,铜仁:思南土家学研究会,2010年。

④ 王鸿儒、梁现瑞、钟晓晴:《五尺道:见证秦朝对云贵高原的开发》,《中国民族报》2010年8月27日,第7版。

⑤ 可参见邓军:《寻访川盐古道》,《中国文化报》2014年10月18日,第7版;邓军:《古道风韵——川盐古道系列考察掠影》,《盐业史研究》2014年第4期;程大刚:《川盐古道调查简报》,自贡:自贡市盐业历史博物馆编:《川盐古道与区域发展学术研讨会论文集》。

究院等单位的40余位专家学者，以及泸州、乐山、江津、石柱、十堰、神农架林区、铜仁、毕节、遵义、昭通等地方文物管理部门的约50位主要负责人及专家参会。与会代表一致认为，应联合川盐古道沿线相关部门将其作为线性文化遗产申报为全国重点文物保护单位，并积极筹备世界文化遗产的申报。可以说，此次学术会议对推动川盐古道文化遗产的保护具有里程碑式的意义。

高校队伍是川盐古道研究中的另一中坚力量。四川理工学院中国盐文化研究中心是国内盐业史、盐文化研究的重要机构，该中心从科研项目等角度积极资助对川盐古道的研究，如对“自贡盐道与区域社会文化研究”等有关研究课题给予立项支持。另外，因地缘关系及学科优势，华中科技大学、武汉大学、西南大学、贵州民族大学及遵义师范学院等高校围绕川盐古道相关课题展开了多维度的研究。①

4. 开展对盐运古镇、古村落的保护

近年来，国家及地方政府对具有深厚盐运历史文化的古镇和古村落（社区）开展了较高层次的保护。石柱西沱镇及自贡仙市镇、艾叶镇、牛佛镇、赵化镇等被列为国家历史文化名镇，利川沙溪乡张高寨、柏杨坝镇水井村及富顺狮市镇狮子滩社区、长滩镇长滩坝社区等被列为中国传统村落名录给予保护。龚滩古镇因历史时期川盐运黔而异常繁荣，受彭水水电站修建的影响，2006—2008年古镇被整体搬迁复建至下游约1.2千米外的小银滩而得到保护。此外，赤水丙安古镇、习水土城镇、泸州天仙镇乐道古村落、利川黄柏古村落和石桥古村落等以盐运文化为载体，将旅游开发与古镇、古村落的保护和发展结合而得到更好的保护。

5. 打造和修缮盐运文化景观

部分地方充分挖掘境内的盐运历史底蕴，打造起一批地方特色的盐运文化景观。叙永鱼凫古街上制作了反映川盐运销的盐船、马帮、挑夫、背夫等雕塑，并在旧城区滨江路段上打造了信义盐号、雪山关等石刻画卷。作为清代民国时期自贡盐运工人会馆的王爷庙，得到了较好的修缮，成为釜溪河岸边标志性的胜景。遵义鸭溪镇在高速公路出入口处制作了以“古盐道”命名的雕塑，反映了川盐入黔运道的艰险及运盐力夫的艰辛。习水县在盐运险滩二郎滩修建了观景平台，思南周家盐号及土城盐号经修复后对外开放。西沱镇结合盐业文物保护修复了云梯街上的下盐店，黄水镇则在古盐道上树立碑刻给予标示和保护。盐津豆沙关、富源胜境

① 代表性的有华中科技大学建筑与城市规划学院赵逵教授、武汉大学城市设计学院杨雪松教授对川盐古道的考察和研究，西南大学历史文化学院李世平副教授及文学院杨亭副教授对重庆石柱段古盐道的调查研究，贵州民族大学李浩副教授对川黔古盐道的研究，遵义师范学院魏登云、罗进、裴恒涛等学者对赤水河流域盐运文化的研究。

关经过修缮后，成为当地著名的景点。酉阳已组织着手编制境内的《川盐古道旅游开发规划》[①]，利川也初步编制出《利川市鄂渝古盐道生态文化旅游综合开发项目》[②]，积极打造各类盐运文化景观。

6. 搜集实物，博物馆保护

盐运文化赋存丰富和实物遗存较多的地区，大量搜集川盐运销的实物和图文资料，设立了反映川盐运销的博物馆（陈列馆、陈列室），如土城赤水河盐运文化陈列馆、黄水巴盐古道博物馆、西沱盐运文化陈列室及乌江博物馆、秦巴民俗博物馆等展陈了数量可观的盐运文物和实物。现阶段，自贡也正在抓紧筹建自贡盐运史陈列馆。

7. 列入各级"非遗"名录给予保护

21 世纪以来，全国高度重视非物质文化遗产的保护，部分盐运非物质文化遗产进入了省市级、国家级非物质文化遗产名录。纳溪永宁河船工号子在 2009 年被列入四川省第二批非物质文化遗产名录，西沱盐运民俗于 2011 年被列入重庆市第三批非物质文化遗产名录，合江先市酱油则在 2014 年成为第四批国家级非物质文化遗产。

此外，自贡市盐业历史博物馆在 2014 年联合川南影视制作公司拍摄了《润盐古道》系列纪录片。石柱县图书馆联合地方电视台于 2015 年 3 月启动了《巴盐古道》纪录片的拍摄，通过影像手段展现川盐古道的基本面貌和历史文化。

（二）存在问题

川盐古道文化遗产保护虽已取得一定的成效，但是随着经济社会的快速发展，尤其是现代化进程、城镇化建设加快及交通环境的巨大变化等因素，使其面临濒危和急剧消失的局面。其保护工作形势依然十分严峻，存在以下方面的突出问题：

首先，缺乏协调保护机制。沿线各地区对川盐古道文化遗产是结合地方文化保护的一般做法进行保护，沿线七省市缺乏统一的保护思路和规划，没有形成保护的合力；而且各地保护的力度存在着差异，非常不利于川盐古道文化线路的整体性保护，更不能形成点、线、段、网有机结合的全面保护。

其次，开发性破坏严重。地方政府在基础设施建设和旅游开发中，不注意对盐

① 邱洪斌、陶瑕霜：《重庆酉阳新发现 10 公里"川盐古道"》，2012 年 9 月 27 日，http://www.chinanews.com/cul/2012/09-27/4218067.shtml，2015 年 5 月 10 日。

② 利川市招商局：《利川市鄂渝古盐道生态文化旅游综合开发项目》2015 年 1 月 22 日，http://www.lc-news.com/art/2015/1/22/art_151_210761.html，2015 年 5 月 8 日。

运文化资源的妥善保护，使川盐古道深刻的历史内涵随着外部风貌的大幅度改变而丧失。盐运古镇、古街及古村落的改造，对盐运物质文化遗存造成了损坏，在城镇化建设和新农村建设中，又面临被拆建的局面，诸多重要文物遗迹遭到不同程度的拆毁。部分川盐转运的重要码头、古栈道因大型水利工程的修建已彻底消失，如三峡地区古栈道、乌江古栈道随着三峡大坝及彭水水电站的修建而彻底地淹没于水底。除偏远地区和山区的古盐道尚残存外，多数古盐道已被现代公路所覆盖。

再次，文物保护和认定滞后。因对川盐古道的历史及价值认识不足等因素，沿线的古道、碑刻、摩崖石刻、古建筑等具有重大价值的文物，还没有纳入文物保护点或文物保护单位。即便是已成为文物保护点的文物，在保护级别上整体上还偏低，如考察发现具有重要历史价值及文化特色的盐津县高桥村五尺道高桥，还仅仅是一个县级文物保护单位，而且桥面杂草丛生，保护现状十分堪忧。

复次，“非遗”传承面临危机。考察发现，盐运相关的非物质文化遗产流失较为严重。传统的背盐、挑盐及船运、马帮运输等盐运方式随着交通环境的变迁已基本消失，在传统盐运方式上生长起来的民俗、民间文化失去了承载的基础，面临传承危机。如各地的船工号子普遍面临传承和消失的严峻态势，自贡地区因盐运发展起来的盛大节日——放水节则早已消失。

最后，盐运器具不断消失，水路运输中各段河流不同形制的木船几乎已绝迹，釜溪河的橹船、乌江的歪尾船、赤水河的牛牯船等均已退出历史的舞台。沿线的老盐工相继去世，留存下来的“活态”的东西越来越少，沿线民众对川盐运销的“历史记忆”逐渐减退。

三、川盐古道文化遗产保护对策

川盐古道文化遗产正面临着日益沉重的压力和不容错过的良好机遇，其保护利用应作为当前大西南及中南地区线性文化遗产保护领域的一项重大课题。在当前及今后一段时期可注意采取以下策略加强其保护和合理开发利用。

（一）各地联动，申报“国保”

川盐古道文化遗产类型丰富、特色鲜明、分布范围广且时间跨度长，具有申报国家重点文物保护单位和世界文化遗产的潜在价值。川、黔、滇、鄂、湘、陕、渝七省市相关文博单位应联合行动，将各地区的古盐道及其盐运文化遗产上升到区域和国家层面以“整体”的形式提升保护的级别，用“文化线路”和线性文化遗产的视野，将川盐古道打捆申报为全国重点文物保护单位。山西省运城市平陆县虞坂古盐道及四川省、云南省、贵州省联合申报的“茶马古道”，在2013年成功申报成为第七批全国重点文物保护单位，为川盐古道申报“国保”单位提供了非常好的借鉴和参考。并且，可协调启动川盐古道申报世界文化遗产的可行性研究。丝绸之路与大运河成功申报世界文化遗产名录，蜀道进入申遗预备名录，对川盐古道文化遗产保护有着重要的带动和示范效应。

（二）建立机制，保护性开发

沿线地方政府应建立起保护的长效机制和协调机制。由相关部门牵头，如国家文物局、中国文化遗产研究院或四川省文物局组织协调川、黔、滇、鄂、湘、陕、渝七省市制订统一的总体保护规划与行动原则，尽快启动编制川盐古道文化线路保护方案。联合七省（直辖市）区建立川盐古道文化遗产保护利用及文化、旅游开发合作机制，将其纳入区域文化建设和经济协作的重要内容，共同协商解决川盐古道保护管理中的重大问题。各地结合实际，进行分段、分区域、分类管理，细化出地方性规划。在整体保护的思路下分层级保护，开展重点保护示范工程，对重要路段重点保存。选取一批条件合适的线路，打造一批文化景观，修复一批代表性的古道、驿站、盐号、盐店、盐仓、码头等。政府、相关部门及民间应广泛参与川盐古道文化遗产的保护，进一步加大宣传力度，营造良好的社会环境。

（三）继续调查，及时抢救

尽快启动川盐古道文化遗产资源的详细调查，明确文化遗产及文物的构成，梳理重点的保护路段及重要文物遗存。开展川盐古道历史文化、民俗、社会、语言、宗教及地理方面的田野调查，对盐运文物进行专题普查，加强对食盐运输非物质文化遗产的调查和保护。采取以县（区）、市（民族自治州）为单位，对各辖区盐运文化遗产进行深度调查。对存在严重隐患的相关遗存和濒危遗产及时保护，遴选、争取一批濒危遗产项目进入国家文物维修保护和非物质文化遗产抢救性保护项目库。同时，抓紧搜集实物及民俗资料，着手筹建“川盐古道博物馆”。

（四）加强合作，深入研究

对川盐古道文化遗产的研究不能仅仅局限于沿途所遗留下来的历史文化遗存的考察和记录，还应对其所承载的经济、社会、历史、文化、民俗、民族、宗教、交通及自然地理环境等诸多方面展开综合研究，并在此基础上系统、科学地开展对川盐古道文化线路遗产的保护和管理工作。为此，各科研机构和学科之间应加强合作，开展相应的基础研究和理论研究工作，促进研究成果转化为保护的建议和科学依据。川盐古道沿线各地的地方文管所、博物馆、档案馆、文化馆、图书馆及宣传机构应加强合作，协同推进川盐古道文化遗产保护工作。

四、结语

对川盐古道文化遗产的保护，应充分认识和挖掘川盐古道所蕴含的文化遗产价值、考古价值及旅游价值等多重价值，准确把握其遗产的内涵、特征、构成和现状，在此基础上综合开展对川盐古道文化线路遗产的保护和管理工作。鉴于文化线路的保护管理具有复杂性、长期性等特点，尤其需要沿线各地方紧密协作，广泛借鉴国内外文化线路遗产保护和管理的成功经验，结合盐运文化遗产保护、旅游规划和开发等现实问题，将川盐古道文化遗产的保护与沿线经济社会和文化的发展结合，创新性地探索出一种由水道和陆地道路混合类型构成的大型线性文化遗产保护和开发、管理的有效模式。

夙沙氏“煮海为盐”的开创意义

王明德[①]
（潍坊学院历史文化与旅游学院）

夙沙氏“煮海为盐”，不仅开创了中国古代海盐生产的先河，而且成为人们认识海洋、利用海洋、开发海洋的起点，应是中国海洋开发的鼻祖。从某种意义上讲，夙沙氏煮海为盐具有某种划时代的意义。2012 韩国丽水世博会上，山东推出了“孔子与和谐思想”“管子与海洋生态”“夙沙氏与海洋化工” 3 件“省宝”来展示山东海洋文化。其中，管子与夙沙氏都与古代潍坊海盐业密切相关。管子开发莱州湾南岸的“渠展之盐”，实行“食盐官营”政策，被史家誉为“千古盐政之祖”；夙沙氏于莱州湾南岸煮海为盐，开海盐生产之先河。在盐业崇拜中，有“盐业三宗”之说，即盐工之宗——夙沙氏、盐商之宗——胶鬲、盐官之宗——管仲，而三者都与潍坊古代盐业密切相关。

一、夙沙氏“煮海为盐”开创了中国的海盐业先河

在古代文献中，有许多关于夙沙氏煮海为盐的记述。最早记述夙沙氏煮盐的文献当推先秦文献《世本》。《世本·作篇》载：“宿沙作煮盐”。《竹书纪年》载：“时诸侯夙沙氏叛，不用帝命，其臣箕文谏而被杀。炎帝益修厥德，夙沙之民自攻其君，而来归其地。于是，南至交阯，北至幽都，东至旸谷，西至三危，莫不服从其化。”《吕氏春秋·用民篇》载：“夙沙氏之民，自攻其君而归神农。”《淮南子·道应训》载：“昔夏商之臣，反雠桀纣而臣汤武；宿沙之民，皆自攻其君而归神农。”高诱注：“伏羲、神农之间，有共工、宿沙霸天下者也。”《说文解字》“盐条”载：“古者宿沙初作

① 作者简介：王明德，历史学博士，潍坊学院历史文化与旅游学院教授。

煮海盐”。《帝王世纪·自开辟至三皇》载:“时诸侯夙沙氏叛,不用命,炎帝退而修德;夙沙之民自攻其君而归炎帝。”南朝梁贾执《英贤传》:夙沙,“炎帝时侯国,始煮海为盐,为炎帝所灭”。从这些文献的记载中可知如下几点:

(1)夙沙氏是海水煮盐的发明者,以善于煮盐而著称。夙沙氏煮海为盐的传说在先秦时期广为流传。

(2)夙沙氏是史前的一个古老氏族,曾为炎帝时的一个诸侯(一说为黄帝的大臣),其首领因不服从炎帝的命令而被其民众推翻,举族归顺于炎帝。

(3)夙沙氏作为一个诸侯,敢于对抗部落联盟首领神农氏,势力相当强大。这在当时是一个重要事件。宿沙之民归顺炎帝,使炎帝势力大盛。

(4)夙沙氏是一个有争议的矛盾性人物,他既是海盐生产的开创者,又是暴虐无道、“不听帝命”的部族首领。

(5)夙沙氏煮海为盐的历史与五千年华夏文明几乎同样久远,几乎是同期发生。

(6)夙沙氏是一个存续时间很长的氏族。其国家灭亡大致在炎帝末期。其国虽灭,但其氏族仍存,直至春秋战国以至秦汉仍然存在。

夙沙氏既为海盐生产的发明者,其氏族当是滨海而居以盐业生产为主的氏族,那么夙沙氏所在的地方,也就是中国海盐生产的起源地。当然,适合海盐生产的区域众多,海盐生产的起源应是多元的,是远古时代生活在海边的劳动人民在长期的生产生活中发现的,夙沙氏可能是其中的一个代表人物或氏族,只不过人们把盐业生产的开创之功赋予了夙沙氏,使其成为海盐业的开创者。但从先秦文献记载看,宿沙或夙沙氏很可能是一个真实的人物或氏族,亦可以说他或他们最早发现海盐并进行规模化生产,夙沙氏及其氏族世代生活的地方,最有可能是中国海盐生产的源头。但由于文献记载简略,年代久远,其活动踪迹已难辨究竟,故关于夙沙氏的地望,众说纷纭,计有山西运城说、苏北盐城说、重庆三峡说、四川岷山以南说、山东胶州说、山东滨州说、山东潍坊说等。各说未必有确切的根据。

要弄清夙沙氏的地望,首先应基于以下的事实判断:一是夙沙氏的活动区域拥有丰富的盐业资源,便于规模化海盐生产,又有方便的水陆交通与中原地区相联系;二是有相应的文献资料或民间传说可资借鉴;三是有历史遗迹或考古资料可资推证;四是夙沙氏在当时的诸侯万国中势力强盛,其后世子孙繁衍生息,自成一脉,在先秦文献中必有反映。由以上四者验之,渤海莱州湾南岸的寿光、广饶一带最接近夙沙氏煮海为盐的历史地理场景,故有理由认为寿光滨海地区应是夙沙氏煮海为盐的发生地。

首先，莱州湾南岸的海盐生产环境得天独厚。这主要表现在以下几个方面。

一是寿光滨海地区平原广阔，地质地形条件为海盐业的兴起提供了得天独厚的地理环境。莱州湾滨海平原约1 500平方千米，海岸低平、岸线平直，潮滩宽阔均匀、地势平坦，淤泥粉砂土结构细密、渗透率小，便于盐业生产。

二是地下卤水储量丰富。地下卤水储存量大、埋藏浅、盐度高、易开采。莱州湾滨海地带是全省地下卤水蓄量最大、浓度最高的集中卤水区。这些卤水来源于古海水的蒸发浓缩。卤水储量约74亿立方米，折盐约8亿吨。原盐年产能400万吨，原盐产量占山东3/4，占全国年产量近1/4。

三是腹地广阔，附近平原和低山丘陵可为大规模盐业生产提供丰富的粮食、木材、用具等生产和生活物资。

四是交通便利，盐制品外运方便。众多发达的水系和宽平的平原也便于生活、生产物资及盐制品的短途和长途流动，沿古黄河支津、淄水、济水等河流溯流向上也可直达中原腹地。

总之，温暖湿润的气候条件、宽阔的冲积平原、纵横交错的河流、四通八达的对外交通、濒海的天然优势、储量巨大的卤水资源，这些得天独厚的地理环境为海盐业的兴盛奠定了良好的自然基础。

其次，青州"海盐产地"文献记载最早。《尚书•禹贡》载："海岱惟青州。嵎夷既略，潍、淄其道。厥土白坟，海滨广斥。厥田为上下，厥赋中上。厥贡盐、絺，海物维错。岱畎丝、枲、铅、松、怪石，莱夷作牧，厥篚檿丝。浮于汶，达于济。""盐"被作为青州的第一项产物纳入贡品名单，可见青州地区盐业生产历史之悠久。王子今先生认为："先秦时期最重要的海盐产地可能要数青州。"青州的海盐生产主要应"在今莱州湾沿海地区"。

再者，齐地"夙沙氏一族"绵延不绝。《鲁连子》载：夙沙氏善渔、煮盐，当滨于海。其后裔仕宦于齐，故知其国当在青齐境内。自后齐国承其遗业，擅鱼盐之利，凭借既厚，故能称雄于春秋战国时代。"《左传》齐有夙沙卫，神农时夙沙氏之后"。"夙沙卫以国为姓，仕宦于齐，子姓蕃衍，汉代犹存。是其遗民同化于中夏"。《左传》鲁襄公二年（前571年）、十七年、十八年、十九年提及夙沙卫，说明齐国不仅有夙沙族群的存在，而且他们还可能是世世代代的煮盐专业高手。考虑夙沙氏与炎黄二帝以及后来齐国的密切关系，就海盐规模化生产、运输和管理的可能性而言，莱州湾南岸地区更符合夙沙氏的地望。

最后，考古发掘资料显示莱州湾南岸最有可能是夙沙氏活动的区域。盐业考古资料显示，在寿光、广饶、寒亭、昌邑等地发现了大量商周及宋元等不同时期的

700余处盐业遗址。其中，寿光市双王城盐场遗址群，被确认为是国内面积最大、保存最完好的商周时期的盐场遗址，在30平方千米左右的范围内，发现80余处制盐遗址。这也是目前国内发现最早的海盐生产遗址，最早的海水制盐沉淀和蒸发池，规模最大的盐井、盐池群和盐灶等制盐设施。这些大规模、密集分布的商周盐业遗址群，说明这里应是殷墟至西周早期的盐业生产中心。

有学者据大量发掘的盐业遗址推论寿光滨海地区双王城大型商周时代盐业遗址很可能就是夙沙氏之国。夙沙国因内乱，人民投靠神农氏。商周煮盐者应是夙沙氏的后裔。夙沙氏内乱之所以著名，当与他们的制盐卖盐有关。[①] 亦有学者推论，从考古学上看，夙沙氏制盐应是在距今5 000～5 500年的大汶口文化中期或略早，制盐地域应在现今的山东北部寿光至广饶一带。在稍后的距今3 900～4 300年的龙山文化晚期，鲁西北的阳信至滨州一带也兴起海盐生产，使海盐生产地域有所扩大。[②]

由上观之，无论是文献记载、民间传说，还是考古发掘都显示，寿光滨海一带是夙沙氏煮海为盐的地方，莱州湾滨海地区是中国海盐生产的起源地。

二、夙沙氏“煮海为盐“推动了中国农业文明的发展

夙沙氏“煮海为盐”推动了农业文明的形成与发展。从前引文献可知，夙沙氏煮海为盐与炎黄两帝的发展阶段处于相同时期，距今5 500～5 000年，属于中华农业文明的形成时期。人工制盐技术的出现和农业文明的形成相映生辉，“粮”与“盐”同时发现，决非巧合，两者之间存在着某种内在的联系。众所周知，在漫长的原始社会时期，原始人以狩猎采集为生，过着茹毛饮血的生活，靠着从动物体内获取的适当盐量来维持人体的生理需要，所以人们对食盐的需要尚不感其迫切。但随着火的发明和使用，人类开始告别茹毛饮血的原始生活，社会发展开始由狩猎文明向农耕文明、由原始社会向奴隶制社会转变，人类的生活方式和饮食结构开始发生重大变化，人口的出生率和存活率也明显提高，单纯靠吸食动物血液中的盐分已经远远不能满足人类的需要，大量食草类家禽家畜品种的驯化和养殖必须依靠人为添加盐分。[③] 当先民们从肉食为主转向谷食为主的时候，食盐的需求就发生了，

① 景以恩：《寿光盐业遗址与宿沙氏之国》，《管子学刊》2009年第2期。

② 李慧竹、王青：《山东北部海盐业起源的历史与考古学探索》，《管子学刊》2007年第2期。

③ 李乃胜、胡建廷、马玉鑫等：《试论“盐圣”夙沙氏的历史地位和作用》，《太平洋学报》2013年第3期。

有意识地补充盐分就变得更为迫切。[①]先民们基于生理上的需要,或于海滩发现盐粒,或于内陆之盐池及盐矿发现盐质,遂采取食用。盐被发现了,制盐生产也就开始了。[②]盐的发现与利用常以神话传说的形式流传下来。其中,夙沙氏成为其中的代表性人物,其煮海为盐也成为盐业起源的标志性事件,而夙沙氏煮海为盐又恰好发生在神农之世,表明农业文明到来之时人类对盐的需求推动了盐业的兴起与发展,夙沙氏煮海为盐正是适应农业时代到来之时先民们饮食结构发生变化后的食盐需要而出现的,表明农业文明与盐业文明的互为推动,共同促进中华早期文明的形成。在这一过程中,夙沙氏与神农成为盐业兴起与农业发展的两个标志性人物。神话传说中把两者看作是贤君与叛臣的关系、君主与诸侯的关系、农神与盐宗的关系,其隐喻或许就在于"粮"与"盐"的关系。

夙沙氏与炎帝神农的关系具有某种象征意义,代表了农业时代到来之时"粮"与"盐"的关系问题。炎帝神农氏是以粟作农业为主的部落,神农氏作育五谷,教民稼穑,发明医药,使人们从渔猎和采集生活,过渡到定居农业时代,故被尊为农业之神,成为农业起源的始祖。据《竹书纪年》载:"炎帝神农氏,少典之君娶于有蟜氏之女曰安登,生神农。三日而能言,七日而齿具,三岁而知稼穑。育于姜水,故以姜为姓。其起本于烈山,号烈山氏。其初国伊,又国耆,合而称之,又号伊耆氏。元年即位,居陈。迁曲阜。尊师受学。作五弦琴,作耒耜。教天下种谷。立历日。日中为市。辨水泉甘苦。味尝草木,作方书。建明堂。作《中天易》。有火瑞,以火纪官。命官分职。作《下谋》之乐。"《易·系词》言:"神农氏作,斫木为耜,揉木为耒,耒耨之利,以教天下"。《淮南子·脩务训》载:"古者茹毛饮水,采树木之实,食蚌蠃之肉,时多疾病伤毒之害。于是神农氏教民播种五谷。"《太平御览》卷721引《帝王世纪》:"炎帝神农氏长于姜水,始教天下耕种五谷而食之,以省杀生。尝味草木,宣药疗疾,救死伤之命。"《绎史》卷4引《白虎通》:"古之人民皆食禽兽肉,至于神农,人民众多,禽兽不足,于是神农因天之时,分地之利,制耒耜,教民农作,神而化之,使民宜之,故谓之神农也。"《新语》又载:"民人食肉饮血,衣皮毛,至于神农,以为行虫走兽难以养民,乃求可食之物,尝百草之实,察酸苦之味,教民食五谷。"《周书》载:"神农之时,天雨粟,神农遂耕而种之,然后五谷兴助,百果藏实。"由于神农的卓越贡献和这一时期的农业发展,人类已开始由渔猎时代进步到农业时代。神农氏族是最早实现农耕作业的民族。定居农业的出现,饮食结构的变化,

---

① 方辉:《海岱地区青铜时代考古》,济南:山东大学出版社,2007年,第346页。
② 陈振中:《先秦手工业史》,福州:福建人民出版社,2008年,第754—755页。

人们对盐的需求增加，促进了食盐的开发与利用。这是因为农业的发展带来人口的大量增加，促使食物的消耗大幅增加，而食品的保存也变得更为重要。人类学会了用食盐腌制是保存食物的好办法，于是开始使用更多的食盐，后来不需要腌制的食物中也添加食盐，人们对食盐的需要量大大增加，而且食草类家禽家畜品种的驯化和养殖也需添加适量的盐分。人类生活的现实需要，迫切要求人类突破自然盐的限制而用人工的方法获取更多的食盐，于是夙沙氏应运而生。夙沙氏煮海为盐，开发海盐，正是适应农耕民族食用谷类食物的食盐需求而出现的开创性人物。所谓"时诸侯夙沙氏叛，不用帝命，其臣箕文谏而被杀。炎帝益修厥德，宿沙之民自攻其君，而来归其地"的记载，说明了炎帝神农氏与夙沙氏之间的矛盾和斗争。至于夙沙氏为何反叛炎帝，夙沙之民为何为自攻其君而归服炎帝，文献记载没有言明。或许是夙沙氏自恃掌握了食盐财富而与炎帝分庭抗礼，或许双方为争夺对食盐资源的控制权而发生冲突。但矛盾斗争的结果是宿沙之民内部革命，推翻了宿沙的统治而举地归服神农。神农有无用武力平叛，不得而知，但夙沙氏族的归服在当时想必是个重大事件。因为夙沙氏族的归服使炎帝神农氏的势力大增，所控制的地域也空前广阔，以至"南至交趾，北至幽都，东至旸谷，西至三危，莫不从其化也"。这也从一个方面说明夙沙氏族在当时是一支强大的势力，其叛服与否直接影响了炎帝神农的势力消长。夙沙氏族的归服，使海盐的来源渠道得以畅通，以农立国的炎帝神农氏有赖食盐而得以强固国本，扩展势力，由此也足以证明"粮"与"盐"、农业文明与盐业文明的相互作用，他们是共同促进人类造化的原动力。设使有粮无盐，食五谷之民始否生存，实为一大问题。"由此盖知盐之造福人群，至高至大，诚非一般物质所可望其万一也。"[①] 夙沙氏煮海为盐，使人类有了新的盐分补充来源，靠五谷稼穑的生活成为可能，由此揭开了华夏农耕文明的序幕[②]。不仅如此，夙沙作为史籍记载的中华民族最早的盐宗和炎帝时期的一位氏族首领，被炎帝族征服，成为炎帝部落主管食盐生产的大臣，对增强炎帝部落的势力起了关键作用，而炎帝、黄帝和蚩尤这 3 个来自不同区域、不同氏族部落的首领，经过长期的战争和民族融合，最终融合为一体，组成了早期的中华民族大家庭。[③] 其民族融合的驱动力源于对黄河流域食盐资源的争夺。其中宿沙之国的海盐及其宿沙之民的归服

① 田秋野、周维亮:《中华盐业史》，台湾商务印书馆，1979 年，第 51 页。

② 李乃胜、胡建廷、马玉鑫等:《试论"盐圣"夙沙氏的历史地位和作用》,《太平洋学报》2013 年第 3 期。

③ 张银河:《盐是人类生命及其文化之本》，曾凡英主编:《盐文化研究论丛》(第 4 辑)，巴蜀书社，2010 年，第 187 页。

成为中华民族形成的重要因素。

炎帝神农氏与夙沙氏之间的密切关系也反映在他们的后裔之间。高广仁考证认为炎帝后裔的一支很可能迁居到海岱之间的莱州湾南岸地区，与夙沙氏后裔共居于同一区域。他认为夙沙氏是在沿海一带以渔、盐为生的族群。春秋时代齐国的臣民中就有夙沙氏的后裔。《左传》襄公二年："齐侯（齐灵公）伐莱，莱人使正舆子赂宿沙卫以索马牛，皆百匹，齐师乃还。"夙沙卫还见于襄公十七、十八、十九年。夙沙氏所在的沿海一带，就是海岱北区莱州湾南岸。夙沙氏当是一支古老的东夷土著族群。他推定炎帝后裔姜姓族群早在史前时代就进入海岱地区，并吸纳了夙沙氏（或不止夙沙氏一族）东夷土著，成为海岱区准东夷族群的新血液。在后世经传中，就记载有海岱北区确有一些炎帝之后的姜姓土著国族存在①。根据相关文献和金文及有关考古发现可知，在海岱区北部，现今鲁北一带，曾集中分布有炎帝后裔的逄、纪、齐、州、夷、向等姜姓国家。这些姜姓国家就是迁居到海岱地区的炎帝后裔建立的国家。潍（河）淄（河）流域就是姜姓集团的聚居之地，著名者有齐、纪及逄伯陵氏等。常兴照根据鲁东（烟台）白石村与邱家庄文化遗存的类型与鲁北（潍坊）与鲁北地区商周时期遗存中煮盐的坩埚"盔形器"十分相近，由此推知其主人可能为夙沙氏，而且很有可能是后李文化晚期因外来因素的压力远避胶东的一支，到了邱家庄类型才融入北辛文化。这种情况与夙沙氏的过程正相符合。夙沙氏初作煮盐并非虚妄之说。从《左传》相关记载中可知夙沙氏之姓在鲁北地区有着悠久的历史。夙沙氏归并炎帝集团之后，几经兴废，创造了后期的莱夷文化，所以胶东古代文化一直与鲁北地区有着千丝万缕的关系②。

三、夙沙氏"煮海为盐"开创了中国海洋文明的新时代

海洋文明是人类源于直接与间接的海洋活动而生成的文明类型。海洋文明是中华文明的源头之一和有机组成部分③。应当说历史是由人民群众共同创造的，但英雄人物或圣贤哲人总是在历史的记忆中写下浓重的一笔，特别是在远古时期，杰出人物占据着各种典籍的核心位置，得到后人的尊崇和膜拜。夙沙氏作为世所公认的盐宗，以其伟大的发现加速推动着人类社会由蒙昧走向文明、由狩猎走向农耕、由匮乏走向富裕。从海洋文明发展过程看，人类已经历了靠海吃海一渔盐之

① 高广仁：《从海岱姜姓国史看炎帝族系对中国文明的巨大贡献》，霍彦儒：《炎帝与民族复兴》，西安：陕西人民出版社，2006年，第131页。

② 常兴照：《炎黄文化东西说》，《文物春秋》2005年第6期。

③ 杨国桢：《中华海洋文明论发凡》，《中国高校社会科学》2013年第7期。

利一舟楫之便一耕海牧渔一探洋登极 5 个阶段。第一阶段靠海吃海出于人的生物本能。人类捕鱼捉蟹，借助海水浮力行船是一种利用，但尚未达到对海洋资源开发的程度。

第二个阶段才是海洋开发和利用的开始。夙沙氏发明用煮的方法让水分蒸发以使盐粒结晶，开启了开发海洋资源、发掘海洋渔盐之利的新时代。[①] 开发是对新资源、新领域的开拓和利用，利用是借助外物以达到某种目的。海水中天然存在大量的盐，此前人们不知道如何把它萃取出来，而夙沙氏发明用煮的方法让水分蒸发以使盐粒结晶，开启了海洋资源开发的新时代。周初，姜尚封齐，充分利用夙沙氏的发明，兴渔盐，通工商；管仲相齐后，创造了由政府介入食盐生产和运销两大环节的盐业专营度，扼盐铁而治天下。自此以后，盐就成为历代统治者富国强民、征战扩疆的最大财源，得海盐者得天下。夙沙氏煮海为盐在海洋开发和利用方面中扮演了极为重要的角色，主导了第二阶段，影响着其他发展阶段。[②]

夙沙氏掌握了人工制盐技术，从事规模化海盐生产。早期盐业生产条件虽显简陋，但其制盐技术和生产过程都达到了复杂的程度。从制盐工具的选择，到海水制卤技术，再到卤水制盐，到协作分工等，无不是夙沙氏族长期艰苦探索和创造的结果。夙沙氏的盐分萃取技术是用盔型陶器“煮”，这种方法费时费薪火、出盐低、器具易损。但在当时的技术条件下，这不失为一项伟大的创造历史的技术发明。亦有学者考证，夙沙氏时代的“煮海为盐”，并非由海水直接煮成盐，而是先制卤而后再煎煮成盐。因为如果直接以海水煎煮，使之饱和结晶，则所费燃料甚多，极不经济，故必先有制卤之法。据后世制盐工艺推论，系先采用易于吸卤之物质，或用细沙或用草灰，摊晒于地面上，洒以海水，藉日光之热力，使卤质凝聚于其内。反复为之，俟卤质吸收充分后，即收集挑入坑内，坑底垫以竹管，直通卤缸，然后再以海水浇灌，成为浓卤。注卤于锅，置锅于灶，再以火煎熬成盐。大概当时煮盐主要利用就地取材之海沙为吸卤之物，煮盐的氏族命名为“夙沙”，可能就是因常年利用海沙吸卤这一主要制盐工艺而产生的。[③] 马新亦考证认为夙沙氏“初作煮海为盐”并非说是直接煮海水为盐，而是通过积沙汲卤，然后煮而成盐；他积沙汲卤，一宿

① 李乃胜、胡建廷、马玉鑫等：《试论“盐圣”夙沙氏的历史地位和作用》，《太平洋学报》2013 年第 3 期。

② 李乃胜、胡建廷、马玉鑫等：《试论“盐圣”夙沙氏的历史地位和作用》，《太平洋学报》2013 年第 3 期。

③ 陈振中：《先秦手工业史》，福州：福建人民出版社，2008 年，第 755 页。

可成，那些经过十宿反复积沙汲卤的制盐人，也不及他产盐丰厚[①]。众所周知，夙沙氏煮海为盐标志着人工制盐技术的突破，为先民们提供了源源不断的食盐原料，也为农牧业和食品加工业提供了丰富的海盐原料，而且原盐是“化学工业之母”，夙沙氏为后世化学工业的发展开了先河。数千年来盐业生产经历了煮、煎、熬、晒四个阶段。汉代以后由煮盐改为煎盐，盐盘有铜、铁两种，置盘于灶上，淋卤入盘；明代以后改为熬盐，盐锅用铁铸成，呈圆形，规模不等，先挖掘卤井蓄存卤水，冬季熬取；清代以后改为晒盐，从大卤井中分级提水引入盐滩池晾晒、蒸发、结晶成盐；建国后不断改进晒盐工艺，结晶池由平晒改为塑膜苫盖，大力推行盐田机械化作业，使原盐生产由季节性产盐转变为一年四季产盐，收率大幅提高。由此不难看出，制盐工艺的改进既与当时的生产力水平和器具制作能力紧密相关，也与社会的实际需求呈正相关关系。[②]

夙沙氏作为中国煮海为盐的创始人，对盐业文明、农业文明、中华文明发展等做出了卓越贡献，故被后世尊为“盐宗”，成为后世盐业人的精神领袖和盐文化的源头，盐业人对此有强烈的认同感和归属感。在我国广大海盐和池盐产区，普遍奉夙沙氏为“盐宗”。更为重要的是：宿沙部落将食盐的生产规模化、规范化，不仅成为后来胶莱半岛乃至整个沿海地区海盐业发展的基本模式，也为促进内陆井盐和池盐的发展提供了精神动力。因此，不论海盐、池盐和井盐业都尊夙沙为“盐宗”，夙沙氏成为古代盐业的精神领袖也是理所当然的[③]。

夙沙氏煮海为盐的事迹流传于先秦，但为其立庙祀之，却是在汉代。据记载，盐宗庙始建于汉代[④]。根据是汉宋衷所注《世本》。宋罗沁《路史·后记四》引汉宋衷注《世本》说：“今安邑东南十里有盐宗庙……宿沙氏煮盐之神，谓之盐宗，尊之也。”宋乐史《太平寰宇记·河东道七》安邑县亦载：“盐宗庙，在县东南十里，按吕忱云：‘宿沙氏煮海，谓之盐宗’，尊之也。以其滋润生人，可得置祠。”汉代安邑池盐很著名（今运城盐池）。安邑人民立庙祀夙沙氏，尊崇之为“盐宗”，把他看作是发明盐的先民。[⑤]到底“安邑东南十里有盐宗庙”中的盐宗庙建于何时，尚不明确。

---

① 马新：《汉唐时代的海盐生产》，《盐业史研究》1997年第2期。

② 李乃胜、胡建廷、马玉鑫等：《试论“盐圣”夙沙氏的历史地位和作用》，《太平洋学报》2013年第3期。

③ 王仁湘：《夙沙部落的踪迹——关于山东寿光商周制盐遗迹的思考》，《中国文物报》2010年4月16日，第7版。

④ 卢南乔：《山东古代科技人物论集》，济南：齐鲁书社1979年，第119页。

⑤ 卢南乔：《山东古代科技人物论集》，济南：齐鲁书社，1979年，第119页。

至少在宋代之前，河东解州盐池岸边，就已经修建了专为祭祀“盐宗”的庙宇。

虽然盐业生产者或经营者多奉夙沙氏为盐宗，但有文献记载的盐宗庙并不多见，值得提及的是两淮盐区有两座著名的盐宗庙，一在扬州，一在泰州。扬州盐宗庙在扬州康山旁的南河下街，由众商人集资于同治十二年（1873年）兴建。泰州盐宗庙由两淮盐运使乔松年于同治元年主持兴建，位于泰州城内。乔氏在《新建泰州盐宗庙记》中感慨道：“盐之资于人久矣，江淮间盐利尤饶，上以佐国赋，下以给民用，凡官商胥吏士大夫与市井纤夫，仰给于斯者无虑数万人，顾未尝求始事之人而祠之，无乃礼之缺欤！”其他各业皆立庙祀其祖师，而盐宗独无奉祀之所！这既不符合祀典，又与盐业的重要性不相称，故立庙祀盐宗[⑥]。夙沙氏盐宗信仰具有普遍性，其盐宗地位得到全国多数盐区人民的认可和崇敬，在众多盐神崇拜中具有突出地位。因为夙沙氏煮海为盐，不仅开创了中国古代海盐生产的先河，而且成为人们认识海洋、利用海洋、开发海洋的起点，应是中国海洋开发的鼻祖。从某种意义上讲，夙沙氏煮海为盐具有某种划时代的意义。

---

⑥ 陈社主编：《泰州文选》，南京：江苏文艺出版社，2006年，第7页。

盐神信仰的表现形式及深层原因

——主要基于海盐盐区的考察

王俊芳[①]

（潍坊学院历史文化与旅游学院）

作为一种精神的真实或者真实的精神，信仰对人类的重要性无须赘述。尤其是在古代的产盐区，盐神信仰不仅仅作为一种民间信仰而存在，“信则真，诚为灵”在更多意义上已经渗透到盐区人们的血液中，成为一种习俗和品性。这一信仰，表现为多样的形态，最典型的表现方式就是祭祀、祈祷及节会，当然，还有特色的生产、生活习俗。这在海盐产区表现明显。这些形态的背后，是人们的功利目的以及对行业神由来已久的崇拜。

一、盐神信仰的表现形式

盐神信仰奠基于神话传说之上，如著名的“夙沙氏煮海为盐”“孙悟空盗盐砖”“詹打鱼煮盐”等。[②]那么，它有哪些具体的表现形式呢？概言之，表达和反映人们这一信仰的最主要和最普遍的方式就是祭祀、祈祷及节会，尽管方式有别，但意向基本相同：通过这些形式，表达人类对盐神的信靠和对盐神能力的至高尊崇，当然，人神之间的互惠性契约关系也在其中。除此之外，盐神信仰还常常和其他有关信仰联系起来，特别是与盐有密切关系的领域。对海盐来说，人们对盐神的崇拜就常常和对海神的敬畏结合在一起，并相得益彰。同时，人们为了表达自己的敬畏，在生产、生活中还逐渐产生了不少与此相关的认知和活动，久而久之形成了一系列的习俗和较为固定的会、节等。

① 作者简介：王俊芳，历史学博士，潍坊学院历史文化与旅游学院教授。

② 可以参考王俊芳：《盐神信仰透析》，《兰台世界》2014年第9期。

（一）盐神祭祀

为了表达自己对盐神的尊重和崇拜，人们在自觉不自觉中，形成固化的仪式等活动，祭祀应运而生。在人类看来，神之所以为神，不仅因为它有其高超的德行，也因为神是需要人去祭祀的。盐神也是神，自然也不例外。不管是民间，还是官方，祭祀都是相当严格和神圣的。一般说来，在隆隆的鼓乐声中，祭祀开始；人们不仅摆上猪、羊、水果、点心等祭品表达内心的虔敬，还焚香燃竹、高诵祝词，在香烟袅袅中向盐神表达人的希求。较有身份的人，如官吏、盐商、文人雅士、老和尚等，则常常代表不同层面的人们三拜九叩，焚香洒酒，祈求盐神保佑。

出于祭祀的需要和方便，也为求得盐神的更好庇佑，人们在各地修建了盐神庙。可以说，盐神庙即是盐神信仰的物化表达，也是盐神信仰的客观存在。因为信仰如宗教一样，本身就是精神的客观真实。以下是几座知名的庙宇。

河东解州的盐宗庙是池盐盐神最具代表性的祭祀建筑。山西运城即古解州，这里的盐宗庙中殿供奉的是东西盐池之神（故亦称“池神庙”）。盐宗庙，作为一座因盐而兴的城市，扬州的这一庙宇久负盛名，最初是在清同治年间由盐运使乔松年倾力打造。四川资中的盐神庙于同治七年（1868 年）修建。每年盐神节时，祭祀规模盛大。山东无棣县盐神庙，在无棣县马谷山，这里自古就是海盐产地，马谷山亦称“盐神山”，《魏书》记载的无棣的“盐山神祠”，亦是该庙宇。甘肃礼县盐神庙，秦人祖先之所以以此为栖息地，就是因为此地产盐。礼县县城东北有一个盐官镇（据载从周代开始这里存在盐业，历代于此设盐官，故名）。此外，还有山西洪洞县盐神庙和重庆巫溪县盐神庙等著名盐神庙宇。

那么，这些盐神庙的祀神对象又是谁呢？《祭法》曾语：“山林川谷能出财用利民者则祀之，以死勤事则祀之，非此族也，不在祀典。”[①] 也就是说，凡是对人类生存具有特别贡献的都可以作为奉祀对象。具体到盐这一领域，祭祀的对象当然同样很多，凡是那些盐的发现者、生产者、保护者以及赐盐给人类的神灵等，都在祭祀之列。当然，不同的盐区、不同领域的人们祭祀对象也是有着较大差别的。

（二）盐神信仰与海神崇拜连在一起

在沿海地区，凡涉海保护神都要受到祭祀。盐与海有着密不可分的关系，所以山东沿海的人们在崇拜盐神的同时也崇拜海神。这样，盐神信仰和海神崇拜连在一起也就是很正常的事情了。

凡是靠海的地方，创世神话中都会出现海神的形象，世界各国的海洋文明中都

---

① 邢昺：《十三经注疏》，《四部精要》影印本，上海：上海古籍出版社，1993 年，第 1 588 页。

少不了这种原始的想象。在山东海疆文明的源地上，人们则推出了北海之神和东海之神，并认为他们是海洋的主宰。[①]也就是说，山东沿海崇拜北海海神和东海海神。山东海疆的海神庙很多，唐朝以后，一般均供奉东海之神，这是由于山东人习惯上把疆外海区统称为东海，上古传说的北海之神自然可以纳入东海之神辖区，所以，东海之神就成为山东祭祀的最高海神。[②]人们对海神的崇拜贯穿到生产、生活的细节中。例如，在海上行船之时，船上的人不准吹口哨，也不准将双脚伸入水中，因为人们认为这是对海神的不敬，不敬就可能会惹恼海神招来恶浪等灾祸。为了时刻得到海神的保佑，行船期间船员还在船上供奉神龛，如果途中突遇不测天气，他们跪拜在神龛前，焚香祷告，平安返航他们一般都要到海神庙焚香还愿，感谢海神。

潍坊沿海每年“二月二”的日子，来自四面八方的人们在祭拜盐神的同时也拜祭龙王。在历届的渔盐文化节（农历二月二），山东潍坊市滨海经济开发区的沿海，人们纷纷从十里八乡赶到北海海盐文化民俗馆，参加隆重的祭祀仪式，祭拜龙神的同时祭祀盐神，祈祷诸神能保佑风调雨顺、国泰民安。这说明盐和海、盐神和海神、盐神信仰和海神崇拜都是联系在一起的。

不仅在这里，在其他地区，也有不少盐神信仰和海神信仰连在一起的例证。2006年在唐山落成的“盐母海神”像就是这两种神灵紧密联系的明显例证。唐山南堡经济开发区古为越支盐场，盐业历史也很悠久，唐山地方志中有“盐母显灵”“凤凰落地示盐宝”等记载。南堡经济开发区广集民间传说等资料，设计制作出“盐母海神”的花岗岩雕像。主雕根据南堡神话传说盐母女神的故事设计，由盐母女神、渤海珍贝、凤鹏神鸟、海浪等组合而成。雕塑人像高10米、底座高1米，是国内第一尊盐母海神塑像。[③]

（三）其他习俗和活动

与祭祀等盐神信仰活动相伴而生的，还有不少与此有关的生产、生活习俗和活动。

1. 丰富的节、会活动

神的产生促使了祭祀活动的产生，而祭祀活动又促成了庙会文化现象的出现。一般说来，节、会活动和祭祀常常安排在同一时间段内进行，节、会活动在表达人们祈愿的同时还带来其他方面的收益。例如，潍坊滨海的渔盐文化节中，除了祭祀活

① 王赛时：《古代山东的海神崇拜与海神祭祀》，《中华文化论坛》2005年第3期。

② 王赛时：《古代山东的海神崇拜与海神祭祀》，《中华文化论坛》2005年第3期。

③《“盐母海神”像唐山落成》，www.sjzdaily.com.cn，2006年11月3日。

动，还伴有舞龙、舞狮、吕剧、京剧、歌舞等多项民俗文化活动。这些活动，常常带来潜在的或者明显的经济和社会效益。现在，潍坊正在借助已经举办的渔盐文化节的影响，开发建设盐文化博览园、渔文化博览园，并积极推进“海盐之都”的建设，倾力打造“文化滨海”，打造具有滨海新城独特内涵的休闲旅游文化品牌。

除了海盐，在其他各盐区，也有时间或长或短、规模或大或小的节、会活动。山西盐池神庙庙会活动就颇具代表性。该活动涵盖旅游、娱乐、贸易三个内容。

2. 盐民和农民、渔民的不同习俗

盐民崇拜的主要是盐神，在生产、生活习俗中，与渔民和农民也有很大的不同，尤其体现在以下几个方面。

首先是对天气的态度。尽管盐民、渔民和农民都有观天的习惯，但所求的天气状况却是不一样的。盐民盼望天气晴朗且刮风，因为太阳主宰盐的生产，刮风可以加快水分的蒸发。所以，每年夏秋之际，沿海灶民（即盐民）都有烧香拜太阳神的习惯。农民的希望则不同，农民盼望的是风调雨顺，最害怕久旱不雨。而渔民出海打鱼最害怕的则是狂风巨浪和暴雨潮涨。如潍坊所在的莱州湾沿岸盐区的人们相信“三月三、九月九，神仙不在江边走”，出海是尽可能要避开这两天的。而盐民则不考虑这些，只要天气晴朗，天天都是好日子。

其次，不同的“辞灶”习俗。农民一般每年农历腊月二十三辞灶，而盐民就没有“送”的习俗。盐民靠烧灶煎盐为生，一日熄灶不煮盐，就一日吃不上饭，又叫“熄火穷”。因此，盐民就是过大年也绝不辞灶。

再次，禁忌的有无和差异。相对于盐民和农民，渔民的禁忌要多得多。渔业生产的所有环节都讲究吉利，出海捕鱼有许多规矩和禁忌。如，渔船上乃至渔村中的任何人都忌讳“翻”。他们在言谈中尽量避免使用“翻”字，如果真的有东西需要翻过来时，他们也用“划过来”代替“翻”字。再如对女性的态度上，渔民不让女人下海，因为渔民认为女人下海不吉祥，会带来风浪，导致翻船等危险。但盐民就不一样，盐民中不歧视女性。因为在熬盐过程中，所有劳动力都需要，挑灰、淋卤、晒等需要的劳动量都很大，不仅男人要干，女人也得干。有时男人病了，女人还得领头干活。

此外，盐民还有给盐神过生日的习俗，如在淮盐地区，相传每年农历正月初六为“盐婆婆”生日。盐民对此十分重视。早晨，由家主带着灶丁们到产盐的亭场或灶房边烧纸磕头，祈求盐婆婆的显灵开恩，年内多产盐，盐色白。

3. 盐民的特色习俗

出于对盐神的信仰和崇拜，在盐区，人们的出生、婚丧嫁娶等重大事项中都闪烁着盐的影子。

一个人的出生礼非常重要，而在山东东部海岛上，海盐在婴儿的出生仪礼上占据了重要位置。婴儿出生后的“开口奶”，不少人家就让婴儿先喝一口海水再吃奶，俗呼“尝咸”。因为人们认为孩子长大后要与海打交道，开口“尝咸”，将来就不怕被海水淹死，也就是“先咸后甜”①。不仅仅在山东，在其他地区、其他国家也有类似的习俗。比如在罗马天主教徒中至今还存在这样的洗礼仪式：把少许盐放进孩子嘴里，表示他从此纯洁无瑕，因为在其文化中，盐是洁白的象征。在内蒙古地区，婴儿出生的前几天里，为祈祷其茁壮成长，要用盐水或茶、盐等煮成的汤给婴儿洗浴。傣族婴儿出生时，父母为辟邪会拿一块盐和孩子一起称重等。

盐在婚礼中也有重要分量。在潍坊寿光的传统订婚习俗中，盐是不可或缺的物品。除了山东沿海，在一些少数民族地区，盐在结婚礼俗中也占据重要地位。如在维吾尔族中，就有“盐块为礼”的习俗，至今维吾尔族人订婚的彩礼中仍必定有盐。四川人则用盐腌榨菜作嫁礼。

死亡也是人们不可避免的，盐在丧葬习俗中亦发挥着它的作用：盐可以用做一个人弥留之际的查验：山东地区在死者弥留之际，“堆盐于碟置腹上”来勘验其是否还有生息（如果盛盐的碟子会动，说明死者还没有完全停止呼吸）。除了勘验，山东沿海地区仍有撒盐米驱邪的习俗。发生在山东潍坊诸城地区的以盐驱邪的故事就被记录了下来。② 除山东地区外，我国其他地区亦有用盐驱邪的习俗，如青海地区在大年三十驱邪除鬼活动的传统方式就是“爆盐”（即将劈好的柏木或松木垒成宝塔状的“松蓬”，里面放好青海所产的大颗粒青盐。农历大年三十晚上，把松蓬点燃，青盐在热力的作用下不断地发生爆炸）。在日、韩等国，也曾存在殡葬结束后给宾客撒盐以驱邪的习俗。

二、盐神信仰的深层原因

孙玥在《中国民间信仰中的盐崇拜》一文中即指出：“盐能够在民间信仰中被作为一种崇拜的对象，并参与到一些信仰的表达方式中绝非是一个偶然随意的现象，而是具有深层次的一些原因。”③

事实也的确如此，从方方面面的资料和实践中，不难看出，盐神信仰的存在，首先和最根本的原因在于，盐对人们极其重要：从生活层面看，它是不可或缺的；从生

---

① 姜彬主编：《东海岛屿文化与民俗》，上海：上海文艺出版社，2005年，第390页。

② 该故事可以参见清代著名文学家袁枚的短篇小说集《续子不语》卷8《黑眚畏盐》一文。

③ 孙玥：《中国民间信仰中的盐崇拜》，《温州师范学院学报》（哲学社会科学版）2006年第6期。

产领域看，它同样起到难以替代的作用。除此，盐神信仰的存在，还由于人们对行业、对行业规则的需求进而产生的对行业神的崇拜。

（一）盐的极其重要性

文化人类学家马林诺夫斯基曾多次宣称："任何文化的理论都要以人类的生理器官的需要为开端。"盐，乃生命之粮，是满足人类生理需要的基本物质，也是支撑社会税收、关系国家存续的物质。直到今天，人类仍没能找到取代盐的物质。从一定意义上说，由于盐的极其重要，才使得盐神信仰产生并不断固化。不管人们采取何种仪式，祭祀何种盐神，其最终指向是希望盐神能够帮助他们获得所需要和所希望的东西。在过去的岁月中，针对盐的追逐曾十分残酷，夺盐而引起的战争不胜枚举。据专家考证，传说中的中华第一战——炎黄阪泉之战其实就是为争盐而战的。①

当然，除了它是生活和生产的必需品外，盐还在人们的理念中具有清洁、消炎等作用。当然，相比于门神、灶神，中国的盐神很不出名。个中原因，也许因为食盐虽然人人需要，但制盐却与大多数人无关，人们觉得盐神和自己关系不大，所以对它敬而远之。

（二）人们对行业神的崇拜

自从人类产生以来，行业一直在人们的心中占有极高的地位。从"祖师爷"一词的创设及其在中国文化中的重要地位，即可看出中国人对行业、行业规则的无限敬仰。与此相一致的是，行业神在中国人心中占有无可替代的位置。

对行业神的崇拜和远古人类的生殖崇拜有类似之处，都体现了人类对生存的深层需求。只不过生殖崇拜较为原始，行业神崇拜层次高些罢了。在发展的过程中人类逐渐认识到，在解决了基本的温饱之后，只有依靠劳动才能更好地、长期地存活；而劳动，则可以分为各行各业，也因此有了三百六十行的说法。而"三百六十行，无祖不立"，中国的绝大多数行业都有自己的祖先，也都有尊重祖先、祭祀祖先、祈求祖先保佑的习俗。那么，行业祖先是谁呢？他们有的是真人真事（客观存在），有的则是人们创造出来的神（主观存在）。在一定意义上说，行业神到底是客观存在还是主观存在并不是重要的，重要的是，各行各业的祖先，已经和正在整合为一种权威，成为人们借以团结同行、排斥他者的旗帜或纽带。正如谢·亚·托卡列夫指出的："甚至可以说——尽管听起来颇有离奇之感，所谓宗教与其说是人与

① 陈逸根、宋建华、李淑芹：《不简单的盐：盐的文化和300个妙用》，上海：上海科学技术出版社，2004年，第44页。

一神或多神的关系，毋宁说是人与人之间因一神或多神而形成的关系；更确切地说，因一神或多神的观念而形成的关系。”[①] 因人造神，以神治人，是中国行业神崇拜的出发点和归宿点。

在盐业领域，行业神同样存在。从祀神对象看，既包括盐的发现者、生产者，也包括那些赐盐给人类的神灵，还包括占据鱼盐之地有功的部落始祖神和盐业所奉之祖师神等。如果可以对这些不同类别的祀神对象抽象加工的话，即可发现，所有的信仰类型都是基于盐这一“行业”。不管是生产者，还是发现者，抑或赐福者，都是围绕“盐业”来划分和认定的。实际上，不管是何种何类“盐神”，都只不过是人们基于对“行业”的崇敬而客观或主观造就的神。

例如，在盐业发展的漫长时间中，产生的盐业祖师爷和祖师神，或者是该行业的开山鼻祖，或者是生产技术能手，或者是起过保护作用的保护神了，如四川井盐的井神相当部分都是当地的盐业鼻祖或对盐业具有突出贡献的技术能手。在保护盐业利益而成神的祖师爷中，上海地区的陈雄才就是典型代表。[②] 随着社会的进步和行业的发展，崇拜行业神变成了一种集体意识。“同行都是一个祖师爷（神），要互相有碗饭吃”成为各行各业共同的信条。神灵的感召力和凝聚力由于现实的需求而得到了极度的强化。

这样，“宗教化的盐业神构建出一个序列，一个等级森严的社会组织序列，用神祇建立的行规帮规，具有至高无上、不可超越的地位，保证和支撑着这个行帮的稳定性。”[③] 各行各业中，对行业神祭祀和虔敬的种种活动无时无刻不在提醒本行业的人们：你们的行为毫无疑问地应该以此为标准。这样，盐行业神就自然而然地充当了该行业所有人的精神支柱和精神监督力量。

在相当程度上来说，对盐行业神的敬仰是盐神信仰的重要根基和表达；是盐区人民为了生活和生产的需要，在自觉不自觉中建立起来的功利性纽带。从总体上看，这一纽带折射出的中国人的盐神观念在现实和虚幻两种轨道上前行，并且随着涉盐生活的深入越来越趋向现实，人神关系中的人的力量趋于增强。

---

① ［苏］谢·亚·托卡列夫：《世界各民族历史上的宗教》，魏庆征译，北京：中国社会科学出版社，1998年，第614页。

② 相传在清光绪年间（1875—1908年），来洪庙地区缉私盐的盐警敲诈勒索、无恶不作。盐民对其恨之入骨，终于将警船击沉，砸死全船盐警。苏州府传知县陈雄才治罪，受审时陈雄才为盐民据理力争，并且最终膝盖跪破，咯血气死在公堂上。洪庙盐民为他盖建庙宇，奉为盐神，香火不断。参见郑土有：《上海民俗》，兰州：甘肃人民出版社，2003年，第330页。

③ 宋良曦：《中国盐业的行业偶像与神祇》，《盐业史研究》1998年第2期。

盐业神祇谱系与盐神信仰

于云洪　王明德[①]
（潍坊学院历史文化与旅游学院）

在盐业生产与经营的发展过程中，不同的产盐区和不同的历史时期，盐业的生产者和经营者，塑造了众多的盐业神祇，古代有所谓盐业“三宗”，即盐工之宗宿沙、盐商之宗胶鬲、盐官之宗管仲。除此之外，人们又奉黄帝、炎帝、蚩尤、李冰、关羽、张飞、葛洪、池神、条山神、金川神、十二玉女、开井娘娘等为盐业神祇。这些众多的盐业神祇形成了一个庞杂繁复的神祇谱系。盐业神祇和盐神信仰反映了人类对取盐之道的敬畏，也象征着中国盐文化的源远流长。[②]无论是真实的开业宗师，还是虚构的技艺神灵，拟或附会的行业鼻祖，都会形成一种权威，构成一个序列，成为盐业人的精神支柱，并作为一种文化现象，代代传承。研究盐业神祇与盐神崇拜，有助于揭示盐业生产发生发展历史背后的精神动因和盐业人的精神世界。

一、庞杂繁复的盐业神祇谱系

“三百六十行，无祖不立”“百工技艺，各祠一神为祖”[③]。“行行都有自己的祖师爷”，也都有他们历代相传的秘法，盐业也不例外。不同地域和不同盐区，关于盐的起源故事不同，盐业生产、经营和贸易的情况千差万别，因此各个盐区或盐业人

---

① 于云洪，潍坊学院历史文化与旅游学院副教授；王明德，历史学博士，潍坊学院历史文化与旅游学院教授。

② 黄俶成：《论中国盐文化的弘扬与研究趋向》，《扬州大学学报》（人文社会科学版）2015 年第 1 期。

③（清）纪昀：《阅微草堂笔记》卷 4《滦阳消夏录（四）》，上海：上海古籍出版社，2005 年，第 60 页。

都有自己心目中的盐业神。中国各地盐神众多,体系庞大,构成一个复杂的神祇谱系。

从时间上看,自盐业生产开始以来,盐业神祇便被创造出来,并随着盐业生产发展而增多,早期神祇有传说中的黄帝、炎帝、舜帝、夙沙氏、蚩尤等;三代与春秋战国时期的胶鬲、管仲等;秦汉以后的张飞、关羽、葛洪、陶弘景、张道陵、扶嘉、杨伯起等。各个时代都有自己的盐业神祇,或真实人物,或神话传说,或附会假借,但都与盐业生产和经营的发生、发展与变迁有关。每个时代的盐业神祇都有其特点,或传承历史,或创造新神,由此形成一个由众多神祇构成的盐神谱系。

从盐业神祇的原形构成看,这些神祇有开创华夏文明的英雄人物如黄帝、炎帝等,有对盐业生产和经营做出卓越贡献的能臣贤相如胶鬲、管仲等,有神话传说中对盐业生产有开创之功和保护作用的神祇如盐母、十二玉女、詹打鱼、增头神、池神、条山风洞之神、牧羊女、开井娘娘、金川神、梅泽神、僧一新、金川神、黄罗二氏、井口土地、颜蕴三等,亦有历史上真实人物转化而来具有某种象征意义的神祇如张飞、关羽、葛洪、陶景弘、张道陵等。

从地域信仰看,既有全国性的盐神如夙沙氏、管仲、胶鬲等,又有各地方的盐业神祇如海盐生产区的盐神如夙沙氏,晋南池盐生产区的盐神如蚩尤、关羽等,四川井盐生产区的张道陵、开井娘娘等。从上述盐业神祇谱系,我们可以看出它有如下特点。

一是神祇身份的多样性。从盐神身份看,呈现出多样化特点,既有神话人物如山东沿海地区的夙沙氏、长芦盐区的盐姥和詹打鱼、浙江的增头神、四川盐源县的开山姥姥、自贡市的盐神梅泽;又有历史人物像齐国的管仲、三国时期的关羽、晋代的葛洪(炼丹家、医药学家)、张陵(即张道陵,五斗米道创始人)等。既有官吏如四川云安的扶嘉(汉代人,官为廷尉),又有普通百姓如詹打鱼(渔民,因常到海边挖泥块煮海水制盐而被尊为盐神)。

二是各地盐神信仰具有鲜明的地域性。山西解州盐民信奉蚩尤,而山西蒲州的盐民则祀奉关羽、张飞为盐神。当地流传着蚩尤夫妇的魂魄作祟,使盐民煎盐不成;而关羽、张飞的神灵出来为民做主,将蚩尤夫妇的魂魄制服。四川井盐生产区形成了独特的地域性盐神信仰,如四川睦州井盐的井镬山神、陵州仁寿县的十二玉女和张道陵、泸州富义县的梅泽等。

三是具有传承性。盐业人对所供奉的神祇都赋予了超人的智慧、过人的本领和高尚的道德,被塑造成为某一地区盐业发展进程中的开拓者、主宰者和保护者。能够成为盐业神祇者,一般是盐业制造的能手,是其后世盐业发展的教师。如四川自贡盐场，在清咸丰至光绪年间（1851—1908）出现了一位技艺高超的井口管事颜蕴三，潜心研究井盐技术，改进和创制了不少打捞井下落伍的工具，成为今天自贡井盐发展的先师，直到现在盐井的修治都是继承他的技术。即使在排除井下事故的时候，井口管事都要率领工匠拈香膜拜，祈求盐公神灵保佑工程顺利完成。所以，一些产盐区，某一重要技术的创始者，某一工具的发明人往往被尊为神祇，受到本行业或专业人员的奉祀，而他们的技术发明创造也被后人继承下来，传承下去，永不停止。盐业神祇的传承性对盐业的发展起了很大作用。

四是民俗性。四川盐源一带，盐民祀奉开井娘娘，又称开山姥姥、牧羊女。当地各族煮盐和贩盐的人都会到开井娘娘庙祭祀，香火颇盛。[①] 清光绪《盐源县志》云："开山姥姥，塌耳山夷女，少韬晦，不自修饰，誓不适人，年及笄，惟司牧羊之役。羊饮于池，迹之，见白鹿群游，尝其水而咸，指以告人，因掘井汲煎，获盐甚佳，即今日白盐井也。后无疾而逝，身有异香，至今祀之。"[②] 浙江海盐的盐民还祀奉盐灶神，又称盘头神。旧时凡烧盐的灶户，过年时都要祭祀盐灶神。以为出盐的多少和盐的质量好坏，全由盐灶神掌管。海盐长川坝一带的盐民，因为当地滩涂上的盐泥逐步减少，所以常要开船到杭州湾南岸的余姚、慈溪一带购买盐卤。卤船起航前，盐民要在船头上用三牲祭祀潮神，俗称"请潮头"，又称"拜潮神"。盐制成之后，出去卖盐也有俗规。卖盐船启航前要到石鼓桥庙里祭拜金安乐王戚老太菩萨，求签占卜吉凶，求得吉利方可开船，卖盐用的扁担忌讳妇女跨过。农历八月十八，俗称"潮生日"，届时，盐民有祭潮神习俗。[③] 舟山盐民普遍信仰墒头神，每年春夏之交，盐田开工生产，他们必定要备三牲祭品，到各自的墒旁，供祭墒头神。[④]

盐民们把那些与盐业有着密切联系的人作为盐神来崇拜，是因为这些被神化的人物有功于盐井生产。这些人可能是发现了盐井井位，也可能参与开凿盐井，或者是与少数民族争夺盐井时起了重要作用。宋代文同在解释张道陵被神化的原因时，有着精辟的论断，充分说明了此类盐井、盐泉神被崇拜的原因。张道陵成为盐神，是因为"陵开凿盐井，人得其利"[⑤]。除此之外，其他盐神的传说也有相同的体现。如陵井旁玉女的供奉，是因为"此十二玉女尝与张道陵指地开井，遂奉以为

① 李乔：《中国行业神崇拜》，北京：中国华侨出版公司，1990年，第213—227页。

② 光绪《盐源县志》卷10《人物·仙释》，转引自李乔：《中国行业神崇拜》，第222—223页。

③ 浙江省民间艺术家协会选编：《浙江民俗大观·海盐的盐俗》，北京：当代中国出版社，1998年；顾希佳：《生产志》（下册），济南：山东教育出版社，2007年，第543页。

④ 浙江民俗学会编：《浙江风俗简志》，杭州：浙江人民出版社，1986年，第597页。

⑤ （唐）李吉甫：《元和郡县图志》卷32《剑南道下·荣州》，北京：中华书局，1986年，第862页。

神”[①]。又云安盐神扶嘉,“临终有记云:‘三牛对马岭,不出贵人出盐井。’没后,其女示以井脉处所,掘开遂得盐水。时,民共祠嘉为井主。”[②]正是因扶嘉找到了盐井井位,所以才受到人们的尊重。另梓州郪县富国镇,“旧无盐井,唐时一新罗僧游蜀至此,指其地凿之,咸泉涌出,因置寺”[③]。忠州涂井井神为汉杨伯起。原因是“土人从所指处凿磐石而得盐泉”[④]。富义县梅泽神,“梅本夷人,西晋太康元年,因猎见石上有泉,饮之而咸。遂凿石至三百尺,咸泉涌出,煎之成盐,居人赖焉”[⑤]。这些被崇拜的盐神均与盐井开凿息息相关。

二、盐神信仰与盐业祭祀

古代祀典,对于有功德于民的,都要立祠庙祭祀。大凡某一领域的开创者或做出重大贡献者,都会被后人记起,以崇其德报其功,这些人物也常常被神化为某一行业的行业神。夙沙氏煮海为盐,对海盐业有开创之功,故被后世尊崇为海盐制造业宗师,称“盐宗”。“依礼,有益于人则祀之。”夙沙氏有功于后世,故被后人作为盐业鼻祖来纪念。正如清同治年间两淮盐运使乔松年在《新建盐宗庙记》中所说:“古圣人开美利之源以贻万世,后人必有报祀之典以答其功,下至贩夫佣竖,亦知求其始事之人而奉祀之,若酒则杜康,茶则陆羽,其类甚多。”[⑥]夙沙氏作为“盐宗”为后人认同,在我国广大海盐和池盐产区,普遍奉夙沙氏为“盐宗”。更为重要的是,夙沙部落将食盐的生产规模化、规范化,不仅成为后来胶莱半岛乃至整个沿海地区海盐业发展的基本模式,也为促进内陆井盐和池盐的发展提供了精神动力,因此不论海盐、池盐和井盐业都尊宿沙为“盐宗”,宿沙成为古代盐业的精神领袖也是理所当然的。[⑦]夙沙氏煮海为盐的事迹流传于先秦,但为其立庙祀之,却是在汉代。

---

① (隋)郎蔚之:《隋州郡图经》,(清)王谟辑:《汉唐地理书钞》,北京:中华书局,1961年,第222页。

② (明)曹学佺:《蜀中广记》卷79《神仙记第九·文昌神事记》引《云安军图经》,《文渊阁四库全书》本,台北:台湾商务印书馆,1983年,第292页。

③ (宋)王象之:《舆地纪胜》卷154《潼川府路·潼川府》,李勇先校点,成都:四川大学出版社,2005年,第4 637页。

④ (明)曹学佺:《蜀中广记》卷19《名胜记第十九·上川东道·重庆府》,第237页。

⑤ (宋)王象之:《舆地纪胜》卷167《潼川府路·富顺监》,李勇先校点,第5 052页。

⑥ (清)乔松年:《盐宗庙安主祝文》,《方忍斋所著书》,台北:联经出版事业公司影印版,第2 078页。

⑦ 王仁湘:《夙沙部落的踪迹——关于山东寿光商周制盐遗迹的思考》,《中国文物报》2010年4月16日,第7版。

据记载,盐宗庙始建于汉代。[①]根据是汉宋衷所注《世本》。宋罗沁《路史·后记四》引汉宋衷注《世本》说:"今安邑东南十里有盐宗庙……夙沙氏煮盐之神,谓之盐宗,尊之也。"宋乐史《太平寰宇记·河东道七·解州·安邑县》亦载:"盐宗庙,在(安邑)县东南十里。按吕忱云:'夙沙氏煮海,谓之盐宗,尊之也。'以其滋润生人,可得置祠。"汉代安邑池盐很著名(今运城盐池)。安邑人民立庙祀夙沙氏,尊崇之为"盐宗",把他看作是发明盐的先民。[②]到底"安邑东南十里有盐宗庙"中的盐宗庙建于何时,尚不明确。至少在宋代之前,河东解州盐池岸边,就已经修建了专为祭祀"盐宗"的庙宇。

虽然盐业生产者或经营者多奉夙沙氏为盐宗,但有文献记载的盐宗庙并不多见,值得提及的是两淮盐区有两座著名的盐宗庙,一在扬州,一在泰州。扬州盐宗庙在扬州康山旁的南河下街,由众商人集资于同治十二年兴建。泰州盐宗庙由两淮盐运使乔松年于同治元年(1862 年)主持兴建,位于泰州城内。乔氏在《新建泰州盐宗庙记》中感慨道:"盐之资于人久矣,江淮间盐利尤饶,上以佐国赋,下以给民用,凡官商胥吏士大夫与市井纤夫,仰给于斯者无虑数万人,顾未尝求始事之人而祠之,无乃礼之缺欤!"[③]其他各业皆立庙祀其祖师,而盐宗独无奉祀之所!这既不符合祀典,又与盐业的重要性不相称,故立庙祀盐宗。两庙中供奉在主位的"盐宗",是"煮海为盐"的夙沙氏,同时又将殷商末年贩运卤盐的胶鬲和春秋时期在齐国实施食盐专卖的管仲置于陪祭的位置上。这种座次的排定,习惯地、不自觉地体现了生产第一的唯物史观。[④]据《孟子·告子》云:"胶鬲举于鱼盐之中"。胶鬲是殷商末年人,原为商纣王的大夫,遭商纣之乱,隐遁经商,贩卖鱼盐。也有的盐商尊舜帝为祖宗,史载舜帝将解池盐"贩于顿丘","债于传虚"。从事盐业管理的盐官尊春秋齐桓公时代的管仲为盐专卖鼻祖。

在海盐生产区,如天津附近的长芦盐区、山东盐区、两淮盐区、两浙盐区、福建盐区、两广盐区等,多尊奉夙沙氏、胶鬲、管仲为祖师,同时又有地方神祇加在其中。如长芦盐区除信奉夙沙氏外,还有女神盐母。盐母不仅是盐业之神,也是天津的地方神。当地有著名的盐母祠,约建于五代后期,历经数度重修,立碑作记三次。

---

① 卢南乔:《山东古代科技人物论集》,济南:齐鲁书社,1979 年,第 119 页。

② 卢南乔:《山东古代科技人物论集》,第 119 页。

③ 乔松年:《新建泰州盐宗庙记》,陈社主编:《泰州文选》,南京:江苏文艺出版社,2006 年,第 7 页。

④ 黄惠贤:《"盐神"与"盐宗"》,冯天瑜主编:《人文论丛》(1998 年卷),武汉:武汉大学出版社,1998 年,第 149 页。

据明万历碑所载："圣母始五代时，教民煮法，俄而化去，邦人神之，祠所由肇迄。"[①]盐母是长芦盐区的又一盐宗。闽浙沿海除信奉夙沙氏外，又信妈祖为盐神。据清梁章钜《退庵随笔》说，福建沿海业盐之家祀天后，即妈祖，但同时又信奉"夙沙氏"为海盐之神。此外，天津宝坻县芦台场又有盐佬庙，祀奉盐佬，又称圣佬、圣母，相传她教百姓"煮土成盐"。宋元间已有这种信仰。

潍坊北部的渤海湾沿岸，这里的人们祖祖辈辈靠晒盐、打鱼为生。原先，由于打鱼设备简陋，时常会出现一些事故。因而，渔民们出海前都会在海边搞一些祭祀活动，祈求出海平安。而每年的正月十六，是盐神节，靠晒盐为生的盐农们也搞祭祀活动，拜祭盐神管仲，以求新的一年里风调雨顺，大获丰收……千百年来的民间习俗，潜移默化地影响到了生于斯、长于斯的渔民、盐民的后人们。

两淮盐区还奉盐婆婆为盐神，以为盐是盐婆婆恩赐的。习俗以正月初六为"盐婆婆生日"。这一天要处处图吉利。俗信以为这一天盐婆婆有了笑脸，天就晴，主全年盐的收成好；这一天盐婆婆生气沉下脸，则不是刮风就是下雨，主全年盐的收成不好。旧时，盐民们早在年前就备好香烛纸马，纸马是一种黄色纸，上面印着龙的图案。农历正月初六早晨，家长便带领全家能上滩干活的人，到滩头或风车头放鞭炮，烧纸，称"烧盐婆纸"，祷告礼拜，祈求盐婆婆保佑今年的制盐生产。仪式后，大家手执锹、锨等工具，到滩上象征性地干点活，表示开工。

当地盐民们还祀奉龙王，以为潮涨潮落和海水中含盐的多少都是由龙王来定的，这对盐民至关重要。每年农历正月十五，家家要到龙王庙祭祀礼拜。离龙王庙太远的盐民则在海边，面向大海烧纸礼拜，俗称"烧龙王纸"，祈求龙王保佑。传说农历六月初六是龙王生日，这天晒的盐俗称"龙王老爷生日盐"。据说这盐腌鱼不臭，腌菜不苦，做汤味鲜。通常，盐民都要将这盐珍藏一些，除自己食用外，还会作为馈赠亲友的好礼品。

在池盐产区，如山西运城池盐产区，除尊奉夙沙氏为盐神外，还奉传说中的蚩尤为盐神。据传说，解州之池盐是蚩尤被黄帝打败所杀后的鲜血凝成。四川乐山盐业也尊蚩尤为祖师神。山西蒲州的盐民却尊奉三国蜀汉的关羽、张飞为盐神。在河南一带的中原池盐产区，尊东晋道家葛洪为盐神。据传，葛洪所炼的仙丹，有许多成分，其中盐是主要成分，百姓只要舔食一下，精神便会大振，红光满面，精力充沛。

在井盐产地，如四川自贡盐区，信奉道家创始人张道陵为盐业祖师神。据北宋

① 转引自东言暨白主编：《民间神佑大通书》，北京：气象出版社，2005年，第292页。

《太平广记》记述，该地有口大井，是张道陵所开凿的，周四丈，深五百四十尺，置灶煮盐。所产之盐，一分入官，二分给民。凿井时有位女子称十二玉女相助。故将张道陵与玉女两人并祀于盐神庙，同为盐神。自贡又有井神梅泽，人们建筑各种庙宇（包括井神庙、火神庙、井主庙、王爷庙、井口土地庙等）以供祭祀。这些庙宇构成了盐业社会的文化活动场所，成为盐业人精神生活的重要组成部分。

江苏连云港云台山上有窦娥庙，又称娘娘庙，也是当地盐民的崇拜对象。传说斩窦娥引出了“六月雪”，盐民希望自己产的盐像雪那么多、那么白，故而有了对窦娥的崇拜。俗传农历三月初三是窦娥娘娘生日，此日要办香火会。盐民习惯在这个庙会上买戽水斗、锨、锹及蓑衣、斗篷、草鞋等工具和用品，并且以为这个庙会上买来的工具都会有“六月雪”的好兆头。当天下午，还必定要拿新买来的工具到滩上去动动手。当地的盐政官吏和盐商则祀奉管仲为祖师，每年春节要悬挂管仲画像祭祀，但灶民们只信龙王，不尊管仲。

在我国的云南乔后盐矿矿区有一处“盐龙祠”的寺庙，我们在考察时，遇到许多人在此举行仪式，朝拜“龙王”，这些群众中有盐矿的家属也有附近的老百姓。他们都认为是龙王带来了盐，也就是带来了他们的生活依靠，因此他们虔诚地朝拜它。在这个的正殿中依次供奉着“盐公”“盐母奶奶”，在其旁边才是“财神”和“包公”。在柱子上刻有这样一副对联：“厨中百味盐为首，美肴当思珙王功”，其中“珙王”即盐王。而“龙王”则被尊奉在正殿旁边的小间，当地人认为盐水就是“龙涎”即龙的口水，供奉龙王自然是祈求龙王的“龙涎大开”，盐源不绝。由此可见，当地人对盐神的崇拜。

唐代西南地区对盐神的崇拜，往往采取兴建诸如祠、庙、寺等祭祀性建筑和造像的方式，尤其流行立祠供奉。如陵州井研县（今四川井研）北二里，有井镬山神祠，是由“唐僖宗入蜀时见，命祠之。其山俯临镬井，因以为名，盖盐神也。”[①] 又陵州仁寿县（今四川仁寿）有神祠名聂社，在古盐井旁。[②] 陵州仁寿县又有张道陵祠，在县西南百步。[③] 此外，还有玉女祠，云安有百姓为祭拜扶嘉而修造的扶嘉祠等，这些都是为供奉盐神所立的祠。另外，为供奉盐神还兴建了大量的庙宇：如忠州（治今重庆忠县）涂井有为井神杨伯起修造的庙，在忠州治东一里；[④] 泸州富义县西有

① （明）曹学佺：《蜀中广记》卷66《方物记第八·川西井》引《井研志》，第102页。

② （明）曹学佺：《蜀中广记》卷8《名胜记第八·川西道·成都府》引《陵井监图经》，第110页。

③ （唐）李吉甫：《元和郡县图志》卷32《剑南道下·荣州》，第862页。

④ （明）曹学佺：《蜀中广记》卷19《名胜记第十九·上川东道·重庆府》，第237页。

纪念梅泽的金川庙；泸州都督府长宁县有庙，祭祀汉人黄姓者；[①] 如梓州郪县富国镇为新罗僧置寺[②]等。除了兴建祠庙外，往往还要供奉他们的造像，以示对盐神的崇拜。如张道陵与玉女盐神一样同为仁寿县当地民众供奉和祭祀之主要对象。前述杜光庭《道教灵验记》说唐五代时仁寿诸井皆供有天师玉女像[③]，这便说明仁寿当地盐井通过对天师、玉女造像的方式对其进行崇拜。

三、盐神信仰的文化意蕴

应当说盐宗或盐神信仰不仅具有象征意义，而且满足了不同地区的盐民或盐业经营者精神生活的需要。每个被尊为盐宗或盐神的人物，都对中国古代的盐业生产做出了重要贡献，他们都值得为后人崇敬和祭拜。夙沙氏盐宗信仰具有普遍性，其盐宗地位得到全国多数盐区人民的认可和崇敬，在众多盐神崇拜中具有突出地位。因为夙沙氏煮海为盐，不仅开创了中国古代海盐生产的先河，而且成为人们认识海洋、利用海洋、开发海洋的起点，应是中国海洋开发的鼻祖。从某种意义上讲，夙沙氏煮海为盐具有某种划时代的意义。

盐神信仰中的英雄崇拜情节。黄帝、炎帝、舜帝为华夏文明的开创者，将盐的发现与生产归功于他们自然是顺理成章。即使是战败的英雄蚩尤，亦成为盐业神祇。晋南池盐产地的蚩尤崇拜即具有悲剧审美意蕴，隐含着英雄崇拜情节。明谈迁《枣林杂俎》中记载："解州盐池，蚩尤所窟穴。平时浅波，岁九月九日先后数日，尝大风雨，为化盐之候。彼二十里之聚，各储草荐、木屑、竹枝、树梗、敝履、坏絮之属，一切杂投。狂风一夕作冻，明日视之，满皆盐花矣。味甘咸，甚莹洁，始祭蚩尤之旗。"盐民在采池盐前要举行大型的祭祀仪式。所谓"蚩尤之旗"，指的是蚩尤冢里冲出来的一股气。在这一民俗事象的背后，有着一段悲壮的神话历史，这就是颇负盛名的黄帝与蚩尤之战。传说黄帝与炎帝大战，炎帝兵败，又有炎帝之裔蚩尤起兵为炎帝复仇，仍未能扭转乾坤。蚩尤战败被杀，身首异处，被百姓分别埋葬，而他的坟墓中依旧有赤气喷出，这显然是一股怨气。清代周庆云《盐法通志》说得更清楚："蚩尤城在解池南，昔轩辕氏诛蚩尤于涿鹿之野，血入池化卤，使万世之人食其血焉。今池南有蚩尤城，相传是其葬处。"以上传说无不是当地民众对历史的一种理解。蚩尤虽然失败了，他却依旧在为后代子孙造福，人们在吃盐的时候，也就会

① （宋）王象之：《舆地纪胜》卷166《潼川府路·长宁军》，李勇先校点，第5 022—5 023页。

② （宋）王象之：《舆地纪胜》卷167《潼川府路·富顺监》，李勇先校点，第5 052页。

③ （后蜀）杜光庭：《道教灵验记·睦井无师井验》，《道藏》（第10册），北京：文物出版社，上海：上海书店等，1988年，第828页。

自然而然地想到了蚩尤。

盐神崇拜向来受到官方的推崇。由于盐业生产在国民经济中所占的重要地位,上至皇帝、下至盐务官员,无不对此表现出极大兴趣。这主要体现在大部分祭祀性建筑都是由官方提出修建,甚至有的盐神祠庙是由皇帝提出修建;盐神还受到皇帝的敕封,加上各种封号;除官员个人对盐神的崇拜外,官方还常举办祭祀盐神的活动等。如陵州井研县井镬山神便是皇帝亲自命令修建,史载:"唐僖宗入蜀时见,命祠之。"[①]又如陵井的玉女庙,"乃监司奏立者"[②]。又如金川庙,是梅泽死后,官为其所立祠。淯井汉人黄姓者也是由监中立庙祀之。陵州仁寿县还有唐元和十五年(820年)陵州刺史李正卿撰《仙师庙碑》[③],即说明很有可能天师庙是在唐代元和间由官方修葺的。盐神崇拜受官方推崇最好的体现便是唐以后皇帝对盐神进行敕封,如富义县"金川庙在县西,即盐井神,五代蜀时封为金川王"[④]。又云安所供奉扶嘉,"宋初,封为昭利广济王,又赐九龙以王号,今为九井之神"[⑤]。官方对盐神崇拜的推崇,更是出于现实的考量,即为保证盐卤充沛或盐业生产顺利进行。于是,盐务官员常举行祭拜盐神的活动。如五代时,皇帝还派官吏举行过祭祀盐神玉女的活动。史载:前蜀高祖王建在天复七年(后梁太祖开平元年,907年),"遣官祭盐井玉女之神,其神出半面而享之。初帝见裸体妇于盐井,告曰:'若当为吾国土地主,富贵至矣。'故有是命"[⑥]。这次由皇帝主导的、对玉女盐神的祭祀就是一次大规模官方盐神崇拜活动。可见,玉女盐神崇拜受官方推崇的程度之高。[⑦]

盐业神祇既是人们借以团结同行的旗帜和纽带,也是盐业行业权威的树立。正由于盐业从业者不易,在其艰辛劳作和艰难运营中,当遇到困难和难以解决的问题时,便感到难以掌握自己的命运,于是便祈求神祇的保佑。当盐业者在生产和经营中获得了利益,人们也会认为是祖师显灵而带来的成功。因之而来的现实和虚幻的结合,理念和实践的结合,人与神的结合,达到了创设盐业神祇的功能意义和

---

① (明)曹学佺:《蜀中广记》卷66《方物记第八·川西井》引《井研志》,第102页。

② (明)曹学佺:《蜀中广记》卷66《方物记第八·川西井》,第102页。

③ (宋)王象之:《舆地纪胜》卷150《成都府路·隆州》,李勇先校点,第4483页。

④ 嘉庆《四川通志》卷35《舆地志三十四·祠庙·叙州府》,成都:巴蜀书社,1984年,第1444页。

⑤ (明)曹学佺:《蜀中广记》卷79《神仙记第九·文昌神事记》引《云安军图经》,第292页。

⑥ (清)吴任臣:《十国春秋》卷35《前蜀一·高祖本纪上》,徐敏霞、周莹点校,北京:中华书局,1983年,第502页。

⑦ 卢华语等:《唐代西南经济研究》,北京:科学出版社,2010年,第242页。

功利的目的。而当盐业行业建立以后，自然而然地会产生行规帮规，盐业神祇的构建和尊崇，具有至高无上、不可超越的地位，保证和支撑着这个行业发展的稳定性。尽管各盐业行帮行规不同，但是维护行业利益的宗旨是共同的，这也是盐业信仰和盐业神祇传承不衰的主要原因。

加强地域文化研究，开发旅游文化资源

——以全国优秀旅游城市江苏盐城市为例

于海根[①]

（江苏盐城市政府地方志办公室）

地域文化是指一个地域的地理、历史、经济、社会在长期的历史过程中形成的，体现地方特点的文化。《中国城市竞争力报告》中指出："21世纪的区域竞争，将以文化论输赢。"地域文化是旅游文化开发的基础，使旅游更有意味；而旅游可以使地域文化得到承载和传播，让文化与旅游发展共赢。因此，作为旅游文化资源的地域文化的开发，越来越显示了它的必要性。盐城已有2 000多年的海盐文化历史，底蕴厚重，在历史长河里形成了丰富的人文资源和自然资源，催生了独具特色的旅游文化。盐城已经成为全国有名的生态湿地旅游之乡，赢得了中国优秀旅游城市等称号。当前，如何充分发挥我市地域文化优势，打造盐城旅游文化品牌，是摆在我们面前的一个重要课题。

一、地域文化内涵是塑造旅游文化的灵魂

地域文化的优势决定旅游文化的特色，旅游文化的灵魂存于地域文化的内涵中。因此，盐城市要依托丰富多彩的地域文化资源，开掘其文化价值，建设具有传承性、独特性、创新性的旅游文化，全面打造文化盐城，让文化发展与旅游发展真正成为推动经济发展的驱动力。盐城市的地形地貌、区位、人文历史，构成了独特的地域文化资源优势。

---

① 作者简介：于海根，盐城市政府地方志办公室处长、副研究员，中国盐文化研究中心特聘研究员。

（一）底蕴丰厚的海盐文化是盐城地域文化之魂

盐城地处淮河下游的东海之滨，有着富饶的海水资源，在这块“环城皆盐场”、因盐置县的广袤盐区，有着2 000多年的产盐历史，盐城是“两淮盐税甲天下”的重要源区。聪慧勤奋、自强不息的盐城人“煮海为盐”，更创造了粗犷朴实、灿烂辉煌的海盐文化。散落在盐阜大地上丰富的物质和非物质的海盐历史文化遗存，充分证明了盐城这座城市的文化之根，就是历千年而韵存、熠熠生辉的海盐文化。几千年的海盐生产发展历史，贯穿盐城历史全过程而从未中断，直接带动当地社会各方面的发展。无论是淮南的煎盐还是清代以来淮北的晒盐生产，盐城作为中国海盐业发展的历史缩影一点也不为过。遍及盐城各地的海盐历史文化遗存和继续发展的海盐业，已成为通过盐城了解中国海盐文化的基本内容。这里的一切无不打上“盐”的烙印，散发着浓郁的咸卤味。一方水土孕育一方文化，这里的地域文化符号，非常独特地彰显了中国海盐文化的深厚积淀。如鲜活的“咸”地名，独特的盐民俗、民间文艺、民间歇后语和谜语，充分展示了中国海盐文化的渗透和传承的魅力。

（二）闻名中外的铁军文化是盐城地域文化之柱

盐城是革命老区，在腥风血雨的战争年代，英勇不屈的盐城人民为了民族的独立和人民的解放做出了杰出的贡献。抗日战争时期，盐城是开展华中敌后抗战、积聚人民革命力量的战略要地，也是敌、顽必争之地。苏北抗日根据地开辟后，中共中央中原局、华中局、华中新四军八路军总指挥部、中央军委华中分会等华中我党我军高级领导机关相继迁驻或建立于盐城。特别是1941年初“皖南事变”后，中共中央力挽狂澜，针锋相对，发布军令，在盐城重建新四军军部，盐城一度成为令人瞩目的地方，并在全国形成相当影响，时有“陕北有个延安，苏北有个盐城”之说。刘少奇、陈毅、黄克诚、李先念、粟裕、张爱萍、洪学智、叶飞、曾山等一大批老一辈无产阶级革命家都曾在这片红色的土地上战斗过生活过，盐阜大地到处留下了他们光辉的足迹。新四军的“铁军精神”以及丰富多彩的根据地文化，共同融合而成盐城所独有的厚重的“红色文化”资源。它不仅包括一大批标志性纪念设施，如全国规模最大、资料最全、最具代表性的新四军纪念馆，新四军重建军部旧址泰山庙，新四军与八路军两军会师纪念碑，新四军抗日阵亡烈士纪念塔，华中鲁艺殉难烈士纪念碑等，更积淀了深厚的老区精神。它与盐城历史悠久的以海盐文化为内涵的“白色文化”共同凝聚成21世纪新时代的“艰苦奋斗，创新创业，团结拼搏，进位争先”的“盐城精神”，成为激励当代盐城人实现“两个率先”的宝贵的精神支柱。

（三）风格独特的水绿湿地文化是盐城地域文化之基

盐城地处江淮沿海平原，沧海桑田的历史变迁，形成了广阔的滩涂、湿地和沙、湖、港、汊密布的地理状况。盐城有着太平洋西海岸面积最大、保护最完好的湿地，总面积达93.33万公顷，占全市总面积的55%，有“东方湿地之都”之称。东部海岸湿地范围南自弶港北至响水陈家港，总面积45.53万公顷，占江苏省滩涂总面积的70%，是太平洋西岸亚洲大陆边缘最大的沿海泥沙淤质滩涂湿地。西部的大纵湖、九龙口、马家荡等湖泊水域，为典型的潟湖型湖荡湿地，沟河纵横、水网密集，总面积达46.79万公顷，这里原始生态环境保存较好，被誉为“金滩银荡”。境内河网密布，纵横交错，水乡特色显著，仅市区河道就有111条之多，是名副其实的“百河之城”。为彰显“水绿盐城”“湿地之都”的特色，全面提升城市建设的形象和品位，盐城市委、市政府决定实施串场河景观带建设。经过近两年的建设，串场河沿岸已建成50米绿带、14米道路，并配套搞好节点、景点建设，两岸土地开发和商业、旅游、休闲等设施，串场河成为“传承海盐文化，打造水绿盐城”的窗口和典范，成为一条绿色的河、一条文化的河、一条繁华的河。在强势推进城市建设整治过程中，“湿地之都，水绿盐城”城市文化名片已然形成。

二、依托地域文化生产力提升旅游文化竞争力

地域文化资源是旅游资源的重要组成部分，地域文化的优势决定旅游竞争力的强弱，我们要依托地域文化优势提升旅游文化的竞争力。在本地文化资源中，选择那些能吸引人眼球的要素，开发出有说头、有听头、有看头、有玩头的旅游产品，提供有独特体验、有新鲜感受、有无尽回味的旅游服务，已经成为当今旅游文化建设的重要内容。

（一）盐城旅游市场发展的制约因素

1. 盐城城市知名度不高

盐城城市规模相对较小，原有的经济基础相对薄弱，过去长期交通不便，盐城在全国较低的知名度制约着盐城旅游业的发展。

2. 旅游资源开发度较低

盐城旅游的资源优势尚未转化为经济优势。有相当一部分景点投入小，未能形成规模效应，普遍缺乏自身“造血机能”，难以有足够的资金积累对旅游资源进行深度开发。“湿地之都，水绿盐城”是比较成功的城市名片，但具体到旅游产品，能够作为口号载体的景点尚未完全开发出来。不同程度地存在着“一流资源、二

流开发、三流服务”的粗放型增长方式。

3. 旅游企业规模偏小，产品宣传促销力度不够

盐城旅游企业数量不少，但单体规模小，实力不强。不少景点、旅行社处于求生存的阶段，企业之间还存在着无序的竞争，无法形成市场开拓的合力。此外，旅游营销人员的普遍缺乏也影响了营销的效果。盐城市政府近年来在旅游促销方面做了大量工作，取得了明显效果。但由于旅游产品不成熟，营销经费投入不足，使宣传促销缺乏连续性、稳定性和应有的声势。

（二）海盐文化相关旅游开发的现状分析

海盐文化相关旅游开发的现状，主要包括两个大的方面。

1. 范公堤沿线的开发

范公堤沿线的开发，主要包括三个部分。第一部分是市区段，目前以包括中国海盐博物馆、水街、水城、盐渎公园、东进路休闲文化街在内的景区，以“盐城市海盐文化历史景区”名义申报的国家AAAA景区，已经通过审批。第二部分是大丰段，目前恢复了张士诚起义地北极殿，草堰镇为江苏古盐运集散地文化保护区，再加上施耐庵纪念馆可形成一个区域，但尚待进一步开发。第三部分是东台段，除东台市区外，有西溪北宋三宰相、安丰古镇、富安明代古居等。

2. 沿海的开发

沿海开发目前仍处于起步阶段，目前计划中的相关项目包括射阳筹备中的反映与海盐文化有关名人的张謇纪念馆以及反映海盐文化演变过程的海涂博物馆；同时，准备整合丹顶鹤自然保护区与海盐制作工艺等，建立一个较大规模的海滨度假旅游区。

（三）海盐文化资源与本地旅游资源的有效整合

盐城旅游资源的开发离不开文化底蕴的注入。近些年来，经过各方面的努力，现有的旅游资源已经在文化上，尤其是在海盐文化方面有了极大的投入，但是在方向上依然模糊，人气和吸引力上依然不足，现有开发景点存在与专业脱节的现象。如何解决这些问题，笔者认为，下一步有以下几项工作可以考虑。

1. 注重现有文物资源的利用

盐城现有的海盐文化物质遗存优势就是成序列的海盐生产工具，在展示盐城海盐文化的过程中，海盐生产方式的特殊性和文物的特色是我们展示盐城地域文化特色的一个重要载体。

2. 加强海盐文化载体的研究和文物征集

加强海盐文化现有载体的研究，加大海盐文化相关文物的征集力度，可以利用中国海盐博物馆这一平台，大力征集全国海盐相关的文物，让全国各地的文物为盐城的文化旅游事业服务。同时，我们还要重新审视对范公堤历史作用的认识。范公堤对中国盐城沿海湿地的形成与拓展有着不可替代的千年影响，是盐城这片神奇的滩涂湿地形成的主要原因，与盐城千年来形成的海堤、沙洲、滩涂、盐业古镇一起，是盐城拥有的独一无二的自然和历史双遗产。范公堤这一伟大的人类历史工程建成已有 1 000 余年，我们很好地利用这一命题，建立范公堤遗址公园，对盐城的旅游开发、扩大盐城的知名度一定有着重大的意义。

3. 整合社会力量，直面盐城旅游业面临的挑战

盐城旅游现在面临形象稍显模糊，口碑尚未形成，人气尚且不足的问题，因此，在加大宣传力度、整合各方资源的基础上，有必要在旅游、规划、文化以及投资公司等部门之间建立有机的联系，以便在决策上少走弯路。海盐文化研究会定期或不定期地举办海盐文化研究和旅游开发结合的研讨，扩大海盐文化和盐城旅游的宣传，推动盐城的文化旅游工作。建议市政府成立旅游开发部门，在沿海拿出一部分土地作为开发资本，由投资公司来投资运作，将沿海的旅游景点有机串联，以形成盐城旅游的规模优势，积累口碑，积聚人气，开拓盐城旅游的未来。进一步完善和延伸海盐文化景点布局，并考虑与沿海海堤发展、海洋生物、美食休闲等联系起来，有计划地布点。开发与本地实际相结合的新兴旅游文化产业，以特色创名牌，以优势争市场，把特有的海盐文化融于旅游产品、旅游管理、旅游服务、旅游营销之中。依托我市多姿多彩的海盐文化资源，深度开发和挖掘其人文价值、美学价值，加快建设特色文化旅游。

三、以地域文化优势推动旅游文化产业的开发

旅游业是一项经济、文化兼承的产业，随着经济文化的互动和广泛交流得到快速的发展，加强盐城市地域文化与旅游资源的整合与开发，提升旅游产品的文化含量和品位显得尤为重要。因此，要深入挖掘盐城市深厚的历史文化底蕴，按照中国优秀旅游城市和“世界大湿地、中国鹤家乡”的定位，突出生态特色，大力实施地域文化发展战略，打造盐城市独特的旅游文化品牌。文化产业的发展要和自然、人文、社会环境相适应，同时注重把发展文化产业和调整产业结构结合起来，把文化产业培育成新的经济增长点。确立体现地域文化特色的旅游文化产业发展思路，形成多元化投入、多种形式共同发展的格局。坚持用市场的眼光看待地域文化资源，用

市场的方式配置地域文化资源,用市场的机制开发地域文化资源。

(一)明确盐城未来旅游产品开发重点

在盐城未来的发展中,必须本着"打名牌、抓重点、搞特色"的原则突出盐城旅游特色,重点开发休闲体验旅游产品,全力打造盐城旅游的"三带三区一中心"。"三带"包括东部沿海滩涂自然风光旅游带、中部通榆运河沿线人文景观旅游带和西部里下河水乡民俗风情旅游带,"三区"包括盐城丹顶鹤湿地旅游经济区、大丰麋鹿湿地旅游经济区和东台沿海湿地旅游度假经济区,"一中心"是指盐城旅游综合服务中心。具体打造的旅游产品如下。

1. 生态旅游

充分发挥湿地、森林公园等生态旅游资源优势,依托建设旅游经济区,把盐城国家湿地生态公园逐步打造成世界知名、中国一流的生态旅游目的地,使盐城成为江苏省生态旅游的首选城市。

2. 休闲度假旅游

重点打造弶港海滨旅游度假区、西溪风景度假区、大纵湖旅游度假区、大丰港旅游度假区、九龙口风景区等景区(点),建成2～3家省级旅游度假区,为旅客提供度假、休闲、观光、居住、商务会展、康体等旅游产品。

3. 红色旅游

全面挖掘、有效保护和合理利用红色旅游资源,以新四军纪念馆改造、扩建为契机,整合泰山庙、阜宁停翅港、阜宁芦蒲盐阜区抗日将士纪念塔、建湖鲁艺烈士纪念塔、阜宁华中局旧址、射阳新四军华中局旧址、大丰白驹八路军新四军会师纪念塔等红色资源,采用现代科技手段、方式展示新四军当年在盐浴血奋战的壮烈场景,进一步完善配套设施,提升服务水平。

4. 观光旅游

以体验为核心,以文化为载体,进一步整合传统观光资源,增加体验、参与等项目,努力发掘海盐文化观光产品,积极开展工业旅游、农业旅游、民俗旅游、科技观光旅游。

5. 城市旅游

依托现代化城市群的建设,空出"东方湿地,水绿盐城"特色,加快城市精品和标志性建筑的建设,完善城市旅游功能,强化食、住、行、游、购、娱等旅游产业要素建设,形成以观光、购物、商务、会展、节庆等为主要内容的旅游线路。

近期,盐城市应该结合沿海大开发国家发展战略,集中有限的财力,优先打造东部沿海滩涂自然风光旅游带。进一步完善现有的旅游产品，并在沿海堤公路风光带上考虑增加亲近自然、亲近大海的路径，如延伸到海边的栈道；搞一些体验项目，如海边小取区、现代制盐与传统制盐区；在海堤公路以西适当增加旅游基础设施，如海堤公路服务区等。同时，盐城应打造与之相适应的休闲旅游产品，如打美食牌，重点开发4个系列：海鲜、湖鲜、野味和土菜，让旅游与美食携起手来，来盐城看别处看不到的风景，吃别处吃不到的美食，让更多的游客大饱眼福，大饱口福。

(二)建立投融资主体多元化的旅游经济体制

未来盐城市的旅游业发展应采取政府为主导、市场为主体、企业为主角的大旅游发展战略，按照"谁投资，谁受益"的原则，鼓励国内外、全社会投资旅游业，逐步形成投资主体多元化的旅游经济体制。

1. 继续增加政府投入

发挥政府的导向作用，有利于旅游产业的协调配套发展，有利于引导社会投资，其作用不可忽视。政府资金主要用于旅游资源的调查、勘测与保护，制订旅游发展规划、基础设施投入、旅游市场促销和旅游教育培训等方面。

2. 加强招商引资的力度。

鼓励企业或个人投资旅游开发。选用贷款、土地利用、税收及价格政策，引进实力雄厚的国内外大集团、大财团前来投资。

3. 注重强化资本市场融资能力。

随着我国资本市场的不断开放，国家已提出支持有特许经营权的旅游经营管理公司进入市场融资，可以说，对旅游企业入市的限制已经放宽。因此，盐城市政府在条件成熟的基础上可以考虑要支持组建一家旅游集团公司，通过申请上市或买壳上市进入资本市场。

4. 继续改善投资环境。

强化投资管理和服务功能，抓紧制定统一的旅游投资规划，成立旅游项目库，确保重点项目的优先开发；建立投资引导机制，采取协调、引导、规划等手段，引导社会资金流向合理区域、合理项目上。对旅游企业和旅游开发公司的投资行为进行监督管理，避免一些企业一味地追求利润最大化的浅层次行为；为有关方面提供项目投资研讨，举办交易会协调和研究政策等融资社会公共事务服务；构建旅游投资项目信息平台，定期、规范地发布旅游投资信息和旅游政策信息。

(三)加强可持续发展的旅游人力资源培养

在旅游人才培养方面，盐城可采取以下措施：一是建立旅游人才信息库；二是吸纳地方以及高校知名专家、教授，作为盐城的旅游顾问，定期邀请专家座谈，为盐城旅游出谋划策；三是建立培训基地，借助高等院校的力量，有计划地培养旅游人才，并对现有从业人员进行分期培训、深造，提高从业人员素质及服务技能；四是合理使用人才，注重发挥旅游人才的积极性。

（四）注重旅游营销策略，强化营销手段

1. 注重品牌建设，发掘资源潜力

“湿地之都，水绿盐城”是盐城旅游的标识，再通过一系列旅游经营活动包括公关活动、促销活动等，创造旅游产品在目标顾客心目中的一种联想与象征，向目标顾客做出一种承诺与保证。并且要努力发掘旅游资源的潜力和优势，善于认识和发扬光大盐城市旅游资源的特有魅力和价值，不断推出具有较强吸引力的旅游活动。

2. 加大旅游市场的宣传促销力度

坚持“重点长三角，兼顾京津唐，辐射中西部，走近日、韩、台”的旅游宣传方针，积极参加各种旅游交易会，充分利用现代传媒，组织多种形式的宣传促销活动，发挥区域联合的作用，集中全力打造、宣传“湿地之都，水绿盐城，海盐名城”的旅游品牌。

3. 实施网络营销，提升盐城旅游业整体服务水平

在网络时代，旅游业从传统的资源竞争、客源竞争转化为知识竞争、技术竞争和信息竞争。谁取得了信息优势，谁就获得了市场上的主动权。所以盐城旅游行业应顺应这一发展趋势，迎接现代技术对旅游营销所带来的挑战，改变传统的销售手段和操作方式，实现盐城旅游的跨越式发展。

4. 重视口碑营销，以较少的投入取得理想的营销效果

口碑传播具有投入少，可信度高，易被潜在旅游者认同，信息最大，影响时间长的特点。在媒体资源太过昂贵、可信度减弱、信息传递收效不足的情况下，重视口碑营销可以达到事半功倍的作用。因此，盐城必展旅游业一定要充分利用口碑营销的手段，在做好景区的建设和服务的基础之上，提炼和选择适合公众进行口碑传播的各种信息内容，如“东方湿地，周末盐城”“滩美荡幽，鹤舞鹿鸣”“仙鹤世界，神鹿故里”；把提炼和选择出来的信息内容通过各种媒介手段把它们物质化、有形化，逐步建立口碑传播网络，把物质化、有形化的口碑信息传递给各类公众，以达到口碑营销的目的。

地方文化对旅游的发展起着不可替代的作用，一个旅游胜地是否能在旅游市

场多变的今天保持长久的生命力，吸引更多的游客，地域文化利用与否以及利用程度如何已成为关键。充分发挥旅游地方文化特点，才能使旅游的经济属性与文化属性找到最佳的结合点，使旅游业实现可持续发展的目标。大力挖掘地域文化，变静为动，变古为今，物体人化，营造浓郁的地域文化氛围，使地域文化发挥教化、激励、导向功能，满足游客的心理需求，以促进旅游业可持续发展。

潍坊海盐文化旅游开发的对策思路

刘　勇①

（潍坊学院历史文化与旅游学院）

一、规划和建设滨海海盐文化博览园

滨海是潍坊海盐之根，区内有丰厚的海盐文化名胜古迹与人文景观。建设滨海海盐文化博览园，不仅是弘扬优秀文化传统、加强社会主义文化建设的需要，而且是将海盐文化资源转化为当今的旅游资源和体现海盐文化特色的旅游产业的需要，并以此为突破口，带动海洋新兴产业、交通运输业、高新技术产业和市政建设，以及其他相关产业的发展。

建设滨海海盐文化博览园，一是要高点定位，合理规划，充分体现"海盐文化"特色，成为集参观、体验、食宿、游玩于一体的文化休闲场所；同时，全力打造别具风格的海岸旅游体验区、河海相融的休闲旅游观光带和全国知名的时尚旅游目的地，树立滨海特色旅游品牌，打造潍坊亮丽的旅游名片。二是生态优先，可持续发展，开发与保护并重，体现潍坊海盐文化旅游的原生态；凭借潍坊滨海得天独厚的天然优势，大力发展海洋文化和渔盐文化，充分挖掘海洋、渔业、盐业等文化内涵，树立起独具滨海特色的旅游品牌，让更多的人走进潍坊、了解潍坊、喜爱潍坊。三是陆海统筹，协同发展，利用已建好的北海渔盐文化民俗馆，展示盐文化、渔文化、海文化等内容；依托东周盐业生产遗址，开发盐宗庙、盐业博物馆、盐浴不沉湖、渔盐古镇、古今制盐展览等一系列海盐文化景观，实景再现古代的盐业生产原景；制作能展示海盐生产流程的模型，采用声、光、电、模拟和影视、计算机等现代化表现手段，融文物和现代科技于一体，采用互动模型、绘画、雕塑、大型展观等辅助办法

① 作者简介：刘勇，潍坊学院历史文化与旅游学院教授、副院长。

和多媒体技术来强化陈列效果，供游客游览并实际参与制盐活动，体验盐民生活，感受制盐的苦乐。四是改革创新，开放带动，充分发挥市场在资源配置中的决定性作用，立足丰厚文化资源，将文化旅游产业作为推动经济转型升级的突破口，拓展融资渠道，形成政府主导、社会参与、市场化运作的多形式和多元化投资结构，加速推进文化旅游产业化，将潍坊滨海建成融历史文化、滨海旅游、生态观光、休闲度假于一体的旅游胜地，做大做强潍坊海盐文化旅游产业。[①]

二、编纂出版《滨海(潍坊)盐业史》旅游丛书

《滨海（潍坊）盐业史》旅游丛书主要由《滨海（潍坊）盐业史》《滨海（潍坊）盐业考古资料》《滨海（潍坊）盐业民俗调查》《滨海（潍坊）盐业研究文集》《滨海（潍坊）盐业文献集成》等组成。该丛书主要体现三方面内容：一是加强海盐文化遗产的调查、征集、保护和现有文物的利用，凸显滨海盐业定位；二是通过海盐文化研究，形成和放大海盐文化的品牌效应，努力打造中国“海盐之都”；三是挖掘潍坊海盐文化精髓，整合潍坊旅游产业资源，将滨海发展、海洋生物、美食休闲等联系起来，有计划地布点。该丛书的编纂和出版，定会让读者比较全面了解潍坊，让人们在轻松愉悦的阅读中，寻觅海盐历史的遗迹，追溯海盐文化的源流，使潍坊海盐文化这张城市名片成为全省、全国特色旅游的响亮品牌。

三、大力发展海盐民情风俗特色体验旅游

依托潍坊丰富的海盐自然和旅游资源，充分利用海盐民俗、海盐生态资源和海盐环境优势，大力发展海盐民俗旅游和海盐生态旅游，以观盐文化、吃盐家饭、洗盐水浴等为主要内容，开发建设盐文化展厅、卤水洗浴中心、水产养殖垂钓园、海鲜餐饮城等海盐文化旅游项目[②]，培育一批名牌海盐文化旅游产品和旅游线路，形成海盐民俗表演、海盐民俗风情体验、家庭休闲度假垂钓、海鲜特色餐饮为主的民俗旅游产业体系。

当然，食盐具有利于人类健康、健身和美体功能，这是该旅游产品的特点。开发相关旅游产品和项目，可以增加游客的切身体验。一是发挥食盐有利于人们健康的功能，研发食盐系列产品，吸引游客和消费者。食盐不仅是人们膳食中不可缺少的调味品，而且是人体中不可缺少的物质成分，其味咸，性寒，入胃、肾、大小肠经，具有清热解毒、凉血润燥、滋肾通便、杀虫消炎、催吐止泻，以及能协助人体消

① 李伟:《东台市盐文化旅游资源调研及其思考》,《盐业史研究》2011 年第 4 期。

② 张俊洋、殷英梅:《潍坊海盐文化遗产旅游开发研究》,《盐业史研究》2011 年第 3 期。

化食物、参加体液代谢和维持人体渗透压及酸碱平衡等功能。我们可以针对以上功能，开发食盐系列产品、水产养殖垂钓、吃盐家饭、海鲜餐饮城等海盐文化旅游项目。二是针对盐卤中含有多种有益于人体的矿物质，可以有明显的镇定、降低血脂以及瘦身效果，实现健身目的的功能，我们可以结合中西方的洗浴文化，建设卤水洗浴中心，吸引游客和消费者洗盐水浴等。三是根据盐水中盐分含量高，即使不会游泳的人，在盐湖水里也可以仰卧水面，伸开四肢，随意漂浮，能够实现美体的功效，我们可以据此打造盐文化体验型的旅游产品“中国死海”以吸引更多的游客和消费者。①

四、开发具有潍坊海盐特色的旅游商品

我们要立足市场、细分市场和围绕市场，采取紧随战略、进取战略、保持市场地位战略和创业战略，针对不同的消费群体和游客开发生产适销对路的盐产品和旅游产品。如可以通过工艺创新和国家绿色标志认证，将日晒自然盐提升为绿色自然盐；随着患心血管和高血压病的人口日益增多的实际情况，为了满足该细分市场的需要，可以生产自然低钠盐；针对部分群体对腌制食品和食用腌制品消费的习惯，必须开发自然低钠腌制盐以及有利于强化腌制品特色的新的腌制用盐；通过控制结晶温度和卤水成分研究生产自然美容盐减肥盐，从而满足人们的美容和健康需要；通过海盐结晶工艺改革，富集对人体有益的元素，可以研发自然补血盐；鉴于乙肝携带者日趋增多，可以与医学界联合开发推广自然加硒盐；自然补钙盐是市场潜力最大的品种，需要研究开发；应突出具有地方特色的农产品和特色餐饮品牌，生产与人们日常生活密切相关的调味盐系列产品；为了提升海盐的商业价值，可以进行海水晶的生产，主要包括低档自然海水晶、高档海水晶的原料或半成品海水晶；还应研发以液体状态存在的各种液体盐及相关功能性产品等等。②

同时，我们一是要根据研发的不同类型的海盐产品，进一步挖掘海盐文化、特色餐饮文化的深刻内涵，确定旅游地的游客细分目标市场。着力研发生产观赏性强、实用价值高、开发潜力大的海盐旅游纪念品，注意选择多种渠道宣传旅游地的旅游产品，满足不同旅游群体的需求；二是牢固树立精品意识，打造海盐品牌，利用各种节庆活动扩大对旅游地的市场知名度，促进海潍坊海盐旅游发展；三是结合

① 张俊洋、殷英梅：《潍坊海盐文化遗产旅游开发研究》，《盐业史研究》2011 年第 3 期。

② 娄栋：《论日晒自然盐的开发》，http://www.zjlvhai.com/web/index.php/News/content/pid/8/id/1042.html，2006 年 10 月 27 日。

市场调查和当地的旅游资源调查，确定旅游地的主题形象。旅游地主题形象的确定和塑造具有举足轻重的作用，如果一个旅游地的主题形象模糊混乱，则很难对潜在的旅游客源群体造成吸引效应，同时还会使现实的旅游者经历平淡，降低其回头率，而个性鲜明、亲切感人的旅游地形象是形成庞大旅游市场的源泉，并可以在旅游市场上形成较长时间的垄断地位。因此，可以根据潍坊的海盐和地方特色，选择以海盐历史人物、历史事件、文化古迹遗存、自然与人文旅游资源、人文底蕴、文化传统、投资环境、科技投入等不同视角确定潍坊旅游地的主题形象，展示系列旅游产品，满足游客需求。

五、组织开展渔盐民俗文化旅游节庆活动

节庆活动与传统文化关系密切，可以提升城市的品位和魅力。依托和深度开发潍坊滨海举办的“二月二龙抬头节”和“正月十六盐神节”等潍坊市非物质文化遗产重点保护项目，组织开展渔盐民俗文化旅游节庆活动。自 2007 年以来，潍坊滨海渔盐文化节已成功举办了 7 届，规模逐年增大、参与人数逐年增加，成为潍坊滨海区一道独具韵味的民俗文化风景线。渔盐文化节以北海渔盐文化民俗馆为依托，围绕“传承千年渔盐文化，擦亮民俗旅游品牌”主题，将滨海浓厚的历史文化积淀与现代民俗文化旅游相结合，将传统的拜祭龙王活动与舞龙、舞狮、京剧、歌舞、秧歌等丰富多彩的文化表演相结合，将当地群众自发组织的秧歌、高跷、跑旱船、耍毛驴等群众文化活动与游、购、吃、住、行相结合，突出民俗性、参与性，让游客感受民俗文化气息，给游客美的享受和体验。[①]

每年农历的二月初二又叫“龙抬头”，这一天，渤海莱州湾畔即将出海的渔民和进行盐业生产的盐民们会自发组织一些祈福活动，拜祭龙王和“盐神”管仲，祈求在新的一年里四海平安、风调雨顺、渔盐丰产、国泰民安。[②]每年从潍坊、东营和烟台等地前去拜龙王、赶庙会的渔民、盐民和当地居民可达数万人，其源远流长的庙会文化已经成为当地旅游资源中不可或缺的重要组成部分。在继承传统文化的基础上创新，将海盐节庆活动系统化、具体化、规模化，丰富潍坊渔盐民俗文化旅游节庆旅游，塑造亮丽的潍坊旅游城市形象。

---

① 王勇钢、王连元:《潍坊滨海办渔盐文化节传承千年文化擦亮民俗牌》, http://www.sd.xinhuanet.com/wf/2014-03/02/c_119568210.htm, 2014 年 3 月 2 日。

② 王勇钢、王连元:《潍坊滨海办渔盐文化节 传承千年文化擦亮民俗牌》, http://www.sd.xinhuanet.com/wf/2014-03/02/c_119568210.htm, 2014 年 3 月 2 日。

六、凝练潍坊城市精神无形旅游资源

潍坊经过几千年的海盐文化浸润，底蕴丰厚的物质的和非物质的文化遗存充分反映出了潍坊的城市之魂、城市之根就是海盐文化。海盐文化给今天的潍坊传承了极为宝贵的精神财富，这其中的精髓提炼，并使之成为海盐之都精神体现在以下4个方面。

（一）艰苦奋斗、埋头苦干的创业精神

早期在海边煮盐的先民社会地位非常低下。灶丁均入“灶籍”，世袭因之。宋代社会地位低下的“三籍”分别为“军、匠、灶”，而“灶籍”又是最低等的。灶民生产生活所处的环境极其恶劣，终日在旷野下劳作，一遇潮灾，无处藏身，生命安全没有保障。长期独特的生产方式和恶劣的生存环境，锤炼了先民们不畏艰险、艰苦奋斗的坚强意志，盐民们只有负重奋进，埋头苦干，才能战胜面对的所有困难。这也是当今潍坊人民应该秉承先人并必须具备的优良品质。

（二）刚强坚毅、百折不挠的斗争精神

潍坊境内盐区时常饱受大风海潮侵袭，历史上的盐民同时还受盐吏和灶头的欺诈，苦不堪言。面对灾害，盐民们不畏风险，锲而不舍，整理冲散的家园，重新创业，面对无情的盐吏和官商灶头，盐民们练就了刚勇坚毅、百折不挠、敢于冒风险、敢于抗争的斗争精神。[①]这种不屈不挠、刚强坚毅的斗争精神也是潍坊人民在建设小康社会的过程中需要继承发展和发扬光大的。

（三）团结协作、奋力拼搏的团队精神

唐宋时期，官府衙门为了控制税源，严防私煮，在制作煮盐工具时，故意将盘铁铸成大而重且分成数角的式样，盐民得令开煎，需将各家数角盘铁聚集合成。盘铁厚大，每举火一次，通常需连续10余天，数灶轮流操作，这就是“团煎共煮”。在煎盐过程中，盐民们非常注重团结配合、协作支持的团队精神。[②]这一团结协作、共同拼搏的团队精神，是我们加快实现创新潍坊、文化潍坊、生态潍坊、幸福潍坊“四个潍坊”建设战略任务的法宝和保证。

（四）勇于创新、敢为人先的进取精神

潍坊在长达几千年的中国海盐生产历史进程中，在全国扮演了一个非常重要的角色。迄今为止不管是文献记载，还是地下考古发掘所见，都说明今寿光北部双

---

① 于海根:《中国海盐文化与盐城城市精神》,《盐业史研究》2009年第1期。

② 于海根:《中国海盐文化与盐城城市精神》,《盐业史研究》2009年第1期。

王城一带，是中国海盐技术发源地。历史学的研究成果证明，随着商王朝在今寿光北部双王城一带大规模海盐开发和历史演进，海盐生产技术首先沿环渤海地区普及开来，至西周和春秋战国时期，环渤海的齐国、燕国成为主要海盐产地，史称齐有“山海之利”，人民多“布帛鱼盐”，燕有“鱼盐枣栗之饶”。同时，由于中华民族历史上商、周、秦、汉几代王朝的统一和拓展，来自北方中原地区的先进技术随着人民流动渐渐传播到江南，战国时期就有了吴“东有海盐之饶”的记载。到唐朝时期，就全国来讲海盐产量超过了池盐产量，成为封建王朝的主要经济支柱之一。[①]时至今日，潍坊依然被称为中国“盐都”，素有全国盐价风向标、晴雨表之称，其原盐产量占山东省的3/4，全国的1/4。[②]境内盐场对全国的贡献可想而知。正是由于潍坊历代盐民“勇于创大业、敢为天下先”的不懈努力，才使得古代盐城的产盐规模、产量、盐税交纳等方面成为山东乃至全国领军的突出地位。

潍坊境内历代盐民在长期的生产实践中，不畏艰辛，艰苦奋斗；百折不挠，创新创业；晒煎配合，团结拼搏；积极进取，敢为人先。这些优秀的传统美德，没有因渤海的潮起潮落而销蚀，岁月的蹉跎而退隐，而是经过历史的沉淀，成为底蕴丰厚的海盐文化中熠熠生辉的精华，它是传承给今天潍坊900多万人民的一笔宝贵的精神财富，更是展现给四面八方游客的无形旅游资源。

① 于海根：《中国海盐文化与盐城城市精神》，《盐业史研究》2009年第1期。

② 邓华、丁宁、张京明主编：《中国海盐之都——潍坊盐文化史》，北京：中国轻工业出版社，2009年，第275–276页。

研究述评

“海盐文化与盐业史研究学术研讨会”述评

于　民　于云汉[①]
（潍坊学院历史文化与旅游学院）

2015年10月16日至18日，由中国盐业史专业委员会、山东省“十二五”高校人文社科研究基地“潍坊学院海盐文化研究基地”主办，潍坊学院历史文化与旅游学院承办的“海盐文化与盐业史研究学术研讨会”在潍坊学院召开。来自中国商业史学会、中国盐业史专业委员会、山东大学、中国海洋大学、四川理工学院等21个学术机构和高校的57名学者参加了会议，共提交论文21篇。会议开幕式由于云汉教授主持，潍坊学院副院长丁子信教授代表潍坊学院党委和行政致开幕词，中国商业史学会会长王茹芹教授、中国商业史学会盐业史专业委员会会长黄俶成教授分别代表学会作了重要讲话。在为期两天的研讨会上，与会学者围绕海盐文化与盐业史研究的相关学术问题展开了热切而深入的讨论，现择其要者，述评如下。

一

海盐文化与盐业史研究的资料基础和研究方法是与会学者关注的重点。山东师范大学齐鲁文化研究院的燕生东教授和寿光市文化研究院的赵守祥院长在《莱州湾南岸地区发现的蒙元时期盐业遗存及相关问题》的论文中，介绍了在莱州湾南岸地区发现的蒙元时期的盐场官署、盐业遗址群，以及清理出的地下卤水坑井、过滤沟、沉淀坑、盐灶以及盐工居住的房址遗迹等考古资料情况，还对发现的碑刻和铜印材料作了简单介绍。在这些资料基础之上，作者对该时期的制盐工艺流程

① 作者简介：于民，历史学博士，潍坊学院历史文化与旅游学院教授；于云汉，潍坊学院历史文化与旅游学院教授、院长。

做出了推测，同时对碑刻和铜印材料所记载之盐场的位置坐落、官吏设置、管辖范围、历史沿革、年产量进行了梳理。尤其难能可贵的是，本文深入运用并在一定程度上发展了王国维先生以“纸上之材料”与“地下之新材料”相互印证的“二重证据法”。通过对莱州湾南岸地区考古发现的蒙元时期的实物材料与有关该时期之文献记载的比较分析，作者指出，就官设盐场名称、盐场位置、分布范围、盐官及属官名称、年产量、锅盘大小而言，两种材料基本一致；但对于制盐工艺流程来说，无论是制盐原材料、取卤和制卤方式，还是成盐过程，考古材料与已有的文献记录都有区别。作者的分析没有止步于仅仅找出区别，而是进一步阐释了造成这一区别的原因，并对研究中的材料抉择和使用问题阐述了自己的观点。作者认为，蒙元时期莱州湾南岸地区的制盐工艺流程比较特殊，而古代文献记录的多是某地某时之情况，并且古代官方修订的盐业志多延续前人的记录甚至采纳一些传说材料，故有些材料并不真实，与考古发现之材料存在区别，因此，学者们在研究时需要辩证地分析并以考古发现材料为准。

四川自贡盐业历史博物馆的程龙刚研究员在其所做的有关川盐古道的调查、保护与开发的大会主题报告中，向与会学者系统介绍了川盐古道的盐运路线、运盐群体及工具和组织、盐运与地方社会的互动关系、物质文化遗产和非物质文化遗产。程龙刚研究员的大会主题报告引起了与会学者的高度关注和热烈讨论。这不仅仅是因为报告运用田野调查法和考古发现资料，梳理出了川黔、川鄂、川湘 3 条川盐古道的盐运线路，为学者们的进一步研究提供了资料基础；也不仅仅是因为报告使用了社会学的研究方法，向我们阐明了运盐群体的构成和组织状况，以及盐运与地方社会的密切互动关系，为学者们的研究提供了新颖的研究视角，还在于报告以文化形态学的方法对川盐古道上的物质文化和非物质文化遗产作了系统整理，图文并茂地向学者们展示了码头、古道、古桥、关隘、驿站、古村落、古街、古镇、盐号、祠堂、庙宇、会馆、碑刻、运盐工具等物质文化遗产，以及与盐运有关的仪式活动、船工号子、背（挑）盐习俗、禁忌、谚语、民间歌曲、戏曲、饮食文化等非物质文化遗产，不但让与会学者走过了一段美的历程，更让学者们深切感受到了沉甸甸的历史重任，感受到了川盐古道保护与开发的重要性。

泰州学院陈志峰副教授使用文化形态学的方法，对泰州的盐税文化作了专题研究。在《泰州盐税文化形态及影响》一文中，陈志峰副教授指出，盐税文化系指人们在制盐、运盐、盐务管理和盐税征收过程中创造出来的所有物质和精神财富的总和，其研究对象是一切与制盐、运盐、盐务管理和盐税征收相关联的文化，而泰州盐税文化则是以“泰州”地域为界限，围绕盐税研究它的文化内涵、文化现象和文化影响，对之可从盐税物态文化、制度文化、行为文化、心态文化等层面加以分析研究。陈志峰副教授从盐税文化这一特定维度对更为宏观的盐文化所做的研究，在研究方法和研究内容上都具有相当的启发意义。

二

盐业史研究是历届“海盐文化与盐业史研究学术研讨会”学者们研究的热点。在本届学术年会上，学者们提交的9篇论文从不同层面对盐业史展开了诠释和论述，具体说来，可概述为以下5个方面。

一是关于海盐盐产地和海盐盐场变迁的研究。湘潭大学的吉成名教授在《论江苏海盐产地变迁》一文中，对江苏海盐产地的变迁及其原因作了系统论述。吉成名教授指出，自先秦至民国，江苏海盐产地发生了很大变化，概括说来，可以淮河为界区分之，即从秦汉时期到清代，江苏海盐产地主要分布于淮河以南地区，而民国时期，淮北地区则成了江苏海盐产地的主要分布地区，这一海盐产地变迁主要与海岸线变化及黄河改道等自然地理因素密切相关。中国海洋大学出版社的纪丽真编审在《明清山东沿海盐场变迁研究》的论文中，通过对正史、盐业志书、地方志中有关明清山东沿海盐场记载的整理，以图文并茂的形式，分析了这一时期山东沿海盐场的裁并情况、变迁原因，并对清代山东8个盐场的面积作了统计计算，认为清代山东各盐场虽然仍采用煎、晒两种方法制盐，但随着晒盐技术的不断改进，盐民根据离海远近，采取了沟滩、井摊法晒盐，技术大大提高，成为“北方盐产区晒盐技术的标志”。

二是关于盐业教育史的研究。山东师范大学张登德教授在《北京盐务学校研究（1920—1935）》一文中，利用《政府公报》《财政日刊》《财政月刊》《监察院公报》《江苏省公报》《教育周报》《谈盐丛报》等刊物上关于盐务学校的报道，从一个相对具体微观的层面，对成立于1920年的北京盐务学校作了详尽研究。张登德教授以翔实的历史文献资料为基础，对北京盐务学校的成立、整顿、经费、课程设置、师资力量、学生素质、考试方式、毕业生分配等进行了详细的评述，认为北京盐务学校无疑是一所具有现代色彩的专门大学，为近代中国培养了200多名现代盐务人才。笔者认为，张登德教授的这篇文章具有较为重要的学术研究启发意义，具体说来，主要表现在两个方面。一方面，这篇文章在某种程度上开拓了盐业史研究的新角度。这诚如作者所言：“目前学界对中国盐业史已经开展了大量研究，内容涉及盐政、盐文化、盐商、私盐、盐税等方面,但有关近代中国盐务教育方面的研究还较少见”,因此,从一所专门的盐务学校入手对盐业史展开研究,就弥补了国内学界在盐业史研究中缺失的特定角度。另一方面,文章并未局限于北京盐务学校本身,而是通过盐务学校学生积极参加爱国救亡活动等社会活动,向我们展示了为期15年的中国学生爱国运动史。毫无疑问,张登德教授的这篇文章具有较高的学术价值。但金无足赤,以笔者粗浅的理解,如果能对文章所列举之不同年份的课程表加以比较研究,进一步分析社会历史变迁对教育的影响,或从课程表之变化分析西方政治、经济、文化等对近代中国教育影响的演进历程,文章将更趋于完美。

三是关于明清以来至抗战时期盐业治理和盐业发展史的研究。中国石油大学学(华东)孙树芳副教授的《试析明朝中央政府盐政治理的历史经验与借鉴》一文,对明朝中央政府的盐政治理作了专题研究。他认为,中国古代盐政在明朝发生了历史性转变,就盐业经济治理而言,具体表现为明政府在继续推行官府食盐专卖制度的同时,转而实行商人专卖制度,其盐政治理可明显划分为政权初建时期前后和中后期两个阶段。盐城师范学院吴春香老师和陆玉芹教授的论文《论乾隆朝的两淮恤灶政策》,剖析了乾隆朝恤灶政策出台的原因、具体措施及其重要作用。她们认为,明清小冰期以来,两淮海盐产区灾害频发,灶民生产生活饱受其害是恤灶政策出台的主要原因,具体的赈济措施是充足的钱粮赈济、适时的平粜借贷、频繁的蠲免缓征,这些措施起到了使灶民幸免于灾荒和匮乏所导致之最恶劣影响的重要作用。河南科技学院毕昱文博士在《北洋政府时期长芦盐区“体制内私盐”述评》的文章中指出,私盐在中国历史上每个朝代都有相应的规定,其共同点是未向政府缴纳税收或越界销售的盐斤,而“体制内私盐”则是指在民制、官督、商运、商销的引岸专商盐制下,与盐政有关系的灶户、商人、盐官、场警、兵弁等,都可以利用此制度的漏洞和弊端进行夹私、贩私等活动,并且这些涉私活动贯穿食盐制造的产、运、销等各个环节。毕博士接来下分析到,具体到北洋政府时期的长芦盐区,因引岸专商制沿袭已久,弊端丛生,官吏、兵弁、商人等利用其制度漏洞,偷运贩卖私盐,使得长芦盐区“体制内私盐”盛行,其结果是在芦盐产、运、销的各个环节,均存在私盐,即:在生产环节,存在“滩私”;在储存环节,存在“坨私”;在运销环节,存在“邻私”。潍坊学院宋志东博士对抗战时期的山东盐业发展史作了考察和剖析。他在《抗战时期山东盐业的曲折发展》一文中认为,抗战爆发后,一方面是随着日本侵略者大举侵入山东,山东盐区沦陷,日本侵略者建立起了系统的伪盐务管理机构,全面控制和掠夺山东盐业,导致其出现了历史大萧条;而另一方面则是在中国共产党的领导下，各地建立了抗日民主政权，逐步成立了盐务管理机构，采取了诸多措施恢复和发展盐业生产，同时积极开展盐业领域的对敌斗争，使山东盐业获得了解放和新生。

四是关于盐神和盐官的研究。潍坊学院的三位学者分别从夙沙氏“煮海为盐”、盐业神祇谱系和盐神信仰等维度，对作为生产者和精神崇拜对象的盐神展开了研究。王明德教授在《夙沙氏“煮海为盐”的开创意义》一文中，从“煮海为盐”开创了中国海盐业的先河、推动了中国农业文明的发展、开启了中国海洋文明的新时代 3 个方面，深入分析了作为生产者之夙沙氏的重要贡献。王俊芳教授梳理了盐神信仰的多种表现形式，并系统分析了盐神信仰的深层原因。她在《盐神信仰的表现形式及深层原因——主要基于海盐盐区的考察》的文章中指出，表达和反映人们对盐神信仰的最主要和最普遍形式是祭祀、祈祷和节会，这些不同表达形式的背后是基本相同的意向，即对盐神的信靠和对盐神能力的至高尊崇。而人们之所以对盐神笃信不疑，除盐对人类生活至关重要、不可或缺这一根本原因之外，还在于盐神对于行业生产和行为的调节与规范作用。于云洪副教授的论文《盐业神祇谱系与盐神信仰》不但厘清了纷繁复杂的盐业神祇谱系，还分门别类地对不同地区的盐神信仰进行了梳理和归纳，并深入分析了盐神信仰的文化意蕴。她认为，由众多盐神构成的庞杂的盐业神祇谱系，是盐业人开辟榛莽、艰苦创业精神的曲折反映，它具有鲜明的地域性、时代性和传承性特征，而盐神信仰是适应盐业人精神生活需要而出现的神祇崇拜现象，反映了盐业人的理想、愿望和精神追求，也是盐业社会权威崇拜、英雄崇拜、祖师崇拜的一种折射。中国海洋大学硕士研究生侯宇则利用甲骨文和考古资料，从商代之“卤”、商代之“小臣”、商代之“邑”3 个方面对商代盐官即“卤小臣”的地位作了分析讨论。其在《从“卤小臣其有邑”看商代盐官地位》一文中认为，在商代，随着盐开发利用规模的扩大而设置了“卤小臣”，从身份地位上来看，“卤小臣”应当是管理盐业生产的外族贵族，和其他生产部门的“小臣”相比，“卤小臣”的地位逐渐提升，这反映了商代盐业生产总体上由分散“经营”到规模化生产、统治者对盐业控制逐渐加强的历史发展过程和场景。

五是关于盐业与区域社会变迁的研究。近年来，盐业特别是两淮盐业与区域社会变迁越来越受到学界的关注，成了目前学术研究的一个热点。不过，需要注意的是，学界当下的研究，在时段上主要集中于清代，在研究对象则主要指向盐商，虽有一定数量的研究成果从不同层面对宋代两淮盐业与区域社会变迁进行过研究，但尚缺乏系统性、全面性和深入性。基于此，盐城师范学院宋冬霞教授的《宋代两淮盐业与区域社会变迁探析》一文，从经济、人口、文化、社会运行4个层面剖析了宋代两淮盐业与区域社会变迁的关系，认为宋代两淮盐业经济的发达，繁荣了区域经济，提升了区域的政治地位，给区域带来了新的文化气息，引发了区域经济、文化、人口等方面的社会变迁。

三

盐文化是我国传统文化的重要组成部分，包括一切与盐有关的物质和非物质文化，不仅研究的内容繁杂庞大，研究的方法和视角也多种多样。在本次学术研讨会上，与会学者提交的4篇论文，从不同角度对盐文化作了精辟而独到的研究。

首先是对盐业民间歌谣的研究。民间歌谣是在民众之中风行的一种通俗文化，是广大民众以艺术的形式对生活和思想情感的再现，歌谣的内容反映了民众对生产生活的态度及对其时之社会和政治统治的褒贬评价，对民间歌谣作总体研究，不但能从社会史的角度勾勒普通民众的社会生活史，而且还能从中寻找到社会变迁的历史轨迹。而作为民间歌谣之重要组成部分的盐业民间歌谣，则“全面而深刻地反映了盐业劳动人民的人生观和世界观，生动地传达了盐业民众的爱与憎，是盐业人民物质世界和精神世界的真情流露与艺术再现，具有弥足珍贵的研究价值与艺术价值”。正因如此，河南省盐务局张银河研究员和北京师范大学博士研究生张孜辰对中国盐业民间歌谣作了系统研究。他们的《中国盐业民间歌谣研究》一文，把中国的盐业民间歌谣划分为了劳动歌、生活歌、言情歌和故事歌4类，并以历史时间顺序为纵线，以不同的盐区为横线，以搜集整理的41首盐业民间歌谣为例，对这4类歌谣的内容、艺术表现形式等方面的特征进行了分析。接下来，作者分解放初期、“大跃进”时期、“文化大革命”时期、“改革开放”时期4个阶段，以86首盐业民间歌谣为样本，缕析了新中国成立之后不同时期的盐业民间歌谣与该时期时代特征间的密切联系，彰显了盐业民间歌谣以艺术形式折射历史社会变迁的重要特征。最后，文章针对盐业民间歌谣与其他民间歌谣的区别，将其特征概括为“语言生动、朴实无华”“盐行企业、真实画卷”“紧跟时代、弥史不足”3点。

其次是对盐文化遗产现状的调查与保护研究。历史记忆与文化遗产的保护和合理开发相辅相成，有历史记忆，才会有文化的传承、思想的延续、学术的弘扬，而文化遗产则是历史记忆的物质和非物质载体，是保留和重构历史记忆的根基。有鉴于目前严峻的盐业文化遗产保护与开发现状，自贡市盐业历史博物馆的邓军主任以川盐古道的文化遗产为例，对之进行了调查和反思。他在《川盐古道文化遗产现状与保护研究》一文中指出:“位于我国西南及中南地区的川盐古道是一条以盐运文化为特色的文化线路,沿线文化遗产类型多样、分布广泛、数量众多,遗存了古盐道、盐号、驿站、碑刻、古镇、古桥、会馆及船工号子等物质和非物质盐运文化遗产。随着经济社会的快速发展,尤其是现代化进程、城镇化建设加快及交通环境的巨大变化,川盐古道文化遗产面临濒危和急剧消失局面。现阶段,川盐古道文化遗产存在着缺乏协调保护机制、破坏性开发、文物保护滞后、‘非遗’传承面临危机等问题,需要沿线各地联合行动、建立保护机制、及时普查抢救及开展合作研究等加以保护。线性文化遗产的保护具有复杂性、长期性等特点,川盐古道文化遗产保护应借鉴国内外文化线路遗产管理的成功经验,结合盐运文化遗产保护、旅游规划和开发等现实问题,将其保护与沿线经济社会和文化的发展结合,探索出一条由陆地道路和水道混合类型构成的大型线性文化遗产保护和开发、管理的有效模式。”邓军主任的这篇论文既有深刻的学术思考,又让我们感受到了沉重的历史和现实责任,具有较高的学术和应用价值。

最后是对海盐文化旅游资源开发的研究。把海盐文化移植入旅游业不仅在学理上突破了原来的旅游理论模式,还能因海盐文化所具有的丰厚文化底蕴和内涵而极大地提高旅游产业的经济附加值,因而,本次研讨会上,海盐文化的旅游资源开发也受到了学者们的关注。江苏盐城市政府地方志办公室的于海根教授以盐城为例对之进行了研讨。他在《加强地域文化研究,开发旅游文化资源——以全国优秀旅游城市江苏盐城市为例》一文中认为,在区域竞争以文化论输赢的21世纪,具有2000多年海盐文化历史的盐城具有深厚的文化底蕴,于历史长河中形成的丰富的人文资源和自然资源,催生了盐城独特的海盐文化旅游特色,今后盐城在海盐文化旅游资源开发中,应注重“现有文物资源的利用”“加强海盐文化载体的研究和文物征集”“整合社会力量,直面盐城旅游业面临的调整”。潍坊学院的刘勇教授则以潍坊为例着力研究了海盐文化旅游资源的开发问题,他在《潍坊海盐文化旅游开发的对策思路》的文章中提出了“规划和建设滨海海盐文化博览园”“编纂纂出版《滨海(潍坊)盐业史》旅游丛书”“大力发展海盐民情风俗特色体验旅游”“开发具有潍坊海盐特色的旅游产品”“组织开展渔盐民俗文化旅游节庆活动”“凝练潍坊城市精神无形旅游资源”6个方面的对策建议。总体上看,这两篇文章既有学理上的深思,又具有较重要的现实意义。

总之,与会学者在本次“海盐文化与盐业史学术研讨会”上提交的学术论文和所作的大会主题报告,在研究内容上,涉及盐业考古与遗产的保护和开发、盐产地历史变迁、盐业与区域社会、盐业教育史、盐业政策与盐政治理、盐神与盐官、海盐文化旅游资源的开发和利用等诸多领域;在研究方法上,既有历史学、考古学、考据学的研究方法,也借鉴和运用了社会学、民俗学、文化学、经济学等学科的理论和研究视角,体现了学科的交叉融合;在研究着力点上,既主要围绕盐业史展开,又有对海盐文化及其旅游开发有重点讨论,其中,不但有学理上的思考,还有实际应用方面的对策研究,观点亦异彩纷呈。本次学术研讨会达到了预期的召开目的,获得了圆满成功。

稿　约

《海盐文化研究》是山东省“十二五”高等学校科研创新平台“海盐文化研究基地”主办的专业性学术专辑，以学术创新、学以致用为指归，以弘扬传统文化、提升学术水平、服务经济社会为办刊目标，力求向世人展现海盐文化的独特魅力。本专辑设有如下栏目：

（一）海盐文化与中国传统文化研究

（二）盐文化资源开发与应用研究

（三）海盐文化与区域发展研究

（四）盐业科技史、盐业经济史、盐政史等历史文献学研究

（五）盐业与社会民俗变迁研究

（六）其他与盐文化、盐业史有关的论题，包括学术动态、会议综述、书评等。

为进一步推动海盐文化深入、系统而全面的研究，展示海盐文化的最新成果，本专辑面向海内外专家、学者征求稿件，来稿以 1 万字左右为宜，并敬请注意如下几点：

1. 论文须有摘要、关键词、作者简介，并请详附通讯地址、邮政编码、联系电话及电子邮箱，以便联系。

2. 凡有引文，请务必认真、仔细核对。

3. 论文注释一律采用脚注。引用著作，请注明作者、著作名称、出版单位及年月、页码；引用期刊文章，请注明作者、文章名称、期刊名称、年卷次或期数。

4. 来稿请提供打印文本，并用电子邮箱寄发稿件电子版。

5. 来稿一经采用，即酌付稿酬，未采用者，概不退稿。3 个月内未接到用稿通知，可自行处理。

6. 编辑有权对稿件进行技术性处理；如不同意，请在来稿中说明。

来稿请寄：

山东潍坊东风东街 5147 号潍坊学院历史文化与旅游学院，邮编：261061

《海盐文化研究》编辑部（收）

E-mail：haiyanyth@163. com